MW01710472

Toute la vie en bonne santé

Grâce à des habitudes de vie saines qui comptent parmi leurs effets secondaires bénéfiques une perte de poids permanente.

Ray D. Strand, M.D.

en collaboration avec Donna K. Wallace

Nous avons réuni tous nos efforts pour que le contenu de ce livre soit le plus précis possible. Les preuves scientifiques n'y sont présentées qu'à des fins d'information et nul ne doit se servir des renseignements que contient cet outil pédagogique dans le but d'effectuer un autodiagnostic, de se soigner ou de justifier l'acceptation ou le refus d'une quelconque thérapie visant à traiter des problèmes de santé ou des maladies. Toute application des conseils prodigués est laissée à la discrétion du lecteur qui doit en assumer les risques. Par conséquent, toute personne affligée d'un problème de santé précis, ou qui suit un traitement, doit d'abord demander l'avis de son médecin personnel ou de son prestataire de soins de santé, avant de se lancer dans un programme nutritionnel. L'auteur et les éditeurs déclinent toute responsabilité envers quelque personne ou quelque entité que ce soit, en rapport avec des pertes, des blessures ou des dommages causés ou présumés avoir été causés, directement ou indirectement, par l'utilisation des renseignements contenus dans le présent document. Nous déclinons toute responsabilité quant aux erreurs, aux inexactitudes, aux omissions ou aux incohérences qui auraient pu se glisser dans le présent ouvrage. Tout manque d'égard envers des personnes, des lieux ou des organisations est involontaire. Les noms et les caractéristiques qui permettraient d'identifier les personnes mentionnées dans ce livre ont été modifiés.

Toute la vie en bonne santé

Grâce à des habitudes de vie saines qui comptent parmi leurs effets secondaires bénéfiques une perte de poids permanente.

Ray D. Strand, M.D.

en collaboration avec Donna K. Wallace

Éditions du trésor caché

Les Éditions le mieux-être

TOUTE LA VIE EN BONNE SANTÉ
Édition originale publiée en anglais par Real Life Press, Rapid City, SD (É.-U.) sous le titre : HEALTHY FOR LIFE
Copyright © 2005, Ray D. Strand
Tous droits réservés

Copyright © Édition française, 2006 ÉDITIONS DU TRÉSOR CACHÉ et LES ÉDITIONS LE MIEUX-ÊTRE
Tous droits réservés. La reproduction d'un extrait quelconque de ce livre, par quelque procédé que ce soit, tant électronique que mécanique, en particulier par photocopie et par microfilm, est interdite sans l'autorisation écrite des éditeurs.

Coédition pour l'édition française :

• ÉDITIONS DU TRÉSOR CACHÉ
815, boul. St-René Ouest, Local 3
Gatineau (Québec) Canada
J8T 8M3
Tél. : (819) 561-1024
Téléc. : (819) 561-3340
Courriel : info@netlibris.ca
Site Web : www.netlibris.ca

• LES ÉDITIONS LE MIEUX-ÊTRE
214, rue St-Jacques
Montebello (Québec) Canada
J0V 1L0
Tél. : (819) 423-5604
Courriel : info@visionmieux-etre.ca
Site Web : www.visionmieux-etre.ca

Traduction : Caroline Charland
Révision : Pierre Cardinal
Infographie : Richard Ouellette, Infographiste, rouel@videotron.qc.ca

Dépôt légal – 2006
Bibliothèque nationale du Québec
Bibliothèque nationale du Canada

Gouvernement du Québec – Programme de crédit d'impôt pour l'édition de livres – Gestion SODEC

ISBN 2-922405-39-7

Imprimé au Canada

Diffusion :
Canada : Québec-Livres, Laval (Québec), (450) 687-1210
Europe : WMI Sarl, Richwiller (France) 03 89 51 31 40

Je dédie ce livre à quiconque souhaite conserver
sa santé ou en reprendre le contrôle.
Puissiez-vous, vous aussi,
vivre en liberté et en bonne santé.

Remerciements

Je tiens à remercier les nombreuses personnes qui ont contribué à la production de *Toute la vie en bonne santé*. Tout d'abord, mes infirmières praticiennes, Paulette Nankivel et Melissa Aberle. Paulette Nankivel a contribué à l'élaboration de plusieurs des principes énoncés dans ce livre. Les conseils personnalisés et l'intuition dont elle a fait profiter mes patients ont été essentiels au succès du programme *Toute la vie en bonne santé*. Melissa Aberle, quant à elle, a consacré énormément de temps et de patience à nos patients et m'a aidé à formuler le programme que je présente dans ce livre. Les mots me manquent pour exprimer ma reconnaissance pour tout ce que ces deux femmes ont accompli.

Ma sœur, Leone Young, a consacré de nombreuses heures à travailler avec moi à la documentation et à la bibliographie. Grâce à son travail méticuleux, elle a su contribuer de façon importante au présent ouvrage. En nous accordant des heures et des heures de relecture appliquée, nos correcteurs d'épreuves se sont également avérés irremplaçables : Leone Young, Lily Lund, Barbara Ward et Janet Beiswanger, veuillez accepter mes sincères remerciements.

Il va sans dire que le mérite de ce livre revient surtout à ma collaboratrice Donna K. Wallace. Celle-ci a, en effet, donné vie à ce travail, en réussissant à mettre des notions très ardues à la portée de nos lecteurs. Grâce à son esprit créatif, Mme Wallace a énormément peaufiné mon travail. Je remercie particulièrement sa famille (James, Cierra et Spencer) qui lui a permis de prendre le temps de terminer ce projet. Merci !

Je tiens également à remercier Carol Covillo Bailey : celle-ci a partagé avec nous plusieurs recettes de sa famille d'origine méditerranéenne, et elle vous propose de nombreux repas sains et délicieux qui sauront vous régaler, tout en vous permettant d'améliorer votre santé.

Je remercie encore ma famille de m'avoir sans cesse encouragé. Elizabeth, ma femme, mon amie et mon soutien, merci de toujours te tenir à mes côtés pendant mes longues heures de documentation et de rédaction.

Je t'aime de tout mon cœur. Et j'ai toujours tellement de plaisir à exprimer en public ce que je ressens pour nos enfants (Donny, Nick et Sarah). Votre amour et votre appui comptent énormément pour moi.

Je crois sincèrement que Dieu m'a donné la connaissance des principes que j'expose dans ce livre. Lorsque j'applique les vérités qu'il m'a enseignées, je suis sans cesse émerveillé par ce que l'on peut accomplir. Je prie afin que ces mêmes vérités et principes vous rendent libres de profiter du corps magnifique et du monde merveilleux que Dieu a créés pour vous.

PREMIÈRE PARTIE

LE PRIX DE LA LIBERTÉ

CHAPITRE 1

Piégés au pays de cocagne

Le corps ne ment jamais.
— Martha Graham

Quand avez-vous, la dernière fois, traversé en courant un pâturage de montagne, à la chasse aux papillons, ou respiré à pleins poumons, tout en enjambant d'une pierre à une autre un ruisseau jaseur? Combien sommes-nous à pouvoir courir après un ballon ou donner la chasse à un cerf-volant, juste pour le plaisir? Quand avez-vous pour la dernière fois essayé de toucher le ciel du bout des orteils en vous balançant dans un parc? En Amérique du Nord, la plupart des adultes (et un nombre croissant d'enfants) n'arrivent même pas à s'asseoir sur une balançoire et sont essoufflés après avoir simplement monté quelques marches!

Nous qui vivons au pays de cocagne (ou de l'abondance), prétendons à la liberté et nous sommes effectivement *libres... de choisir* de vivre en bonne santé ou de nous laisser vivre. Nous n'avons jamais eu l'intention de vivre dans un monde toxique, et n'avons certainement pas prévu adopter des habitudes néfastes. Nous sommes tout simplement devenus victimes du travail ou du stress. Nos budgets, tout comme nos emplois du temps, nous accordent peu de marge de manœuvre, et la première chose qui en souffre, c'est la qualité de notre alimentation. Puis nous sacrifions le jeu actif et l'activité physique, et nous finissons souvent par limiter nos heures de repos. Après avoir fait ces choix journaliers pendant des années, il arrive qu'un jour (généralement dans le bureau du médecin) nous découvrons la vérité tant redoutée: nous ne sommes plus libres.

Indépendamment de la couleur, de la race et de la classe socio-économique de leurs habitants, les États-Unis, «terre de la liberté et de la bravoure», sont devenus un royaume aux sujets prisonniers de leurs fringales, c'est-à-dire d'états de manque, et aux corps obèses et en mauvaise condition physique. Nous sommes piégés au pays de cocagne et payons actuellement cher le prix de notre liberté. Le jeu actif et l'aventure ne sont plus possibles pour les personnes qui luttent contre des problèmes de santé et de poids. Les gens de tous les milieux ont oublié que leur corps est l'atout le plus précieux que leur a donné la vie. Aucune maison, si cossue soit-elle, n'est comparable au confort d'un corps sain ; aucun véhicule ne peut donner autant de plaisir ni assurer une mobilité aussi durable que celui-ci. Nul gadget fabriqué par l'homme ne peut rivaliser avec le fonctionnement complexe du corps. Et pourtant, nous en avons abusé, nous l'avons négligé et nous avons sacrifié ce cadeau formidable dont nous avons hérité à la naissance. À force de désirer des biens matériels éphémères ou qui perdent vite de leur attrait, nous avons perdu notre liberté.

Trop gros, trop fatigués ou trop gênés pour jouer, des millions de gens s'affalent sur leur canapé et se contentent de regarder à la télévision ou sur une vidéocassette d'autres personnes vivre leurs rêves. Fatigués et ayant mal partout, nous n'avons qu'un désir : des boissons fraîches et des chips. Plutôt que de jouir des plaisirs et des aventures de la vie grâce à ce corps magnifique que nous avons reçu, nous cherchons une compensation illusoire dans les amuse-gueule industriels et l'oreiller.

- Édouard ne peut plus jouer au handball avec ses copains.
- Annette est humiliée lorsqu'elle doit passer son examen de gymnastique devant ses camarades de classe.
- Enfant, René adorait les montagnes russes, mais il ne peut plus faire ce genre d'activité : son tour de taille l'empêche maintenant de bloquer le loquet du garde-corps.
- Martine adore le plein air mais elle est maintenant prisonnière de sa bouteille d'oxygène…
- Stéphane, pilote d'avions de chasse, ne verra plus jamais le soleil se poser paresseusement sur l'horizon : il a perdu la vue à la suite d'un diagnostic de diabète de type 2.
- Trois jours après son trente-septième anniversaire, Viviane a perdu ses magnifiques seins à la suite d'une mastectomie radicale.
- Richard, qui n'a que 27 ans, suit un traitement de chimiothérapie pour soigner un lymphome.

Qu'est-ce que toutes ces personnes ont en commun ? L'obésité. L'excès de poids n'est plus seulement une question d'esthétique. Je ne parle pas des soucis de simple vanité que représentent quelques kilos en trop ou du désir d'avoir un corps similaire à celui des mannequins-vedettes de Hollywood dont les photos sont peaufinées. L'obésité est devenue la nouvelle épidémie de notre monde moderne. Notre pays est actuellement en tête en ce qui concerne certaines affections parmi les plus graves, toutes liées à l'obésité et touchant tous les groupes d'âges.

L'OBÉSITÉ EST DEVENUE LA NOUVELLE ÉPIDÉMIE DE NOTRE MONDE MODERNE. NOTRE PAYS EST ACTUELLEMENT EN TÊTE EN CE QUI CONCERNE CERTAINES AFFECTIONS PARMI LES PLUS GRAVES, TOUTES LIÉES À L'OBÉSITÉ ET TOUCHANT TOUS LES GROUPES D'ÂGES.

Selon certaines recherches scientifiques, l'excès de poids dérobe à celui qui en souffre un nombre impressionnant d'années. Par exemple, on estime à environ 13 le nombre d'années de vie qu'un homme de race blanche, âgé de 20 ans et obèse, perdra en raison de son surpoids. En supposant que l'espérance de vie prévue est de 78 ans, cela représente une réduction de 17 % de l'espérance de vie totale[1, 2] ! Nous ne pouvons plus nier que notre poids est intrinsèquement lié à notre santé.

Même le monde médical exprime ses préoccupations en ce qui concerne les risques sérieux pour la santé et les dommages délétères infligés au corps par l'obésité. Dans l'un de ses avertissements les plus sévères, le directeur des Services de santé des États-Unis déclarait que le fait de négliger le problème de surpoids et celui de l'obésité « pourrait anéantir certains acquis dans des domaines tels que les maladies du cœur, plusieurs formes de cancer et d'autres problèmes de santé chroniques[3] ».

En tant que médecin, je ne peux en effet passer sous silence les 325 000 décès et les quelque 93 milliards de dollars de coûts *directs* liés aux soins de santé qui sont attribuables à l'obésité *chaque année* ! Je ne peux me taire devant le fait que les coûts liés à la santé sont de 37 % plus élevés dans le cas de personnes préobèses et obèses que pour les patients qui se situent dans la norme, *ce qui fait de l'obésité la grande rivale de l'augmentation des frais médicaux liés au tabac* aux États-Unis, à titre d'exemple[4]. Je dois donc prendre des mesures personnelles afin de vous aider à réduire vos risques de maladies liées à l'obésité, plutôt que de me contenter d'attendre et de vous délivrer une ordonnance de plus pour les problèmes de santé suivants :

- l'hypertension artérielle ;

- les maladies cardiaques ;
- le diabète ;
- les niveaux dangereusement élevés de cholestérol et de triglycérides.

Sommes-nous tout simplement devenus paresseux et gâtés ? Je ne le crois pas. Nous travaillons fort pour gagner notre vie. Nous avons des emplois du temps chargés, nous assurons le transport des enfants, nous restons pris dans la circulation, nous suivons des cours du soir, ... tout cela en plus des heures passées à nos emplois sédentaires. Pendant trop longtemps, les obèses ont été accusés de manquer de discipline, de manquer de volonté... sans même que l'on ait compris qu'ils étaient victimes d'une grave dépendance.

Nos mauvaises habitudes de vie ont des conséquences très néfastes : nos états de manque, nos fringales. Et je parle ici des glucides, donc des sucres dont les effets sur le corps sont désastreux. Lorsque nous consommons des simili-aliments qui ne comblent pas les besoins du corps, celui-ci en réclame davantage. Et c'est le début d'un cercle vicieux.

Quelle est votre définition de la liberté ? D'après moi, la liberté, c'est « la capacité de choisir ». Et c'est là le sujet de mon livre : vivre toute sa vie en bonne santé, dans un corps mince et libre. Mais d'abord, il faut reprendre au début : lorsque notre corps est prisonnier d'un quelconque état de manque, nous avons perdu notre capacité ultime de choisir... et c'est justement là-dessus que comptent les entreprises de marketing.

Pensez-vous que les gourous de la publicité ne sont pas conscients du fait que les obèses mangent chez McDonald's 50 % plus souvent que les autres ? Ils comptent sur le fait que 90 % de leurs mets seront achetés par 10 % des clients. Et devinez lesquels ! Non seulement les agences de publicité monopolisent notre esprit au moyen de leurs messages publicitaires, mais elles asservissent également notre corps. Nous sommes littéralement accro des quantités astronomiques d'aliments transformés et des sucres que nous ingurgitons chaque jour.

Lorsque vous vous sentez faible, dépourvu d'énergie, que vous luttez contre l'envie d'une collation de glucides à indice élevé, et que plus vous résistez, plus vous vous traînez comme un zombie... en direction du frigo... ce n'est pas que vous faites preuve de manque de volonté, c'est que vous êtes en état de manque réel, chimique et physiologique, tout comme un toxicomane qui a un besoin chronique de sa dose de drogue. Cela vous paraît exagéré ? Eh bien, dans les chapitres qui suivent, je vais vous expliquer comment cela est absolument vrai.

L'histoire d'Annie

La bande dessinée du journal du dimanche intitulée « Cathie » a toujours été l'une de mes préférées. En tant que femme, je suis tout à fait de l'avis de Cathie qui trouve que la mode encourage le port de vêtements trop étriqués et je partage son faible pour les desserts savoureux. Cela nous amuse, nous, les femmes, de parler de « La mort par le chocolat » et de recettes telles que celle du « Gâteau au chocolat orgasmique », mais nous sommes peu nombreuses à rire ensemble de nos bouffes répugnantes de fin de soirée. Jamais je n'ai raconté à qui que ce soit les fringales que j'éprouvais pour des pots entiers d'aliments aussi dégoûtants que de la guimauve en crème. Et si le sucre avait été de la cocaïne, eh bien je n'y aurais pas moins été accro. Lorsqu'on m'a dit que mes états de manque diminueraient jusqu'à disparaître complètement si je suivais le programme du Docteur Strand, j'ai refusé d'y croire, jusqu'à ce que j'en aie fait l'expérience ! Enfin, me voilà libre.

Nous sommes un pays composé de personnes scolarisées et prospères qui ont à leur disposition des tas de guides pratiques, de livres de cuisine et d'émissions de télévision sur les derniers régimes les plus « sensationnels ». Nous sommes assaillis par des programmes d'exercices du genre « perdez des kilos instantanément » qui font la promotion des méthodes de perte de poids rapide, facile, ainsi que des pilules qui auraient le pouvoir miraculeux de nous faire nous sentir plus jeunes de 20 ans. Et pourtant, notre population est en voie de dépérissement, parce qu'elle ignore tout des choses qui concernent sa santé. Pourquoi ? Parce que nous avons oublié de prendre en considération la vie dans son état premier – *la cellule.*

En tant que médecin de famille, j'ai toujours éprouvé de l'admiration pour le corps humain. Ces dix dernières années, j'ai consacré pas mal de temps à me documenter sur les merveilles du corps au niveau cellulaire. Nous sommes si peu nombreux à comprendre que la vie non seulement débute par une cellule mais qu'elle se joue à partir de là ! Que nous débordions d'énergie ou que nous soyons au contraire épuisés, que nous éternuions, que nous ayons des rides ou que nous prenions du poids, notre corps est dynamique. Et c'est au niveau microscopique des cellules que la vie évolue.

Plus j'en apprends sur le corps humain, plus je suis émerveillé par sa complexité et le travail surnaturel de l'artiste qui l'a créé. La cellule n'est pas une simple coquille vide (comme une balle de ping-pong) mais un organe en soi, complexe et compliqué. Produire de l'énergie pour la durée d'une vie fait partie de ses nombreuses fonctions et, pour ce faire, les cellules ont besoin d'une source de combustible, à savoir le glucose. Chacune d'elles présente en surface des récepteurs spéciaux qui servent à recueillir le glucose et l'insuline et renferme d'autres véhicules appelés transporteurs de glucose ; ceux-ci recueillent effectivement ce dernier et le transportent jusqu'au foyer de la cellule (mitochondrie) où il est transformé en énergie (ATP ou adénosine triphosphate) utilisable par le corps.

Que dire des subtilités des billions de cellules qui composent le corps humain et qui sont capables d'assurer leur fonction sans aucun effort conscient de la part de l'homme ? Elles me laissent rêveur. Toutefois, les choix que je fais quant à ce que je mange ont une incidence directe sur ce processus. J'ai le choix de renforcer ou d'entraver le fonctionnement des cellules de mon corps, ou pire encore de les détruire. Nous devons bien comprendre à quel point la liberté de faire ces choix est influencée par nos habitudes et nos choix passés.

En ce qui a trait à la santé de nos cellules, nous devons prendre des décisions en toute connaissance de cause, étudier comment équilibrer adéquatement les glucides, les protéines et les lipides (les acides gras ou graisses) dont notre corps a besoin au niveau cellulaire, et comprendre pourquoi nous en avons besoin. Ensuite, nous pourrons nous tourner vers une nouvelle découverte tout à fait fascinante, l'indice glycémique, échelle selon laquelle nous pouvons mesurer les glucides et leurs effets sur le corps. Je suis convaincu que ce sont là les clés du mystère de nos problèmes d'obésité. En tenant compte de l'indice glycémique des aliments, nous pouvons choisir des glucides qui ne déclenchent pas une hausse soudaine et prononcée de notre taux de glycémie, ce qui aura pour conséquence de faire disparaître les états de manque dont nous sommes prisonniers. Nous étudierons ensuite le rôle de l'insuline et verrons comment, lorsque nous en abusons, notre corps manifeste une résistance tellement forte que nos accumulations de graisse deviennent tenaces. La plupart de nos problèmes de santé graves ont d'ailleurs un dénominateur commun : la résistance à l'insuline.

Notre peuple dépérit par ignorance. Nous sommes en proie à une crise des soins de santé (augmentation des coûts) qui ne fera qu'empirer de façon significative dans l'avenir. Les cas de diabète, l'obésité et de nombreuses maladies dégénératives chroniques ne font qu'augmenter, et ce malgré le fait que nous dépensons presque 1,5 billion de dollars chaque année en soins de santé aux seuls États-Unis. Que s'est-il donc passé ?

Pourquoi cette épidémie d'obésité et de diabète ? La réponse à nos problèmes est pourtant à notre portée. C'est *nous* qui pouvons faire la différence, une personne à la fois. En adoptant de bonnes habitudes de vie afin de prévenir ou même d'inverser le processus de la maladie, nous pouvons retrouver notre liberté.

Dans le cadre de la plupart des régimes d'amaigrissement, on prescrit un apport réduit de calories et un programme d'exercice accru. L'objectif logique de la plupart de ces régimes vise une diminution significative des graisses alimentaires, accompagnée d'une augmentation des glucides. Cependant, une fois le régime terminé, les personnes reprennent leurs vieilles habitudes et se remettent à consommer des glucides à indice élevé et des aliments prêts à manger, le fameux fast-food. Je vous mets au défi de faire preuve de sérieux et de regarder sous un nouveau jour ce cercle vicieux qui constitue la crise primordiale en matière de santé aux États-Unis, et peut-être aussi dans votre pays.

Et qu'en est-il de nos enfants ? Les élever dans un monde assailli par des annonces publicitaires qui font la promotion de la malbouffe ainsi que de jeux et de jouets qui encouragent la sédentarité devient une tâche extrêmement difficile. Pour que nos enfants soient bien élevés, nous les parents, tout comme nos enfants d'ailleurs, avons besoin plus que jamais d'être guidés. Selon le docteur Christine Wood, pédiatre et auteure vivant à San Diego : « Le diabète des adultes (diabète de type 2), associé principalement à un excès de poids, touchait 2 % des enfants âgés de 9 à 19 ans en 1980. En 2000, on a enregistré un pourcentage stupéfiant de 30 à 50 % de nouveaux cas de diabète pour le même groupe d'âge[5]. »

Les enfants méritent la chance de vivre longtemps et en bonne santé. Quel prix êtes-vous prêt à payer pour assurer leur avenir ? Aucun enfant ne devrait être obligé de vivre dans un corps obèse, avec les cicatrices psychologiques et les inhibitions physiques que cela entraîne, sans savoir qu'il a le choix de jouir d'un corps mince et en bonne santé. Si nous comprenons le principe de la résistance à l'insuline et les dangers qui mènent au diabète et aux autres maladies connexes, alors nous pourrons faire des choix éclairés et redresser le cours de nos antécédents familiaux.

Je dis toujours à mes patients qu'ils font l'apprentissage de nouvelles habitudes de vie qui présentent en plus l'avantage de faire perdre du poids. Eh bien, personne ne semble s'en plaindre de cet effet secondaire ! Les résultats que j'ai observés chez mes patients qui suivent les recommandations simples et pratiques que je leur fais, sont remarquables. Suivez-moi dans cet exposé de preuves médicales et vous allez découvrir pourquoi non seulement vous vieillissez plus rapidement, mais aussi pourquoi vous ne parvenez pas à perdre du poids.

Vous contentez-vous simplement de vivre ou avez-vous vraiment choisi d'être libre ? Je peux vous assurer d'ailleurs que mes patients sont moins préoccupés par le nombre d'années qu'ils ont à vivre que par la qualité de leur vie pendant ces années.

Imaginez que vous avez la force physique, l'énergie et l'endurance dont vous avez besoin pour faire toutes les choses que vous désirez accomplir au cours de votre vie. Maintenant, imaginez que vous êtes fier de votre aspect physique et de votre apparence et combien vous êtes bien dans votre peau. Pour terminer, visualisez la personne pleine d'assurance qui sommeille en vous, celle qui est là depuis toujours, et visualisez le moi que vous aimeriez que les autres voient – un moi en bonne forme physique, fort, mince, actif, plein d'énergie et en bonne santé.

Osez rêver, osez être libre, osez vivre toute votre vie en bonne santé !

CHAPITRE 2

Au pays des glucides

Tu les as toutes faites avec sagesse.
La terre est remplie de tes richesses.
— Psaumes

Il y a bien longtemps, dans un pays d'abondance naturelle, vivaient un grand nombre de personnes de forte taille qui connaissaient la prospérité, la fortune, le prestige et une vie luxueuse. Leurs serviteurs ayant passé des heures et même des jours à la préparation de volaille sauvage, de veau, de gibier et de légumes frais, les seigneurs et les dames faisaient des festins, attablés autour de plats exotiques et de ragoûts alléchants. Chaque jour, on faisait cuire différents types de pain fabriqués à partir de céréales cultivées dans des sols fertiles et la cour buvait à profusion des vins d'un rouge bien foncé.

Cela n'avait peut-être pas lieu voilà si longtemps. Enfant, moi aussi je me régalais de bon nombre d'aliments biologiques délicieux tels que ceux dont nous venons de parler. Ma famille modeste, qui était originaire du Dakota du Sud, connaissait pourtant aussi cette abondance. En fait, la visite à notre épicerie, chez Wait, comptait parmi mes sorties préférées. Quel plaisir que de voir tous les bacs remplis de légumes frais qui venaient d'être livrés par les producteurs de la région ! Je me souviens que ma grand-mère apportait des boîtes de gros œufs bruns qu'elle avait ramassés le matin même en vue de les vendre à M. Wait.

Ah ! l'automne ! C'était ma saison préférée, celle de la récolte, dans les fermes voisines de notre maison, du maïs, des courges, des carottes et des patates douces. Nous adorions, mon frère et moi, rendre visite à ma grand-mère qui habitait en banlieue et cultivait un très grand potager. Quel plaisir pour nous de jouer et de courir dans les rangées de maïs qui bruissaient ! L'expérience nous transportait dans un autre monde. Grand-maman avait-elle besoin de quelques légumes pour préparer le repas ? Elle prenait aussitôt un petit panier laissé sur la véranda à l'arrière de la maison et se rendait dans son potager pour y cueillir ce qu'elle pouvait préparer sur l'heure ou nous donner à emporter à la maison. À l'approche du repas, elle sollicitait notre aide pour nous faire éplucher des épis de maïs ou équeuter des haricots, assis sur les marches à l'arrière de la maison. Et pas un jour ne passait sans que nous mangions une gousse d'ail frais. Grand-maman répétait sans cesse que pour vivre longtemps, il fallait manger de l'ail tous les jours.

Si elle avait prévu préparer du poulet pour le repas du soir, grand-maman allait simplement dans la cour, attrapait un poulet par la patte et lui coupait la tête sur le billot de cuisine (vous n'avez pas vraiment vécu si vous n'avez jamais eu l'occasion de voir courir, dans toutes les directions, un poulet sans tête ! – un truc qui plaît aux garçons). Elle le plongeait ensuite dans une marmite d'eau bouillante et le plumait, tout cela si rapidement qu'en l'espace de quelques minutes, elle l'avait nettoyé et apprêté. Nous buvions toujours le lait frais de la vieille vache et nous mangions du pain qui contenait encore des particules de céréales complètes. Il y avait une saison pour chaque aliment et nous faisions de véritables festins.

Assurément, nous avons tous connu des personnages historiques et des vedettes de prédilection dont le tour de taille est devenu la caractéristique de leur personne. En fait, il est même difficile de les imaginer autrement. Vous rappelez-vous la silhouette ventrue qui émergeait de l'obscurité au début de certains films en noir et blanc ? L'ombre de l'auteur d'histoires à suspense, chauve et au double menton, s'estompait progressivement, faisant place à sa silhouette ronde et dodue. C'était Alfred Hitchcock, on ne pouvait s'y méprendre. D'autres personnages favoris vous reviennent peut-être à l'esprit, comme par exemple Winston Churchill, Orson Welles et Jackie Gleason. Malheureusement, au fil des générations, les choses ont changé et le fait d'être bien en chair n'est plus un signe de prospérité et d'abondance. Au contraire, de nos jours les gens qui souffrent d'embonpoint courent plus de risques de faire l'objet de discrimination que tout autre groupe de personnes.

Nous souhaitons tolérer et accepter tout le monde, sans égard pour la taille ou l'apparence : après tout, la beauté prend de nombreuses formes. Toutefois, même si aujourd'hui nous avons fait de grands progrès en ce qui a trait à l'acceptation de la diversité en matière d'esthétique corporelle (les fabricants de vêtements ne s'arrêtant plus aux petites tailles), nous ne pouvons pas ignorer le compromis sérieux qu'impose cette attitude en ce qui touche à notre santé.

Par rapport au reste du monde, notre société est actuellement en tête de peloton en ce qui concerne certains des problèmes de santé les plus délétères, tous liés à l'obésité et touchant tous les groupes d'âge. Le Dr Joann E. Manson souligne ce fait dans un éditorial qu'elle a rédigé à l'intention du *Journal of American Medical Association.* Elle écrit: « Quoique le public considère encore l'excès de poids comme une préoccupation d'ordre esthétique plutôt qu'un problème de santé, le surpoids constitue un facteur de risque important en matière de décès prématuré, de maladie cardiovasculaire, de diabète de type 2, d'ostéoarthrose, de certaines formes de cancer et d'autres troubles médicaux. » Notre belle Amérique ne s'est tout simplement pas réveillée grosse un beau matin. L'état de santé déplorable que nous connaissons est la conséquence de nombreuses années de mauvaises décisions quotidiennes.

Augmentation des glucides et diminution des matières grasses

Des recherches effectuées dans les années 1970 ont bouleversé le monde médical. On avait découvert que nous, Nord-Américains, consommions presque 42 % de nos calories sous forme de matières grasses[1] ! Contrairement aux autres peuples, nous vivions dans un pays ruisselant de lait « entier » et de miel. Ayant fait fi de toute précaution, nous avons garni notre table de viandes rouges, de fonds et de sauces, de desserts fondants, de pain généreusement tartiné de beurre... en fait, de tous les aliments que les personnes au régime considèrent sacrilèges.

Nos principaux conseillers en santé ont reconnu la situation désespérée dans laquelle nous nous trouvions et le fait qu'il fallait faire quelque chose. Les coupables, selon toute évidence, c'était les matières grasses. Cela ne paraît-il pas logique d'affirmer que le fait de trop *en manger fait grossir*? Étant donné que nous sommes de gros consommateurs de viande et de produits laitiers, les chercheurs ont conclu à l'unanimité qu'une surconsommation de matières grasses était la cause principale de l'obésité en Amérique du Nord[2].

Il fallait donc les bannir.

Et c'est ce que l'on a fait.

La théorie du cholestérol – ce dernier étant accusé d'être la cause unique des maladies cardiovasculaires – était également à ses débuts vers le milieu des années 1970. Selon certaines études effectuées à Framingham dans l'État du Massachusetts et connues sous le nom de *Framingham Studies*, les patients dont le sang présentait le plus haut taux de cholestérol étaient les plus nombreux à souffrir de crises cardiaques. Cela a poussé l'*American Heart Association* (Association américaine des maladies du cœur), le *US Department of Health and Human Services* (Ministère américain de la Santé et des Services humains) et l'*American Diabetes Association* (Association américaine du diabète) à recommander à tout le monde une alimentation faible en matières grasses.

Les matières grasses sont des aliments d'une grande densité calorique qui fournissent neuf calories par gramme, par opposition aux protéines et aux glucides qui n'en fournissent que quatre. Il semblait donc logique de penser que si l'on consommait moins de matières grasses, non seulement on réduirait le risque de maladies du cœur, mais on consommerait par le fait même moins de calories, ce qui ne manquerait pas de nous faire perdre du poids et d'atténuer le problème de l'obésité dans son ensemble. Les prestataires de soins de santé se sont mis de la partie en se lançant dans une campagne passionnée de propagande en faveur d'une alimentation faible en matières grasses: des mesures étaient prises, garantes d'un avenir plus sain.

Il est intéressant de noter que les personnes qui ont adopté ces recommandations au cours des trente dernières années, et qui s'en sont tenues environ au même nombre de calories, ont consommé à peu près la même quantité de protéines. Cela signifie donc que la diminution des matières grasses a fait place à une *augmentation* de la consommation des glucides. Forts de l'appui de nos prestataires de soins de santé, nous en sommes maintenant venus à croire qu'une alimentation faible en matières grasses et riche en glucides est peut-être le meilleur des régimes. En fait, la plupart des régimes alimentaires modernes ont non seulement été inspirés par ces recommandations, mais ils ont été conçus à partir d'elles.

Par exemple, disons qu'en 1976, Charles consommait chaque jour environ 3 000 calories provenant de matières grasses. Il va sans dire qu'à la fête nationale, s'étant rendu à une fête de quartier, il n'avait pas compté ses calories. Toute la soirée, il avait fêté et mangé des saucisses grillées, des hamburgers, des petits pains de ménage, du maïs en épi, des haricots au four, de la salade de pommes de terre et des chips. Pour terminer, il s'était régalé d'un morceau de gâteau recouvert d'un riche glaçage... et d'une pointe de tarte aux pommes accompagnée de crème glacée faite à la maison. Bien sûr, c'était la fête et la bière coulait à flots.

Matières grasses : 42 %
Protéines : 15 %
Glucides : 43 %

Lors de l'examen médical qui a suivi, Charles n'avait pas très bonne mine. En fait, il courait de sérieux risques de crise cardiaque. Son médecin lui a donc conseillé de suivre un régime faible en matières grasses. D'abord inquiet de la façon dont il pouvait apporter les modifications requises à son régime alimentaire, Charles a vite compris que s'il choisissait des aliments faibles en matières grasses, il pourrait manger davantage tout en consommant un nombre équivalent de calories. Il avait bien saisi le concept. Au lieu de mettre du vrai beurre sur son maïs, sa pomme de terre au four et ses petits pains maison, il lui a substitué du « simili-beurre ». Puis il a dit adieu à la crème fraîche / crème sûre, a acheté de la mayonnaise allégée, s'est efforcé de consommer davantage de poulet et également de réduire sa consommation de desserts riches, allant même jusqu'à boire de la bière légère ! Vers la fin des années 1980, il préférait les amuse-gueule faibles en matières grasses tels que les galettes de riz, les baguels et les biscuits graham allégés, aux chips qu'il consommait auparavant à l'excès. Le régime alimentaire de Charles était maintenant ainsi composé :

Matières grasses : 20 %
Protéines : 15 %, soit la même chose qu'avant
Glucides : 65 %, soit plus qu'auparavant

Quoiqu'il en soit, la campagne a connu un fier succès et la consommation moyenne de matières grasses, qui représentait jadis environ 42 % du total des calories absorbées, atteint aujourd'hui 34 %[3].

Ce qui reste mystérieux, toutefois, c'est le fait que pendant cette même période, l'incidence des personnes obèses a *augmenté de façon si effarante* qu'aujourd'hui, un enfant sur quatre est obèse et *plus d'une personne sur deux* (soit 65 %) parmi la population adulte est considérée comme telle[4] ! (En 1976, seulement 24,3 % des femmes et 39 % des hommes étaient atteints d'obésité[5].)

Il est clair que quelque chose ne va pas. Et pour Charles non plus qui a lui aussi pris du poids… quatre kilos et demi au cours des trois dernières années. Comme lui, tout ce que nous savons, c'est que la quantité de matières grasses (et de calories) que nous consommons nous fait grossir. À l'échelle de la société, nous avons considérablement diminué notre consommation de matières grasses, mais nous assistons malgré tout à une augmentation constante et importante de l'obésité en Amérique du Nord et dans l'ensemble du monde. Se pourrait-il que l'on ait avancé une mauvaise hypothèse ? Et si ce n'étaient pas les matières grasses qui nous rendaient obèses ?

Quand on constate le nombre élevé de personnes qui ont des problèmes de poids, il est clair que cette fameuse recommandation a mené à un échec total. En fait, j'irais jusqu'à dire qu'un régime alimentaire élevé en glucides et faible en matières grasses est sans contredit le pire des régimes que pourrait choisir une personne qui cherche à diminuer ses risques de maladies du cœur, de diabète, d'hypertension artérielle *ou de poids*.

Au tout début de la campagne visant à promouvoir un régime élevé en glucides et faible en matières grasses, on a connu une diminution des cas de crises cardiaques aux États-Unis et au Canada ; toutefois, la situation s'est depuis stabilisée et il se pourrait que les cas de maladies du cœur soient en fait *en hausse*. Cet état de chose est très inquiétant, car les maladies du cœur demeurent l'affection la plus mortelle aux États-Unis : elles tuent plus de 750 000 personnes chaque année[6].

Recommandations professionnelles

Au cours des trente dernières années, l'industrie de l'alimentation s'est empressée de répondre aux désirs de la population nord-américaine en lui offrant un choix impressionnant d'aliments transformés, en remplacement des anciens aliments « riches en matières grasses ». Il vous suffit de vous rendre dans n'importe quelle grande épicerie pour y trouver un vaste éventail d'aliments transformés (à faible teneur en matières grasses, bien sûr) : des chips, des galettes de riz, des baguels, du pain de farine blanche, des tortillas, de la farine blanchie, des aliments en conserve, ainsi que des pâtes alimentaires et du riz hautement transformés.

La plupart des diététistes souscrivent au principe que « tous les glucides sont égaux » et ont pour objectif de fournir de l'énergie au corps. Les glucides sont simplement de longues chaînes de sucre qui sont absorbées plus ou moins rapidement par l'organisme (voir l'indice glycémique au chapitre 3). La nature apporte à notre corps les glucides dont il a besoin, sous forme de fruits, de légumes, de fruits à coque (amandes, noisettes, etc.), de légumineuses et de céréales. En d'autres mots, les glucides proviennent surtout du sol et ne sont donc pas la principale composante des produits d'origine animale (à l'exception du lait et des produits laitiers). Toutefois, presque 90 % des glucides que nous consommons de nos jours sont ce que nous appelons des glucides très transformés ou des féculents à indice glycémique élevé, dont beaucoup sont recommandés comme choix santé[7].

Bon nombre de diététistes préconisent la consommation d'une certaine quantité de glucides par jour. Même si la plupart sont d'avis que le sucre simple et les produits contenants du sucre sont nocifs, on met plutôt l'accent sur le nombre de grammes de glucides contenus dans un aliment précis et l'on donne aux patients des tableaux d'équivalences afin qu'ils puissent consommer les glucides de leur choix. Ce que la plupart d'entre nous ne comprennent pas c'est que, en général, ces recommandations professionnelles n'ont pas seulement joué un rôle important dans l'avancée de l'obésité et du diabète, mais aussi en ce qui concerne les maladies cardiovasculaires. Pourquoi votre garde-manger est-il rempli de produits hautement transformés et étiquetés « allégé » ou « à faible teneur en matières grasses » ? Comme la plupart d'entre nous, vous faites confiance aux recommandations du monde médical sur ce qu'est un régime alimentaire sain et à l'industrie de l'alimentation dont vous attendez qu'elle vous procure les aliments nécessaires à l'application de ces recommandations.

Non conscients d'un quelconque danger, nous avons l'impression d'avoir fait les bons choix en remplissant nos placards d'amuse-gueule et d'aliments étiquetés « faible en matières grasses ». Pendant ce temps, nous n'avons pas prêté attention aux étiquettes et ne nous sommes pas inquiétés du nombre de franchises de restauration rapide qui surgissent à tous les coins de rue passants de la ville ; pas plus que nous n'avons compté le nombre de fois où nous nous y pointons pour prendre un repas rapide. La transition a été subtile mais les conséquences pour nos familles sont lourdes. Le terme *fast-food* laisse entendre que la cuisine traditionnelle demande trop de temps. Comment fait-on cuire des aliments rapidement alors ? Tout simplement dans des cuves de friture, sur des grils graisseux et dans des fours à micro-ondes. Et comment les conserver « frais » et chauds ? Au moyen de lampes à rayons infrarouges. Les aliments prétransformés, eux, sont ensachés et prêts à être préparés en un tour de main par les jeunes préposés qui nous les présentent bien chauds.

La restauration rapide se met de la partie

La plupart d'entre nous ne contestent pas les mauvais effets d'un régime riche en matières grasses ; c'est pourtant ce que nous faisons lorsque nous ne suivons pas l'un de nos régimes faibles en matières grasses et riches en glucides. Avez-vous une petite idée du contenu en matières grasses du fast-food ? Lors d'une réunion récente, Lyle MacWilliam, biochimiste et auteur, a révélé la teneur en matières grasses d'un merveilleux repas de poulet frit, comme ceux de PFK (poulet frit Kentucky). De quoi rester surpris !

Poulet frit, bien croquant = 50 g (douze petites cuillerées et demie [12 1/2]) de matières grasses
Frites, grand format = 12 g (3 petites cuillerées) de matières grasses
Beignet recouvert de chocolat = 22 g (cinq petites cuillerées et demie [5 1/2]) de matières grasses
Crème glacée au caramel et aux pacanes = 50 g (douze petites cuillerées et demie [12 1/2]) de matières grasses
Méga Coke = 25 ml (ou 1/2 tasse) environ de sucre raffiné
MATIÈRES GRASSES TOTALES = 135 g **(environ 34 petites cuillerées)**

Un fossé semble se creuser entre nos croyances et notre comportement. Les boissons gazeuses sont-elles bonnes pour nous ? Non ! Non seulement la plupart contiennent plus de 10 petites cuillerées de sucre, mais aussi souvent beaucoup de caféine qui stimule la libération du sucre des réserves de glycogène emmagasinées dans le foie. Combien de boissons gazeuses pensez-vous que nous consommions annuellement ? D'après les statistiques, chaque homme, femme et enfant en consomment en moyenne 600 canettes de 340 grammes chaque année. Si vous faites partie des gens qui n'en boivent pas, pensez au nombre de personnes qui doivent en boire encore davantage pour que ces statistiques correspondent à la réalité.

C'est certain, nous *croyons* à une vie en bonne santé. Pourtant, regardez autour de vous tous ces gens qui engloutissent des boissons gazeuses et qui s'empiffrent de hamburgers, de pépites de poulet, de frites et de tous les accompagnements qui font partie de la vie trépidante que nous menons. Dans son livre intitulé *The Fast Food Nation*[8], Eric Schlosser révèle qu'alors qu'en 1970, les Nord-Américains dépensaient quelque 6 milliards de dollars en fast-food, en 2001, plus de 110 milliards de dollars du budget consacré à l'alimentation des familles ont été engloutis en repas rapides !

Nous consacrons à l'heure actuelle plus d'argent aux repas rapides qu'aux études supérieures, aux ordinateurs personnels ou aux voitures neuves et nous réservons plus d'argent à ce genre de repas qu'aux films, livres, magazines, journaux, vidéoscassettes et enregistrements de musique, tout cela combiné.

Soyez franc : combien de fois par semaine vous arrêtez-vous pour manger en route vers le travail ou la maison, vers le cinéma, un cours à l'université, un match de football, vers l'église ou la maison de la gardienne, à la fin d'une dure journée de travail dans le jardin, pour vous reposer, ou encore pendant un voyage en famille ? Et cela ne s'arrête pas là. Lorsque vous mangez chez vous, combien de repas préparez-vous « à partir de rien », c'est-à-dire sans ouvrir de boîte de conserve ou de surgelé ? Comme les repas sur le pouce ont supplanté la cuisine familiale « traditionnelle » en tant que principale source d'alimentation, nous devons nous poser de sérieuses questions sur la qualité de la nourriture que nous consommons. Cela n'est pas difficile à évaluer : on estime à trois hamburgers et à quatre portions de frites par semaine la consommation d'un Nord-Américain moyen. « En fait, donnez-moi donc le plus grand format ! » lance-t-on même hardiment à l'interphone du guichet du service au volant. Les stratégies de marketing s'avèrent très efficaces, ne trouvez-vous pas ?

Devinette :

Quels sont, selon vous, les trois légumes que les enfants consomment le plus souvent en Amérique du Nord ?

Les pommes de terre (frites)

Les tomates (y compris le ketchup !)

La laitue Iceberg (de valeur nutritionnelle faible, sinon inexistante)

– Dr Christine Wood, pédiatre et auteur

Dans ce monde où tout va si vite, je parierais que vous n'êtes pas le seul à vous impatienter lorsque vous devez faire la queue en attendant que votre commande soit prête. Je vous lance un défi : la prochaine fois que vous attendrez votre tour au service à l'auto, au lieu de tambouriner sur le volant et de compter les minutes qui passent entre chaque client qui se présente au guichet, pensez à la réflexion et à l'effort que l'on a mis dans l'élaboration, la mise en marché et la préparation de la « nourriture » que vous êtes sur le point de manger.

À l'exception de la laitue et des tomates, la plupart des aliments que vous commandez dans un restaurant-minute sont des aliments en conserve, congelés, déshydratés ou lyophilisés (« séchés à froid » en langage courant), l'exemple même des glucides très transformés et des graisses très saturées ! Comme si cela ne suffisait pas, nos pommes de terre (qui ont déjà un indice glycémique élevé) sont généralement cuites dans de la graisse végétale ou du saindoux chauffé à 160 °C, température élevée qui ne fait que rancir davantage la graisse.

Ce que beaucoup de gens ne savent pas, c'est que les processus de mise en conserve, de congélation et de déshydratation de ces aliments hautement transformés réduisent leur saveur naturelle. Par conséquent, nos aliments doivent être « traités » afin de leur rendre leur saveur, leur consistance et leur arôme d'origine. C'est alors le moment de faire intervenir les « médecins des aliments », connus sous le nom d'« industrie des flaveurs ». Dans son livre intitulé *The Fast Food Nation*, Eric Schlosser souligne de façon spectaculaire le fait que sans l'industrie des flaveurs (les arômes, les goûts), la restauration rapide ne pourrait pas exister.

Pour s'assurer que les clients reviennent, qu'est-ce qui importe plus que le prix et la commodité du service, de demander Schlosser ? « Les fournisseurs de fast-food savent bien que les mets qu'ils préparent doivent avant tout avoir bon goût. *Les clients sont bien plus préoccupés par le goût que par l'aspect santé de la nourriture.* »

Prenez par exemple la chaîne McDonald qui, pour répondre aux critiques portant sur le taux élevé de matières grasses dans ses frites, a convenu d'utiliser dorénavant de l'huile végétale pure. Lorsque les présidents-directeurs généraux de la chaîne ont tenté hardiment de remplacer les 7 % d'huile de coton et les 93 % de suif de bœuf dans leurs bacs de friture par de l'huile végétale pure, ils ont dû faire face à un problème de taille : les frites n'avaient pas le goût désiré. Ce manque de goût dépendait de l'huile à friture. Comme cela est courant dans l'industrie alimentaire, les « médecins des aliments » sont venus tirer d'affaire les dirigeants de McDonald grâce à une « ordonnance » d'arômes artificiels.

Bien que nous soyons habitués à trouver sur les emballages des aliments des listes d'ingrédients sur lesquelles figurent les aromatisants, nous sommes peu nombreux à nous demander pourquoi on prend la peine de les indiquer. C'est que ce sont les arômes artificiels de nos aliments, que l'on appelle parfois « arômes naturels », qui déterminent le vrai goût des aliments.

Faites venir les médecins des aliments!

Les arômes artificiels n'assurent pas seulement le goût désiré mais aussi « la sensation en bouche », la texture, et même l'odeur. C'est grâce à l'industrie des flaveurs que les chips, le pain, les craquelins, les biscuits, la crème glacée, les céréales et de nombreux autres aliments transformés ont les goûts dont nous sommes si friands. Je sais, nous préférerions croire que ces délicieux aliments sont le fruit d'une préparation laborieuse dans des cuisines; hélas, il n'en est rien. Par ailleurs, nous pouvons assumer que s'il a fallu ajouter des arômes artificiels pour en améliorer la couleur, la consistance et l'arôme, l'aliment transformé ne devait pas avoir beaucoup de goût à l'origine. [Voir le tableau 1 dans lequel on a dressé une liste des ingrédients qui servent à donner un arôme artificiel de fraise à certains laits frappés.]

Tableau 1 – Goût artificiel courant de fraise

Acétate de pentyle, butyrate d'amyle, valérate d'amyle, anéthol, formate d'anisyle, acétate de benzyle, isobutyrate de benzyle, acide butyrique, isobutyrate de cinnamyle, valérate de cinnamyle, huile essentielle de cognac, diacétyle, dipropylcétone, heptanoate, heptylate d'éthyle, lactate d'éthyle, méthylphényldi-hydroxyphényle-2-butanone d'éthyle, alpha-ionone, anthranilate d'isobutyle, butyrate d'isobutyle, huile essentielle de citron, maltol, 4-méthylacétophénone, anthranilate de méthyle, benzoate de méthyle, cinnamate de méthyle, heptine de méthyle, méthylnaphtylcétone, salicylate de méthyle, huile essentielle de menthe, huile essentielle de néroli, nerolin, isobutyrate de néryle, beurre d'iris, alcool phénétylique, rose, éther de rhum, gamma-undécalactone, vanilline et solvant[9].

Et nous qui croyions que ce merveilleux parfum et cette belle couleur rose provenaient véritablement de fraises ! Les goûts « naturels » ne sont pas nécessairement plus sains que les arômes artificiels et peuvent contenir tout autant de produits chimiques, comme on l'a vu au tableau 1. Il va sans dire que le mélange précis de produits chimiques qui donne à un aliment transformé son arôme et son goût reste un secret bien gardé que l'on dissimule non seulement à la concurrence mais surtout au consommateur.

La première chose que vous devez retenir de cette exposé, c'est que ce que vous voyez, sentez et goûtez lorsque vous mangez des aliments transformés n'est qu'une *imitation chimique* de ce que vous pensez manger. Vous pouvez être certain de ceci : ce sont les profits qui régissent les décisions finales en matière de préparation des aliments transformés et non votre niveau d'énergie ou le développement cérébral de votre enfant et son besoin d'une bonne ossature, et certainement pas vos préoccupations pour votre poids !

Que sont les aliments « hautement transformés » ?

Nos enfants seront-ils en mesure d'imaginer la vie à l'époque de leurs grands-parents ? Combien sommes-nous à savoir dépecer un poulet ? Qu'adviendrait-il si nous étions obligés de le tuer et de le plumer comme faisait ma grand-mère ? Déjà, nous sommes nombreux à ne pas savoir faire la cuisine sans un four à micro-ondes, sans viande préemballée et sans avoir recours à des flocons de pommes de terre, à du riz minute ou à du porridge instantané. Où sont passés tous ces délicieux fruits et légumes frais ?

Le matin, nous nous précipitons au travail après avoir avalé à la course une tranche de pain grillé, un verre de jus d'orange et un grand café. À midi, nous passons à notre restaurant de service au volant ou chez notre traiteur préféré et nous commandons un sandwich à la viande accompagné d'une portion supplémentaire de mayonnaise, de chips et d'une boisson gazeuse. La longue journée de travail au bureau terminée, nous consultons rapidement notre conjoint par téléphone afin de déterminer celui dont c'est le tour d'aller acheter de la pizza pour le repas du soir pendant que l'autre ira chercher les enfants. *Le fast-food, les recettes instantanées et la consommation d'aliments très transformés constituent les changements les plus frappants imposés à notre alimentation au cours des deux dernières générations.* En conséquence, les effets sur la santé de ce glissement phénoménal ne sont pas seulement désastreux mais mortels. Si vous jetez un coup d'œil aux vingt sources de glucides les plus consommés de nos jours, sources dont un chercheur du *Harvard School of Public Health* a dressé la liste qui suit, vous noterez que le scénario que nous venons d'élaborer est tout à fait juste.

Tableau 2 – Les 20 glucides les plus consommés de nos jours en Amérique du Nord

• • • • • • • • • •

1. Pommes de terre (en purée ou au four)
2. Pain blanc
3. Céréales du matin ne nécessitant aucune cuisson
4. Pain de blé complet
5. Jus d'orange
6. Bananes
7. Riz blanc
8. Pizza
9. Pâtes alimentaires
10. Muffins
11. Boissons aux fruits
12. Coca-Cola
13. Pommes
14. Lait écrémé
15. Crêpes
16. Sucre ordinaire (saccharose)
17. Confiture
18. Jus de canneberges
19. Frites
20. Bonbons

LE FAST-FOOD, LES RECETTES INSTANTANÉES ET LA CONSOMMATION D'ALIMENTS TRÈS TRANSFORMÉS CONSTITUENT LES CHANGEMENTS LES PLUS FRAPPANTS IMPOSÉS À NOTRE ALIMENTATION AU COURS DES DEUX DERNIÈRES GÉNÉRATIONS. EN CONSÉQUENCE, LES EFFETS SUR LA SANTÉ DE CE GLISSEMENT PHÉNOMÉNAL NE SONT PAS SEULEMENT DÉSASTREUX MAIS MORTELS.

Conclusion

Pourquoi nos aïeux étaient-ils plaisamment dodus à leur époque de prospérité alors que nous sommes gros et flasques à la nôtre ? Pourquoi faisons-nous maintenant face à une épidémie de maladies mortelles associées à notre obésité ? Non seulement les régimes que nous suivons préconisent une consommation accrue de glucides, mais nous vivons au royaume des glucides où l'on privilégie les aliments conditionnés et hautement transformés, le fast-food et les arômes artificiels. À la différence de mes grands-parents qui ont vécu en bonne santé et sont morts nonagénaires (tous deux actifs jusqu'à la dernière année de leur vie, ou presque), je vous assure que nous avons perdu d'avance la guerre contre l'obésité et les maladies dégénératives à cause de ce régime alimentaire nord-américain essentiellement constitué de fast-food. Et évidemment la prise de poids constatée chez plus de 65 % de notre population n'a rien de mystérieux lorsqu'on étudie la question de plus près, n'est-ce pas ?

Examinons ensemble les profits qu'enregistre l'industrie alimentaire grâce à la commercialisation de glucides et de féculents transformés ainsi que de fast-food. Qu'est-ce qui lui importe le plus, à votre avis ? Votre santé ? Nous sommes partagés entre les aliments et les amuse-gueule faibles en matières grasses d'une part, et le fast-food d'autre part. Notre véritable ennemi, c'est donc notre régime alimentaire nord-américain. En règle générale, tout glucide transformé ou conditionné par l'homme est la cause de l'épaississement de notre tour de taille et de notre perte de liberté.

CHAPITRE 3

L'indice glycémique

Il n'est point de bonheur sans sagesse.
— Épicure

Pourquoi tant d'histoires sur les glucides ? Nous en entendons beaucoup parler par les temps qui courent, aux nouvelles, à la radio, à la télévision, et si vous avez suivi autant de régimes que n'importe qui, vous avez eu affaire à des tas d'aliments de cette catégorie. Bien que les gens soient nombreux à savoir les identifier, la plupart ne connaissent pas encore les effets puissants qu'ils ont sur le corps. Avez-vous déjà réfléchi au pouvoir que peuvent exercer les glucides sur vos propres fringales ?

Avez-vous récemment tenté d'éviter le pain blanc, la farine blanche, les pâtes alimentaires, le riz et les pommes de terre pendant une journée ou même une semaine ? Y êtes-vous parvenu ? Non seulement les glucides transformés comme ceux que nous venons d'énumérer dominent notre régime alimentaire type (ce qui rend donc difficile la préparation d'un repas sans eux), mais si nous les évitons pendant un jour ou deux, nous nous apercevons vite que notre corps les réclame.

Le pouvoir du sucre

Le corps réclame des glucides pour le glucose (le sucre) qu'ils contiennent, ce glucose qui lui sert de « combustible », particulièrement au niveau du cerveau. Autrement dit, notre cerveau a besoin de sucre pour fonctionner. Le corps surveille donc toujours le niveau de sucre (la glycémie) contenu dans le sang. Une personne qui présente une glycémie trop élevée – supérieure à 11 mmol/l – peut se mettre à éliminer du sucre dans son urine ou ressentir des maux de tête, des nausées et un malaise général. Si, au contraire, sa glycémie est trop basse, soit inférieure à 2,2 mmol/l, elle peut devenir confuse, léthargique, être prise d'une crise épileptique, perdre connaissance et même subir la destruction d'une partie importante des cellules de son cerveau.

Cette vérité m'a sauté aux yeux dès le tout premier jour de mon expérience clinique à l'étage du bloc opératoire de l'hôpital des Anciens combattants, à Denver, au Colorado. J'étais étudiant de troisième année en médecine et je manquais encore d'expérience. Je n'étais de garde que depuis trois heures lorsque des infirmières se sont précipitées dans le couloir en me criant de venir leur prêter main-forte auprès d'un patient. Apparemment, alors que ce dernier venait d'être opéré, on lui avait donné une dose excessive d'insuline et son taux de glycémie avait tellement chuté qu'il était entré dans le coma.

Pendant que je courais à la chambre du patient, on m'a glissé dans la main une grosse seringue remplie de glucose que je devais lui administrer par intraveineuse. Cela s'annonçait toute une expérience car je n'avais jamais fait d'intraveineuse. Les deux premières années de médecine se passent surtout en classe, sans le moindre contact avec les patients, et j'en étais à ma première journée de formation à l'hôpital. Il va sans dire que je ne débordais pas de confiance en moi.

Lorsque je suis arrivé auprès du patient, sa peau était moite et froide et il était dans un état comateux profond. Même si mes mains tremblaient, j'ai réussi à lui piquer l'aiguille dans la veine et à lui prélever du sang. Je me suis alors mis à lui injecter du glucose. Je n'en avais injecté que 10 % lorsque j'ai levé la tête pour vérifier une fois de plus l'état du patient. À ma grande surprise, il me regardait droit dans les yeux.

« Qu'est-ce que vous faites là ? » m'a-t-il demandé calmement.

« Ah ! » me suis-je exclamé en sursautant. Je n'en croyais pas mes yeux ! Je ne lui avais donné qu'une infime dose de sucre et non seulement il était sorti de son coma, mais il était tout à fait alerte et me posait des questions sans détour. Tant que je vivrai, je n'oublierai jamais cette expérience et je me souviendrai certainement de la rapidité avec laquelle notre cerveau répond au sucre dont il a besoin pour fonctionner adéquatement.

Le sucre qui provient des glucides est non seulement absolument nécessaire à la vie en soi, mais il peut aussi créer une accoutumance au même titre que la plus puissante des drogues. Comme nous avons intégré de plus en plus de glucides dans notre régime alimentaire, nous subissons des effets que ni les chercheurs ni les spécialistes n'avaient encore prévus.

Sans le savoir, nous avons créé une dépendance aux glucides qui nous pousse littéralement à en consommer toujours davantage.

Que penser des glucides?

Lorsque je parle de «glucides», qu'est-ce qui vous vient à l'esprit? La plupart des gens pensent à des féculents comme le pain, les pommes de terre, le riz et les craquelins. Pourquoi? Parce qu'on leur enseigne depuis l'école primaire que les glucides complexes de ce type sont ceux qu'il faut privilégier. Après tout, ils constituent la majeure partie de la pyramide alimentaire du ministère de l'Agriculture, n'est-ce pas? On a longtemps cru que ces aliments étaient lents à se transformer en glucose et fournissaient par conséquent au corps un apport continu d'énergie: ils étaient donc préférables aux autres. De nos jours toutefois, cette théorie est très contestée et je crois que nous avons finalement découvert le chaînon manquant au mystère de l'obésité dans notre pays.

Simples ou complexes?

Une chose est sûre: tous les glucides ne sont pas égaux. Malgré ce que préconisent depuis toujours certains régimes notoires, les calories ne sont pas interchangeables. Un examen au microscope permet de constater que les glucides sont simplement de longues chaînes de sucres. On a longtemps cru que la longueur de cette chaîne déterminait la vitesse de digestion d'un glucide et par conséquent la hausse de glycémie consécutive. On pensait que les chaînes les plus courtes représentaient des glucides simples et les plus longues, des glucides complexes.

Le concept de sucre simple par opposition aux glucides complexes a d'abord été introduit en 1901; il a fait son chemin tout au long du 20e siècle et jusqu'au siècle présent[1]. Depuis qu'ils ont lancé cette théorie, les scientifiques n'ont cessé de croire que si l'on consomme un sucre simple tel que le glucose, le fructose, le maltose ou la saccharose, le taux de glycémie grimpe rapidement parce que le corps n'a pas besoin de transformer le sucre. Toutefois, si l'on ingère des glucides complexes d'une longue chaîne de sucres, comme par exemple une pomme de terre ou un morceau de pain, le taux de glycémie monte plus lentement, rendant ces glucides préférables, non seulement pour les personnes qui n'ont pas de problème de santé, mais aussi pour les diabétiques. C'est la raison pour laquelle les céréales et le pain sont à la base de la pyramide alimentaire et que les sucres simples tels les bonbons et les sucreries se trouvent tout en haut.

Parce que la distinction entre glucides simples et complexes constitue la norme établie par le monde médical depuis plus de cent ans, elle est fermement gravée dans notre esprit et nos pratiques médicales. En fait, c'est cette théorie sous-jacente que nous enseignons, et surtout à nos diabétiques (quoique j'espère que cela ne sera plus vrai lorsque ce livre paraîtra).

Il n'est pas facile de modifier un concept en place depuis si longtemps. Et pourtant, je tiens cette erreur responsable de la crise terrible que nous connaissons aujourd'hui en matière de santé. Mais vous devez bien vous demander quel est le lien entre tout cela et le fait de rester mince et en bonne santé ? J'y viens, mais auparavant je veux accompagner mes arguments de faits importants que la plupart des gens ignorent, cette ignorance les contraignant à se battre contre des moulins à vent.

Au moment où la notion de régime faible en matières grasses et riche en glucides gagnait du terrain au début des années 1970, selon la recommandation de base, tout glucide autre que le sucre était acceptable dans le cadre des régimes « santé ». On ne faisait aucune distinction entre les différentes caractéristiques des glucides complexes, et l'on nous enseignait qu'il importait surtout de diminuer la quantité de matières grasses dans notre régime alimentaire.

Une découverte capitale : l'indice glycémique

L'indice glycémique est tout simplement un système numérique qui indique la vitesse à laquelle les aliments riches en glucides se transforment en glucose et pénètrent dans le sang. Ce concept a complètement modifié notre façon de voir les glucides. Au lieu d'accepter la théorie selon laquelle la vitesse d'absorption, et donc la hausse du taux de glycémie, dépend simplement de la longueur de la chaîne et de la complexité du sucre consommé, c'est maintenant dans un cadre clinique et au moyen de techniques normalisées que l'on détermine la hausse réelle de la glycémie.

Ce n'est qu'en 1981 qu'un chercheur du nom de Jenkins a présenté ce nouveau concept dans l'*American Journal of Clinical Nutrition*[2]. Il a défini l'indice glycémique comme étant la vitesse à laquelle le taux de glycémie s'élève à la suite de l'ingestion d'un aliment précis (choisi pour les besoins de l'étude) par comparaison avec un aliment de base (habituellement du pain blanc ou du glucose). À l'origine, comme on croyait que c'était le glucose qui entraînait la hausse la plus rapide du taux de glycémie, on lui a donc attribué l'indice 100. Toutefois, environ dix ans plus tard (en 1990), on a effectué des tests sur d'autres aliments pour découvrir qu'ils avaient un indice encore plus élevé. Il n'en reste pas moins que si vous discutez de l'indice glycémique avec à peu près n'importe quel médecin ou diététiste, vous obtiendrez des réponses de toutes sortes. Une très grande majorité des professionnels de la santé n'accepte pas encore complètement la notion d'indice glycémique et son importance pour la santé. La plupart d'entre eux souscrivent encore à la vieille théorie selon laquelle tous les glucides sont égaux.

L'indice glycémique des aliments de base

Lorsqu'il a d'abord été question d'indice glycémique, la plupart des diététistes, des nutritionnistes et des médecins ont été stupéfaits des résultats. Pourquoi ? Parce qu'ils allaient à l'encontre de la théorie selon laquelle tous les glucides sont égaux. Par exemple, les sucres simples comme le sucre ordinaire (saccharose) affichaient un indice glycémique de 61, alors que le sucre des fruits (fructose) n'atteignait que 19.

Qu'allait-il advenir de notre pyramide alimentaire si les glucides complexes comme les pommes de terre (à indice glycémique de 85) ou le pain blanc (à indice glycémique approximatif de 70) faisaient monter la glycémie plus rapidement que le sucre ordinaire ? Saviez-vous que bon nombre de nos céréales soi-disant santé, comme par exemple les flocons de maïs, les flocons de son et les Cheerios, dépassent tous les indices glycémiques, certaines atteignant les 92 ?

Ces résultats ont littéralement annihilé le concept selon lequel la hausse de la glycémie ne peut être déterminée que par la nature simple ou complexe d'un glucide. Nous pouvons évidemment nous attendre à une certaine résistance face à des chiffres aussi accablants, nos professionnels de la santé conseillant depuis toujours aux diabétiques et aux patients souffrant d'hypoglycémie de favoriser les glucides, ce qui peut entraîner chez eux des pics glycémiques dangereusement élevés.

La notion d'indice glycémique demeure très controversée et les colloques portant sur ces concepts ont été le centre de maintes discussions orageuses[3]. Il est clair que le fait de modifier une idée reçue demande du temps, surtout lorsqu'il s'agit d'une théorie fondamentale qui a été la pierre angulaire de la diététique pendant tout un siècle. Grâce aux études effectuées en Australie, au Canada, au Royaume-Uni et en Europe en général, on a pu cependant établir sans l'ombre d'un doute l'importance de l'indice glycémique. Toutefois, aux États-Unis, à coup sûr, on reste réfractaire à ce nouveau concept et l'on continue de recommander l'enseignement de la théorie du sucre simple et des glucides complexes au grand public, et aussi aux diabétiques[4].

Selon moi, il n'y a aucun doute qu'une fois que nos chercheurs auront bien étudié la littérature médicale traitant de l'indice glycémique, ils accepteront et suivront cette norme scientifique sans plus tarder. D'ailleurs, dans l'édition du 8 mai 2002 du *Journal of the American Medical Association*, paraissait un article sur le bilan de 311 études effectuées sur l'indice glycémique[5]. Les études et les rapports de ce genre ne peuvent qu'influencer le monde médical et entraîner les changements qui s'imposent.

Qu'est-ce qui détermine l'indice glycémique des différents aliments?

Pourquoi ceux d'entre nous qui ne sont pas atteints de diabète devraient-ils se préoccuper de l'indice glycémique des aliments? Comme nous comprenons maintenant que les sucres simples et les glucides complexes ne suffisent plus à nous donner une indication de la vitesse à laquelle notre corps absorbe les aliments, nous devons savoir ce qui détermine *véritablement* notre capacité d'absorption d'un aliment précis afin de choisir judicieusement notre nourriture et d'éviter ainsi la dangereuse dépendance aux glucides.

Question:
Nommez l'un des principaux facteurs qui font qu'un aliment a un indice glycémique élevé?
Réponse:
Le degré de transformation et de préparation d'un glucide.

Vous rappelez-vous le conte pour enfants intitulé *La petite poule rousse*? Voici à peu près de qu'il racontait.

TABLEAU N° 1
Indice glycémique et apport glycémique de quelques aliments de base

	Indice glycémique	Glucides par portion	Apport glycémique
Glucose	100	10	10
Fructose (sucre de fruits)	19	10	6
Saccharose (sucre ordinaire)	61	10	6
Pâtisseries			
Gâteau de Savoie	67	29	19
Croissant	67	26	17
Beignet, gâteau	76	23	17
Muffin au son	60	24	15
Légumes			
Carotte	47	6	3
Petits pois	48	7	3
Maïs doux	54	17	9
Fruits			
Pomme	38	16	6
Cerise	22	12	3
Orange	42	11	5
Pêche	28	13	4
Légumineuses			
Haricots communs	28	25	7
Haricots noirs	20	25	5
Pain			
Baguel à la farine blanche	72	35	25
Pain blanc	70	14	10
Pain complet	71	16	8
Pomme de terre			
Au four	85	30	26
En purée instantanée	85	20	17
En purée	92	20	18

Il était une fois un chat, une souris et une petite poule rousse qui vivaient tous ensemble dans une belle petite maison. Le chat aimait dormir à longueur de journée, confortablement installé sur le sofa. Le chien faisait de même sur la véranda à l'arrière de la maison et la souris, quant à elle, aimait somnoler toute la journée sur une chaise, au chaud près du feu. C'est donc la petite poule rousse qui faisait tout. Or, un jour qu'elle s'affairait à toutes ses tâches, elle a trouvé quelques grains de blé.

« Qui va planter ces grains de blé ?... Qui va moudre ce blé ?... Qui va faire du pain avec cette farine ? » demanda la petite poule rousse.

Nous connaissons tous la réponse. « Pas moi », dit le chat. « Pas moi », dit le chien... ce à quoi on pourrait ajouter : « Nous non plus », répondirent les Nord-Américains. Les aliments que nous consommons le plus souvent affichent un indice glycémique extrêmement élevé. Pourquoi ? Parce que non seulement ils ont subi plusieurs phases de transformation, mais de plus, ils sont préparés avec de la farine blanche, notre farine dite « moderne ».

La farine que nous utilisons de nos jours provient de laminoirs à grande vitesse. Ces nouvelles machines, qui ont remplacé les meules classiques du 18e siècle, sont beaucoup plus efficaces car elles peuvent fonctionner en générant moins de chaleur. La farine qui provenait des moulins traditionnels avait une durée de conservation limitée en raison de l'oxydation rapide du germe du grain sous l'effet de la chaleur. On s'est vite aperçu qu'en dégermant le grain (c'est-à-dire en en retirant le cœur) et en enlevant le son (l'enveloppe) qui en constitue la fibre – étape nécessaire au nouveau processus de mouture – on pouvait complètement empêcher le phénomène d'oxydation.

On a ainsi obtenu une farine blanche très fine, la fleur de farine, qui ne s'altère pas. Les résultats obtenus par ce seul processus allaient changer à jamais le cours de notre histoire. C'était un beau coup sur le plan de l'économie car il n'y a pas un ménage qui peut se passer de pain. Fabriqués à partir de cette fleur de farine, les pâtisseries, le pain et les produits de boulangerie étaient non seulement légers et savoureux, mais ils avaient une longue durée de conservation. La fleur de farine n'allait pas tarder à devenir un produit de luxe destiné aux personnes aisées, et la bonne vieille farine moulue sur pierre, à texture grossière et au goût ordinaire, allait désormais être réservée aux paysans de ce monde.

Toutefois, depuis la découverte de l'indice glycémique, nous commençons à constater que notre corps peut absorber très rapidement le glucose contenu dans ces particules extrafines de farine blanche ou complète qui, en raison de leur indice glycémique extrêmement élevé, entraînent une hausse rapide de notre glycémie. En fait, le pain blanc et la farine blanche font grimper notre glycémie encore plus rapidement que si nous mangions carrément du sucre blanc par grosses cuillerées.

Réfléchissez un instant au nombre de céréales et de glucides transformés qui constituent notre régime alimentaire : le pain blanc et les pâtisseries, les fonds de pizza, les pains à hamburger, la plupart des types de riz, les pâtes alimentaires, les craquelins, les gâteaux, les biscuits, les beignets et les céréales. Maintenant jetez un coup d'œil à l'indice glycémique des aliments entiers, au tableau nº 1.

L'indice glycémique est influencé par de nombreux facteurs qu'il vaut certainement la peine de connaître. Il dépend beaucoup, par exemple, de la nature complète ou non des aliments, de leur contenu en fibres solubles et en sucre, si ce sont des féculents ou non, et de la façon dont ces aliments sont apprêtés.

PAR CONSÉQUENT, ON PEUT DIRE QU'EN PRINCIPE (QUOIQUE CELA NE SOIT PAS UNE RÈGLE ABSOLUE), PLUS UN ALIMENT A SUBI DE TRANSFORMATIONS, PLUS IL RISQUE D'AVOIR UN INDICE GLYCÉMIQUE ÉLEVÉ.

Les aliments complets

On appelle aliments complets les aliments que l'on mange à l'état naturel. Ils n'ont subi aucune transformation et l'on définit certains d'entre eux comme des « aliments vivants », ce qui signifie qu'ils contiennent toujours leurs fibres et leur forme naturelles. Si vous les cherchez sur le tableau de l'indice glycémique, vous verrez que ce sont tous des aliments à faible taux de glycémie. Par conséquent, on peut dire qu'en principe (quoique cela ne soit pas une règle absolue), plus un aliment a subi de transformations, plus il risque d'avoir un indice glycémique élevé.

Contenu en fibres

En revanche, plus un aliment contient de *fibres alimentaires,* moins il affiche un indice glycémique élevé. Et vous savez pourquoi ? C'est que les fibres ralentissent l'absorption des glucides contenus dans un aliment précis. Autrement dit, le corps a plus de difficulté à transformer ces glucides en glucose. Il faut toutefois prendre en considération le type de fibre que peuvent contenir vos aliments.

Selon l'un des spécialistes en matière d'indice glycémique, Thomas Wolever, il peut être utile de connaître le type et la quantité de fibres des aliments, bien que cela ne constitue qu'un des facteurs de l'indice glycémique. Par exemple, les fibres que contiennent la farine blanche ou la farine de blé complète ne ralentissement aucunement l'absorption des glucides de ces aliments, à l'inverse des fibres collantes que l'on trouve dans les légumineuses et l'avoine complète. D'après Wolever, en règle générale, les fibres *solubles* sous leur forme purifiée ont plus d'effet sur la réponse glycémique que les fibres *non solubles*.

Le taux d'amidon influence l'indice glycémique

Certains des aliments que nous consommons sont composés de deux types d'amidons. Il s'agit de l'amylose et de l'amylopectine dont la teneur plus ou moins élevée a une influence importante sur l'indice glycémique de nos aliments. L'amylose est une molécule à chaîne droite qui s'aligne telle une rangée serrée de perles. Cette structure rend difficile la gélatinisation et ralentit donc la digestion et l'absorption. Les aliments qui ont une teneur en amylose élevée, comme le riz basmati, les haricots noirs, les lentilles et les graines de soja affichent un indice glycémique très faible[6]. L'amylopectine, quant à elle, est constituée de molécules linéaires à nombreuses branches, ce qui permet aux aliments d'être facilement assimilés. Les aliments tels que le riz, dont la teneur en amylopectine est importante, sont digérés rapidement et ont un indice glycémique élevé.

L'indice glycémique dépend énormément du type de sucre

Ce qui surprend le plus en matière d'indice glycémique, ce sont les écarts d'absorption entre les différents sucres naturels. Par exemple, le sucre que l'on trouve principalement dans les fruits (fructose) affiche un indice glycémique de 19, alors que le glucose est évalué à 100. La plupart des gens ne comprennent pas que le sucre ordinaire (saccharose) est un disaccharide (constitué de deux molécules), ce qui signifie que c'est un sucre double constitué d'une molécule de glucose et d'une autre de fructose. C'est la raison pour laquelle le sucre de table affiche un indice glycémique de 61, à mi-chemin entre les deux sucres qui composent le saccharose. On compte parmi les autres sucres, les suivants :

- Le miel – 55
- Le lactose – 46
- Le maltose – 105

L'indice glycémique des aliments est déterminé en grande partie par le type et la quantité de sucre qu'ils contiennent. Bon nombre d'aliments qui ont subi plusieurs phases de transformation, par exemple la plupart des yogourts, contiennent en fait un mélange de sucres naturels et de sucres additionnés, ce qui explique souvent leur indice glycémique élevé. Toutefois les fruits ne sont pas tous pareils : les fruits tropicaux comme les bananes, les mangues et les ananas ont un indice glycémique moyen, alors que la plupart des autres fruits (à l'exception de la pastèque et du melon d'eau) ont un indice moindre.

La préparation des aliments a une forte influence sur l'indice glycémique

Généralement, l'amidon des aliments crus est contenu dans des granules durs et comprimés qui les rendent difficiles à digérer. C'est la raison pour laquelle vous noterez que presque tous les aliments, lorsqu'ils sont crus, ont un indice glycémique inférieur à celui qu'ils ont une fois cuits. Au cours du processus de cuisson, ces amidons durs et compacts prennent de l'ampleur au contact de la chaleur et peuvent même éclater. Ce processus s'appelle la gélatinisation. Les amidons une fois gonflés sont très facilement digérés et absorbés par les enzymes de l'intestin grêle. Voilà pourquoi il faut éviter de trop faire cuire vos aliments. La chaleur n'est pas votre alliée en matière de nutrition. Les températures élevées peuvent transformer des glucides à faible indice glycémique en glucides à indice élevé. Vous devriez, par exemple, faire cuire vos pâtes alimentaires seulement jusqu'à ce qu'elles soient *al dente* (encore fermes).

Inutile de dire qu'il est pour le moins compliqué d'essayer de déterminer l'indice glycémique réel des aliments à partir de leur teneur en fibres, en sucre et selon la nature des glucides qu'ils contiennent. En règle générale, néanmoins, la plupart des fruits entiers, des céréales complètes et des légumes entiers, crus ou cuits doucement à la vapeur, ont un indice glycémique nettement inférieur à celui des aliments qui ont subi plusieurs phases de transformation. Pour vous informer sur l'indice glycémique des glucides les plus courants, veuillez consulter la **Liste d'évaluation des aliments** des pages ressources que vous trouverez à la fin de ce livre.

Le concept d'apport glycémique

Pour la plupart des gens, la notion d'indice glycémique est assez nouvelle ; il existe donc souvent une certaine confusion chez eux quant à son utilisation pratique comme guide d'une saine nutrition. L'une des principales raisons pour lesquelles nous voulons connaître l'indice glycémique des aliments les plus courants, c'est pour éviter de voir grimper notre glycémie et donc notre taux d'insuline de façon excessive à la suite d'un repas. Afin de mieux saisir son utilisation, nous devons comprendre le concept d'apport glycémique.

L'apport glycémique est défini comme l'indice glycémique moyen pondéré d'un aliment précis, multiplié par le pourcentage d'énergie alimentaire (grammes de glucides ou de calories) qu'il procure[7]. Un simple calcul vous permet d'obtenir l'apport glycémique de n'importe quel aliment. Le nombre de grammes de glucides (GG) est généralement indiqué sur l'étiquette de l'aliment en question ou vous le trouverez dans un tableau de composition des aliments ; vous le multipliez par l'indice glycémique (IG) qui se trouve à la fin de ce livre et vous divisez ensuite ce chiffre par 100 (voir l'encadré plus loin).

Comment déterminer l'apport glycémique

Apport glycémique = (Indice glycémique x grammes de glucides) divisé par 100

Spaghettis : deux portions de 100 g de spaghettis cuits ont un indice glycémique de 41 et contiennent 52 grammes de glucides.
Apport glycémique : (41 x 52) divisé par 100 = 21

Carottes : Indice glycémique de 49. Une portion moyenne contient environ 5 grammes de glucides.
Apport glycémique : (49 x 5) divisé par 100 = 2,4

Grâce au concept d'apport glycémique, on a une bien meilleure idée de la réaction du corps à un aliment précis. Par exemple, les carottes cuites ont un indice glycémique moyen de 49, alors que leur apport glycémique est de 2,4 (la carotte étant pauvre en calories). Cela signifie que les carottes n'entraînent pas de pic glycémique. Les pommes de terre, par contre, ont à la fois un indice et un apport glycémiques élevés, ce qui fait grimper la glycémie de façon importante et encourage la réponse insulinique (voir le chapitre 4).

Cet exemple illustre le fait que l'indice glycémique n'est qu'un aspect dont il faut tenir compte lorsqu'on veut choisir de bons glucides. Si vous ne deviez tenir compte que de l'indice glycémique, les spaghettis sembleraient constituer un meilleur choix que les carottes. Toutefois, si vous comparez le nombre de grammes de glucides présents dans une portion de spaghettis (50 grammes) à celui d'une portion moyenne de carottes (5 grammes), vous verrez que les spaghettis stimuleront davantage votre glycémie et votre réponse insulinique, d'autant plus qu'une portion de 50 g (ou d'une demi-tasse) ne suffirait pas à la plupart d'entre nous. Veuillez consulter le tableau nº 1 sur l'apport glycémique de certains aliments courants.

Comment déterminer l'indice glycémique des repas composés d'aliments de différents groupes

Parmi les principaux arguments contre l'utilisation de l'indice glycémique au cours d'analyses cliniques, on compte la théorie selon laquelle lorsque nous combinons des glucides, des lipides et des protéines dans un repas normal, tous les glucides sont absorbés à la même vitesse. Faisant suite à quelques études dont les résultats appuyaient ce point de vue, d'autres, plus récentes, révèlent que l'indice glycémique des différents glucides consommés au cours d'un même repas dépend largement de l'indice glycémique global du repas.

Les lipides ralentissent la vidange gastrique (vitesse à laquelle les aliments quittent l'estomac pour être absorbés par l'intestin grêle), ce qui réduit l'indice glycémique d'un repas composé d'aliments de différents groupes. En fait, cela est devenu une autre source importante de préoccupation dans le contexte du régime faible en matières grasses et riche en glucides. Il reste que lorsque les gens consomment davantage de glucides, ils ont tendance à manger moins de matières grasses (y compris des acides gras essentiels), ce qui entraîne à la suite de tels repas des pics glycémiques encore plus marqués. Toutefois, d'après les études effectuées au fil des années, il devient de plus en plus évident que lorsqu'on prend en considération l'indice glycémique des différents aliments d'un repas, l'on peut prévoir assez précisément la réponse glycémique et insulinique à ce repas et par conséquent prendre des décisions éclairées en matière de saine nutrition[8, 9, 10, 11].

L'indice glycémique n'est que l'un des éléments dont il faut tenir compte dans le choix d'aliments à privilégier. Le sucre, certaines boissons gazeuses et pas mal de sucreries, par exemple, ont un indice glycémique moyen. Cependant, de par leur valeur nutritionnelle et leur apport glycémique faibles, ils ne sont pas recommandés dans un bon régime alimentaire. Au chapitre 11, je vous indiquerai comment intégrer efficacement et facilement le concept de l'indice glycémique à des habitudes de vie saines. Mais il est essentiel que vous reconnaissiez que votre plus grand ennemi, ce sont les glucides transformés. Et n'oubliez jamais les dangers inhérents à notre culture du fast-food.

Conclusion

Tous les glucides ne sont pas égaux et les calories ne sont pas interchangeables. Tant que nous ne serons pas prêts à surveiller ce que nous mangeons, jour après jour – à chaque repas et à chaque collation – les risques sérieux que nous courons en matière de santé ne feront que se multiplier. Il est clair que si nous continuons de mener un rythme de vie effréné et de manger sur le pouce, nous ne réglerons pas nos problèmes de poids. Êtes-vous disposé à apporter des modifications mineures à vos habitudes de vie afin de recouvrer et de conserver la santé ?

Nous vivons avec les conséquences de nombreuses dépendances, dont le tabac. Il est stupéfiant de penser qu'une personne peut devenir accro de la nicotine en une ou deux semaines à peine. Nous savons tous maintenant que la fumée de cigarette peut être la cause de crises cardiaques, d'accidents vasculaires cérébraux, de cancer des poumons et d'emphysème. Les coûts en matière de santé sont astronomiques. Toutefois, nous commençons seulement à comprendre que les aliments à indice glycémique élevé peuvent entraîner la dépendance, au même titre que la fumée de cigarette et qu'ils sont la principale raison pour laquelle les effets de l'obésité sur la santé entraînent des coûts qui dépassent maintenant les dépenses de santé associées à l'abus du tabac.

La plupart d'entre nous ne savent pas à quel point il est facile de développer une dépendance aux aliments à indice glycémique élevé. Entendons par là que nous n'avons littéralement pas le choix : il nous faut absolument notre dose. C'est la réponse normale du corps au très faible niveau de sucres (hypoglycémie) qui suit invariablement tout repas qui fait bondir notre taux de glycémie et surstimule la sécrétion d'insuline. Vous êtes-vous déjà demandé pourquoi vous avez toujours envie de grignoter ? Eh bien, voyons de plus près comment notre corps réagit au fast-food.

CHAPITRE 4

Comment suis-je devenu accro aux glucides ?

La faim, ça ne se discute pas. (traduction libre)
— Harry Hopkins

Imaginons ensemble un scénario réaliste. Un narcotrafiquant, également toxicomane, est jeté en prison. Il purge sa peine d'emprisonnement de trois ans et est remis en liberté conditionnelle ; aux yeux de la loi, il est libre. Néanmoins, une fois de retour dans la société, il retrouve sa bande et se remet immédiatement à faire du trafic. Ayant participé à plusieurs séances de réinsertion, il s'est promis de ne plus prendre de drogue. Il est bien décidé : il ne fera que la vendre. Bien sûr. Vous savez comme moi que ce n'est qu'une question de temps avant qu'il se remette à s'injecter. Et pourquoi ? Parce que, tant qu'il était en prison, *il n'a jamais pu se façonner de nouvelles habitudes de vie.* D'après vous, est-ce que cet homme est libre ?

Imaginez maintenant un autre scénario réaliste. Un homme obèse finit par atteindre le seuil du désespoir, et bien qu'il n'ait pas été appréhendé pour les torts qu'il a causés à son corps, il n'en est pas moins prisonnier. Il s'inscrit donc à un programme de régime amincissant en vogue, décidé à surmonter sa dépendance à la nourriture. Il perd effectivement du poids, ce qui ne manque pas de l'enchanter pendant un certain temps.

Toutefois, à force de suivre son régime, il devient mal dans sa peau, apathique et frustré. Seule une volonté de fer l'empêche de consommer les aliments pour lesquels il ressent un état de manque. À la différence du toxicomane qui a passé du temps en prison, cet homme n'est jamais à l'abri des aliments qui le tentent et il demeure donc toujours influençable.

Chaque jour, en rentrant du travail, il passe devant pas moins de 30 restaurants-minute ! Un beau jour, il ne tient plus. Il s'arrête chez *Pizza Hut* et engouffre carrément deux grandes pizzas et trois grands verres de boisson gazeuse. D'après vous, est-ce que cet homme est libre ?

Ce sont nos états de manque en matière de glucides qui nous font toujours reprendre nos anciennes habitudes alimentaires. Nous n'arrivons pas à délaisser ce monde d'aliments transformés pour en choisir un autre sans restauration rapide. Le fait d'être « pris en charge » par un programme de régime amincissant ne suffit pas à nous faire adopter de nouvelles habitudes alimentaires. Si vous avez tenté, plus d'une fois et sans succès, de suivre un régime, vous connaissez peut-être ce qu'est ce ras-le-bol, cet écœurement d'être accro. Si c'est le cas, vous êtes en état de dépendance. Les gens ne comprennent pas vraiment à quel point on peut être en dépendance du sucre, des aliments qui ont subi plusieurs phases de transformation et des glucides à indice glycémique élevé. Cela fait 40 ans qu'on nous rabâche les horreurs d'une consommation excessive de matières grasses. Nous avons donc trouvé refuge dans les glucides. Et vous vous demandez peut-être, comme ce type dont nous venons de parler, si votre cas est désespéré. Non. La situation est grave, mais il y a certainement de l'espoir.

Récemment, j'ai vu le film intitulé « École paternelle », avec en vedette l'acteur Eddie Murphy. Une scène de ce film me revient à l'esprit pendant que j'écris ce chapitre. Après avoir été mis à pied par l'agence de publicité pour laquelle ils travaillaient, deux pères décident d'ouvrir une garderie. Ne sachant pas grand-chose sur les enfants, ces deux grands naïfs sont sur le point de vivre un cours intensif sur les soins à apporter aux petits. En guise de premier goûter, ils leur donnent toutes sortes de « cochonneries » bourrées de sucre. Comme il fallait s'y attendre, les enfants sont rapidement sous l'emprise d'un excès de sucre et se mettent à courir dans tous les sens, à donner des coups de pied, à crier et à sauter au plafond. Et puis, si je me souviens bien, à la scène suivante, c'est le grand silence. La caméra nous donne une vue panoramique de la pièce, puis balaie le sol : on peut voir que tous les enfants se sont effondrés dans tous les coins et toutes les positions, en réaction à la chute rapide de leur taux d'insuline.

Je suis sûr que vous avez déjà eu l'occasion de voir un tel scénario. Quant à moi, je l'ai vu souvent. Mon fils Nick avait toujours fait preuve d'une énergie débordante. S'il n'avait pas déjà été grand, il aurait été le premier candidat au Ritalin (générique : méthylphénidate). Ma femme et moi avions vite compris que si Nick buvait du Coca, il devenait littéralement fou. S'il avait mangé des sucreries, la seule façon de le contrôler, c'était de le confiner à un petit espace, comme celui de notre voiture par exemple. Nous avions donc fait l'expérience personnelle de ce que j'appelle maintenant « les montagnes russes glycémiques ».

Afin de bien fonctionner, le corps doit contrôler étroitement sa glycémie. Si celle-ci connaît une hausse excessive, comme c'est le cas des diabétiques, le sujet peut voir sa vue se brouiller et éprouver une certaine confusion. Si la glycémie chute au contraire de façon excessive, le sujet peut devenir confus, subir une crise épileptique ou même tomber dans le coma (tout comme le patient dont j'ai parlé dans le chapitre précédent). Le corps dispose donc d'un système d'autorégulation très sophistiqué destiné à maintenir la glycémie à un niveau optimal pour son bon fonctionnement. Le système hormonal qui est principalement responsable de ce contrôle est composé d'insuline et de glucagon. Il est essentiel de comprendre le rôle de contrôle de la glycémie que jouent ces hormones et comment elles finissent par affecter votre comportement, votre santé et votre vie.

Définitions de base

Glucides – longues chaînes de sucres qui sont libérées dans le corps à différentes vitesses
Glucose – source principale d'énergie et de combustible recherchés par les cellules du corps (le cerveau en particulier)
Insuline – hormone de *stockage* des graisses produite dans les cellules bêta du pancréas
Glucagon – hormone de *libération* des graisses produite par les cellules alpha du pancréas
Glycogène – glucose stocké dans les muscles et le foie qui constitue une source de combustible facilement disponible

L'insuline, hormone de stockage

L'**insuline**, hormone de stockage des graisses, a comme principale fonction de contrôler la hausse de la glycémie en facilitant le transport du sucre présent dans le sang, du circuit sanguin jusqu'aux cellules musculaires, hépatiques et adipeuses. Toute hausse de la glycémie à la suite d'un repas stimule la sécrétion d'insuline. Lorsque cette hausse est rapide, les cellules bêta du pancréas sécrètent une quantité faramineuse d'insuline.

Il est intéressant de noter que le cerveau n'a pas besoin d'insuline pour se procurer le glucose dont il a besoin, étant donné que celui-ci s'y rend facilement de lui-même. Pour ce qui est du reste du corps, l'insuline se fixe à des sites récepteurs à la surface des cellules musculaires, adipeuses et hépatiques et attire les protéines transporteuses de glucose (à savoir les GLUT 4) qui livrent le glucose dans la partie de la cellule qui en a besoin.

CES NIVEAUX ÉLEVÉS D'INSULINE CRÉENT UN ENVIRONNEMENT DANS LEQUEL NON SEULEMENT LE SUCRE EST AISÉMENT TRANSFORMÉ EN GRAISSE, MAIS OÙ LA GRAISSE EST RETENUE COMME L'EAU DANS UNE ÉPONGE.

L'insuline transporte jusque dans la cellule le sucre qui sera utilisé ou stocké comme glycogène ou comme graisse. Dans les cellules adipeuses, l'insuline favorise la transformation du glucose en graisse (lipogénèse). C'est là l'une des principales raisons pour lesquelles vous n'arrivez pas à perdre de poids. L'insuline a également pour fonction d'empêcher la destruction des graisses (lipolyse). Autrement dit, ces niveaux élevés d'insuline créent un environnement dans lequel non seulement le sucre est aisément transformé en graisse, mais où la graisse est retenue comme l'eau dans une éponge.

Le glucagon, hormone de libération des graisses

L'une des choses que nous apprenons en médecine, c'est que chaque système régulateur a deux facettes. Dans le cas présent, le glucagon est l'hormone opposée à l'insuline. Le **glucagon** est produit et sécrété par les cellules alpha du pancréas. La sécrétion de cette hormone de libération des graisses est stimulée par la consommation de protéines, et supprimée par celle de glucides. (Lorsque nous cherchons à perdre du poids, il va sans dire que nous ne voulons pas supprimer l'hormone de *libération* des graisses.) Par conséquent, lorsque nous mangeons une quantité importante de glucides à indice glycémique élevé, notre taux d'insuline augmente rapidement tandis que notre taux de glucagon diminue. Lorsqu'au contraire, nous prenons un repas équilibré composé de matières grasses, de protéines et de glucides à faible indice glycémique, les taux d'insuline et de glucagon maintiennent un bon équilibre auquel Barry Sears a donné le nom bien connu de « La zone ».

Les hauts et les bas de la glycémie

Nous savons que les aliments à indice glycémique élevé tels que le pain blanc, la farine blanche, le riz blanc et les pommes de terre sont rapidement absorbés dans le sang, ce qui entraîne une hausse de notre glycémie plus rapide que si nous mangions du sucre de table à la cuillère. On compte parmi les glucides dont les sucres sont assimilés lentement : les haricots secs, les légumineuses, les pommes et le chou-fleur. À la façon des montagnes russes dans un parc d'attractions, notre taux de glycémie monte et descend en fonction de notre régime alimentaire et de ces hormones régulatrices. Nous allons maintenant regarder ce qui se passe au niveau cellulaire après un repas composé essentiellement de glucides à indice glycémique élevé.

FIGURE 1
Les montagnes russes provoquées par un indice glycémique élevé

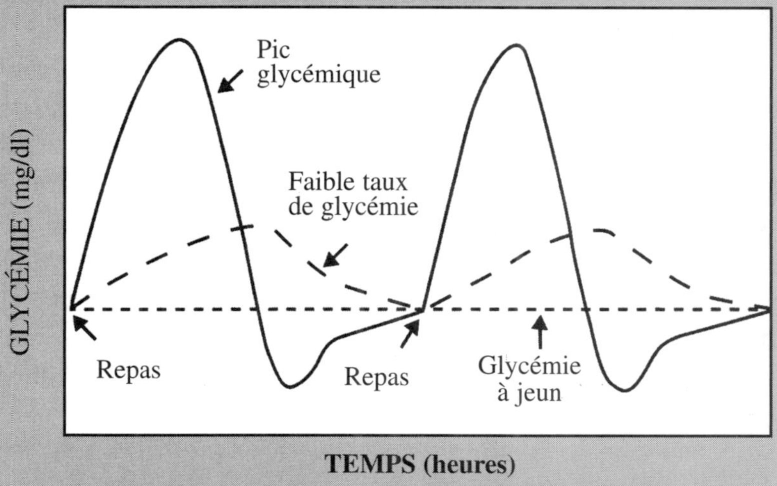

Les effets d'un repas à indice glycémique élevé

Après un petit-déjeuner composé de flocons d'avoine (gruau) à cuisson rapide, de pain blanc grillé et de jus d'orange sucré, notre glycémie se met à grimper rapidement. Ce pic glycémique, comme vous le savez, entraîne presque immédiatement une libération importante d'insuline et, d'autre part, diminue sensiblement la production de glucagon. Les niveaux élevés d'insuline transportent alors le sucre dans les muscles, le foie et la graisse, où il sera utilisé ou stocké sous forme de glycogène ou de graisse.

Imaginez que vous vous trouvez au parc d'attractions et qu'après une longue attente, vous arrivez enfin au manège des petites voitures. Tout content, vous montez à bord de la voiture, prêt pour un petit tour d'agrément.

Soudainement, la voiture se met en marche, mais vous êtes surpris par la direction qu'elle prend. Elle monte, elle monte et ne cesse de monter. Tout à coup, elle fait un plongeon, quittant même la piste pour un instant. C'est comme si elle s'effondrait et que, impuissant, vous vous mettiez à plonger en retenant votre souffle jusqu'à ce qu'elle heurte une colline et se remette à grimper. C'est loin d'être le manège d'agrément auquel vous vous attendiez, n'est-ce pas !

Comme dans cet exemple, notre glycémie se met parfois à chuter presque aussi rapidement qu'elle avait grimpé. En fait, le plus souvent, elle descend même à un niveau bien inférieur au taux de glycémie à jeun que l'on appelle « fourchette hypoglycémique » (faible taux de glycémie), à la façon de montagnes russes qui descendent en chute libre jusque dans un tunnel situé au sous-sol. (Voir la *Figure 1* qui présente un graphique de la hausse et de la chute de la glycémie dans la fourchette hypoglycémique.)

Tout comme la poussée d'adrénaline que vous éprouvez lorsque vous vous trouvez dans des montagnes russes et que vous vous agrippez désespérément à la barre de sécurité qui vous retient, le corps, qui s'attend à un manège d'agrément, vit lui aussi un état de panique similaire en raison du choc qu'il éprouve face aux montées et aux descentes brusques. Pour compenser la poussée d'insuline, il doit faire remonter la glycémie, ce qui déclenche la production de ce que nous appelons les hormones contre-régulatrices dont le cortisol (l'hormone de stress), l'adrénaline (l'hormone de combat ou de fuite), l'hormone de croissance et le glucagon[1]. Ce processus est connu sous le nom de *réponse contre-régulatrice* dont l'objet principal est de faire remonter la glycémie à un niveau acceptable.

Bien que la glycémie finisse par revenir à un niveau de glycémie à jeun ou à un niveau souvent supérieur à celui-ci, le corps se retrouve avec une « faim incontrôlable » et un besoin impérieux de nourriture (hyperphagie). De façon générale, on ressent à ce moment-là une envie irrésistible de prendre une collation ou un repas à indice glycémique élevé et ainsi le cycle se répète. Cet état d'hyperphagie ou envie de manger davantage nous tenaille souvent et peut durer des heures, sinon toute la journée[2].

Ce que vous avez toujours pris pour un manque de « volonté » lorsque vous vous êtes efforcé de suivre un régime est en réalité un état de manque normal que vous ne pouvez réprimer. C'est comme si vous vous empêchiez d'avoir envie alors que votre corps vous signale que votre vessie est pleine. Vous pouvez sourire et vous croiser les jambes tant que vous voudrez, mais vous *finirez bien par uriner,* que ce soit aux toilettes ou ailleurs ! Une réponse physiologique similaire a lieu lorsque vous éprouvez un sentiment de faim incontrôlable. Vous pouvez lutter pendant un certain temps, mais vous finirez par capituler et par manger quelque chose. Que vous appeliez ce phénomène faim, état de manque, frénésie alimentaire déclenchée par vos émotions ou une dépendance, vous finirez par abdiquer et par faire exactement le contraire de ce que vous aviez l'intention de faire, c'est-à-dire de moins manger.

Pour bien saisir la différence marquée qui existe entre les phénomènes d'indices glycémiques élevé et faible, on a donné à de jeunes garçons un petit-déjeuner constitué d'une même quantité de calories, mais de nature différente. Au premier groupe, on a servi des flocons d'avoine instantanés et à l'autre, une omelette aux légumes et des fruits. Puis, à midi, on leur a servi un repas à indice glycémique soit faible, soit élevé, mais toujours composé d'un nombre égal de calories. Après le repas du midi, les garçons pouvaient manger ce qu'ils voulaient pendant le reste de la journée. Ce que les chercheurs ont observé, c'est que les garçons qui avaient pris des repas à indice glycémique élevé ont consommé 80 % plus de calories que ceux qui avaient pris des repas à faible indice glycémique. Pour s'assurer qu'il n'existait pas de différence fondamentale entre les deux groupes, les chercheurs en ont interchangé les repas. De nouveau, les garçons à qui l'on avait servi des repas à indice glycémique élevé ont consommé 80 % plus de calories que ceux à qui l'on avait servi des repas à faible indice glycémique. Le besoin normal de manger davantage et de consommer des aliments à indice glycémique élevé était donc fonction du type d'aliments qu'ils avaient consommés, et non du nombre de calories[3]. Cette étude démontre clairement le piège dans lequel nous sommes nombreux à être tombés. C'est un vrai cercle vicieux que l'on peut qualifier de dépendance aux glucides à indice glycémique élevé.

L'abus d'insuline

Nous sommes parmi les nations les plus accro aux glucides. À notre insu, nous sommes devenus dépendants des glucides transformés, de la même façon que les gens développaient une dépendance à la cigarette voilà des années. Nous ne cessons de stimuler notre glycémie qui ensuite chute rapidement en raison de la surstimulation d'insuline. Le besoin incontrôlable qui nous mène au prochain repas à indice glycémique élevé ne fait que renforcer cette dépendance et le cercle vicieux se poursuit : monte, descend, monte, descend... En la stimulant sans cesse, jour après jour, nous abusons de notre insuline qui répond en faisant ce qu'elle est censée faire, c'est-à-dire transformer tout notre glucose excédentaire en graisse.

Les sensations que procurent les montagnes russes peuvent être amusantes, disons une fois par année, mais il ne serait pas souhaitable de faire ce genre d'activité jour après jour pendant des décennies. Les variations glycémiques rapides présentent encore davantage de dangers. En plus d'encourager la prise de poids, notre régime alimentaire type nous rend accro aux glucides transformés et aux glucides à indice glycémique élevé, et tout comme un gros fumeur a besoin de nicotine, nos états de manque nous ramènent constamment aux calories vides. Bientôt, l'abus d'insuline se transforme en dépendance et la dépendance prend le contrôle : nous ne sommes plus libres de choisir. Nous sommes devenus accro aux glucides à indice glycémique élevé. Si vous ne le croyez pas, voyez comment vous réagissez lorsque quelqu'un vous conseille de remplacer vos « grignotises » préférées par de bons glucides !

Si vous jetez un autre coup d'œil à la *Figure 1*, vous y verrez la raison pour laquelle vous vous sentez bien pendant les 20 ou 30 minutes qui suivent la consommation d'un sac de craquelins et d'une boisson gazeuse. C'est parce que votre glycémie a atteint un pic, mais dans quelques minutes, elle chutera de nouveau. Et comme votre cerveau « carbure » à la glycémie, il fera tout son possible pour que vous continuiez de manger afin d'en faire remonter le niveau. Voilà la principale raison pour laquelle tant de personnes ne réussissent pas à suivre un régime.

Vous avez beau essayer de manger moins afin de diminuer votre consommation de calories, vous vous apercevez en fin de compte que vous êtes sans cesse en état de manque. Après vous être gavé de n'importe quoi, vous êtes accablé parce que vous pensez manquer de volonté. En réalité, c'est la réponse normale de votre corps aux régimes de glucides à indice glycémique élevé qui vous met constamment des bâtons dans les roues.

Nous pouvons donc conclure avec justesse que le régime faible en matières grasses et riche en glucides (surtout les glucides qui ont subi plusieurs phases de transformation et les glucides à indice glycémique élevé) que vous avez cherché à suivre fidèlement pendant toutes ces années vous fait en réalité plus de mal que de bien. Ainsi, vous finissez simultanément par consommer davantage, par prendre du poids et par perdre la santé.

L'histoire de Laurence

Issue d'une famille très chrétienne et conservatrice, je n'ai jamais pris de drogue, fumé ou fait la fête. Je suis restée pure sur le plan sexuel et j'ai toujours cru fermement que je gérais bien mon temps, mon argent et mes talents... mais sans jamais accorder beaucoup d'attention à la façon dont mes habitudes alimentaires et sportives influaient négativement sur le soin de mon corps. Je n'ai ainsi jamais compris que les choix que je faisais au jour le jour abrégeaient littéralement ma vie.

Lorsque j'ai commencé ma carrière d'infirmière dans une clinique locale, j'ai été un peu étonnée de constater que le personnel avait l'habitude, chaque jour, de charger un ou une collègue d'apporter des gâteries pour tout le monde. Il s'agissait généralement de pâtisseries ou de viennoiseries : des beignets, des brioches au caramel, du gâteau, des biscuits et autres. Au début, j'ai tenté d'y résister mais je n'ai pas tenu le coup longtemps. Plusieurs fois au cours de la journée, j'avais une envie terrible de grignoter et je ne pouvais faire autrement que de descendre dans la salle de repos pour me procurer une brioche et une tasse de café. Inutile de vous dire que je me suis mise à prendre du poids. En observant un régime, j'arrive, de temps à autre, à en perdre un peu mais il revient toujours au galop. J'éprouve constamment le besoin de manger des sucreries. J'ai terriblement honte de la façon dont j'ai malmené et abîmé mon corps.

Les effets d'un repas de glucides à faible indice glycémique

Les parcs d'attractions sont renommés pour leurs manèges à sensations fortes mais la plupart sont également dotés d'un tram aérien de couleur vive qui transporte lentement ses passagers d'un bout du parc à l'autre. Vous est-il déjà arrivé de le prendre ? Personne ne crie de joie et l'on n'est pas cloué à son siège par la force de la gravité, mais c'est confortable, on y est bien et l'on sait à quoi s'attendre. De la même façon, après un repas de glucides à faible indice glycémique, le corps est en mesure de transformer les longues chaînes de sucres afin qu'elles pénètrent dans le sang lentement et de façon constante.

Comparez ce qui se passe quand une personne consomme un repas composé de glucides à faible indice glycémique au lieu d'un repas composé de glucides à indice glycémique élevé. Encore une fois, cela signifie consommer des aliments comme des fruits et des légumes frais, des céréales entières, en plus d'une certaine quantité de bonnes protéines et de matières grasses. (Voir la *Liste d'évaluation des aliments* à la section des ressources.) Dans ce cas la glycémie s'élève lentement, stimulant ainsi la production d'insuline et de glucagon de façon beaucoup plus équilibrée et naturelle. Le glucose est absorbé principalement par les muscles (un taux de 85 à 90 % est considéré comme normal), puis par l'adipocyte (cellule adipeuse) et le foie. Lorsque l'insuline est compensée par des niveaux normaux de glucagon, la graisse se dissout aussi vite qu'elle s'est formée, ce qui revient à dire que votre poids reste stable.

Le glucagon, c'est l'hormone de libération des graisses. Il faut que vous augmentiez votre niveau de glucagon si vous voulez avoir la moindre chance de libérer des graisses. Lorsque vous avez une dépendance aux glucides à indice glycémique élevé, vous stimulez sans cesse la libération d'insuline et vous empêchez celle du glucagon. Une fois que vous aurez commencé à prendre des repas équilibrés à faible indice glycémique, votre niveau d'insuline diminuera et celui de glucagon augmentera. Le programme *Toute la vie en bonne santé* a justement pour objectif de permettre à votre niveau de glucagon de rester élevé, ce qui atténue votre insulinorésistance et permet de supprimer tous les mauvais effets de vos anciennes habitudes alimentaires. Comme vous le verrez plus loin dans ce livre, si vous combinez un léger programme d'exercices et de nutrition cellulaire à un régime à faible indice glycémique, vous pourrez libérer vos graisses efficacement et de façon permanente, et ce, pour la première fois de votre vie. Le taux d'insuline présent dans votre sang ne montant ni trop vite ni trop haut, il n'y a plus de stockage anormal des graisses. Le rapport insuline-glucagon est bien équilibré et, par conséquent, la graisse continue de se dissoudre aussi rapidement, sinon plus vite qu'elle ne se forme. Votre glycémie revient lentement à la normale (taux de glycémie à jeun) et ne chute plus dans la fourchette hypoglycémique. Ce processus régulier ne déclenche plus de réponse hormonale contre-régulatrice et vous n'éprouvez plus de fringales anormales d'aliments à indice glycémique élevé. De plus, non seulement vous sortez bien rassasié d'un repas à faible indice glycémique, mais il se peut que, même plusieurs heures plus tard, vous n'ayez pas faim. Naturellement, votre corps n'étant pas en état de manque, vous consommez moins de calories[4].

(Reportez-vous à la *Figure 1* et observez la ligne discontinue qui représente la réponse glycémique à un repas de glucides à faible indice glycémique.)

Conclusion

Les envies irrésistibles – les fringales – ne sont *pas* inoffensives, elles ont même de sérieuses répercussions sur notre santé ! Bien que le sucre finisse par retrouver un niveau normal, il semble, d'après certaines études, que c'est dans les heures qui suivent un repas à indice glycémique élevé que l'envie irrésistible de glucides relance le cycle destructeur que j'appelle « dépendance aux glucides ». Et surtout ne cherchez pas de coupable : c'est là tout simplement la réponse normale de votre corps aux collations et aux repas soi-disant sains, riches en glucides et pauvres en matières grasses que vous prenez.

Abuser de l'insuline en permanence, c'est comme crier « au loup » jour après jour. Si nous continuons de manger comme le font la plupart de nos compatriotes, nous mettons notre corps en état de stress glycémique continu auquel il répond toujours par une poussée d'insuline. Avec le temps, les choses évoluent et entraînent une diminution de notre sensibilité insulinique ; puis, un jour, ayant *abusé* de notre insuline, nous aurons développé une « insulinorésistance », le début d'une maladie grave connue sous le nom de « syndrome métabolique ». Et cela nous mène au chapitre suivant.

DEUXIÈME PARTIE

NOUS DÉPÉRISSONS PAR MANQUE DE SAVOIR

CHAPITRE 5

Fantôme : le syndrome métabolique ou syndrome X

La première sagesse (est de connaître...)
ce qui est devant nous dans la vie journalière.
— John Milton, *Le paradis perdu* (trad. Chateaubriand)

« La lumière baisse, le silence s'installe pendant que le rideau de velours se lève. Des accords de partitions d'orgue à vous glacer le sang éveillent les sens des spectateurs. Les rythmes réguliers connus et tant aimés remplissent l'immense auditorium, envoûtant tout un chacun. "Le Fantôme de l'Opéra" est là… dans ma tête… »

Ceux d'entre vous qui connaissent cette célèbre œuvre musicale se souviendront bien des costumes flamboyants, de la gaieté et de la danse du grand bal masqué pendant lequel personne ne prête attention aux avertissements muets d'un fantôme, embusqué dans les coins obscurs de l'opéra. Soudainement, le lustre de cristal se met à valdinguer, se décroche et finit par se fracasser au beau milieu des invités déguisés.

Lorsque je parle d'obésité ou de maladies dégénératives telles que les accidents vasculaires cérébraux, nous savons de quoi il s'agit, nous pouvons nous faire une *image visuelle* de la manifestation des ravages qui se produisent dans le corps. Si les dépendances, elles, sont plus mystérieuses, nous les *ressentons* et sommes quand même conscients de leur apparition et de leur disparition. Pourtant, nous ne savons ni les prévoir ni les traiter ; en effet, il n'existe aucun médicament sur ordonnance pour soigner cet état pathologique invisible, le syndrome métabolique (également connu sous le nom de syndrome X ou syndrome de résistance à l'insuline). Ce n'est qu'une fois que l'on a frôlé la mort que l'on se met à prêter attention à ses avertissements trompeurs.

Les variations extrêmes que subit la glycémie plusieurs fois par jour et la surstimulation d'insuline qui en découle mènent à ce qui constitue sans l'ombre d'un doute le cœur de la crise sanitaire que nous connaissons aujourd'hui, celle dû au syndrome métabolique. C'est là la cause profonde de la dyslipidémie (excès de triglycérides et de cholestérol VLDL [lipoprotéines de très basse densité] accompagné d'un manque de cholestérol HDL [lipoprotéine de haute densité]), de l'hypertension artérielle, des maladies du cœur, des accidents vasculaires cérébraux, du diabète de type 2 et, bien sûr, de l'obésité. On avait évalué à 24 % la prévalence du syndrome métabolique chez la population adulte en 1994. Toutefois, en raison de la progression effarante qu'a connue l'obésité depuis lors, la plupart des autorités pensent que ce chiffre a augmenté considérablement[1]. Gerald Reaven, celui qui a découvert ce syndrome, affirme que plus de 75 millions d'Américains sont touchés par cette multitude de complications[2] (voir le tableau 1).

TABLEAU 1
Le syndrome métabolique, une multitude de problèmes graves

- Obésité tronculaire
- Hypertension artérielle
- Niveau élevé de triglycérides
- Risque accru de diabète
- Faible niveau de « bon » cholestérol HDL
- Taux accru de fibrinogène
- Risque accru de maladies cardiovasculaires
- Syndrome de Stein-Leventhal (kystes ovariens)
- Niveau accru de cholestérol VLDL

En tant que clinicien, au cours des ans, j'ai pu observer des centaines de patients aux prises avec les nombreux ennuis de santé causés par la menace silencieuse que représente le syndrome métabolique. Même si je n'ai découvert l'insensibilité à l'insuline et ses effets sur la santé qu'il y a environ onze ans, j'ai depuis pris le temps de revoir les examens physiques et sanguins des patients que j'ai traités ces trente dernières années. J'ai fait passer des examens de santé annuels à la plupart d'entre eux, ainsi qu'à des agents de police et à des pompiers. Je dispose donc de documents d'archives (études longitudinales) portant sur l'évolution de la santé de ces personnes sur une longue période.

Ce que j'ai découvert, en fait, c'est que le syndrome métabolique déclaré (ou clinique) n'apparaît pas tout d'un coup, mais à la suite de nombreuses années de mauvaise alimentation. Vous pouvez maintenant imaginer facilement le cycle (similaire à celui des montagnes russes) qui se crée lorsque vous prenez des repas à indice glycémique élevé pendant un certain temps : vous êtes prisonnier d'un cercle vicieux permanent d'abus d'insuline et de dépendance aux glucides.

Le nombre de personnes qui se laissent aller sur cette pente menant au vieillissement accéléré est époustouflant. En réalité, je suis vraiment impressionné lorsque je vois un patient qui ne présente *aucun* signe d'insulinorésistance, ce qui est de plus en plus rare. Le plus surprenant c'est que, au contraire des troubles génétiques, ce syndrome invisible peut être entièrement évité. Moins vous attendez pour vaincre votre résistance à l'insuline grâce à des habitudes de vie saines, plus vous aurez de chances de préserver votre santé. Ce qui est remarquable ici, c'est que ce processus de détérioration peut être inversé à pratiquement n'importe quel stade de la maladie, même une fois que le diabète s'est installé !

L'histoire de Marie-Josée

La frustration, l'anxiété, la colère et un sentiment grandissant de désespoir avaient envahi Marie-Josée comme un raz de marée, détruisant au passage le peu d'estime de soi qui avait pu survivre aux tempêtes passées. Le matin de son 42e anniversaire, elle se sentait non seulement mal habillée et peu attrayante, mais fatiguée et léthargique. Elle avait mal partout. La guerre qu'elle menait à son embonpoint semblait avoir atteint son paroxysme. Elle avait *tout* essayé mais malgré *toute sa bonne volonté,* elle n'arrivait pas à perdre de poids !

Tout ce qu'elle désirait, c'était un joli petit ensemble à porter lors d'une soirée en compagnie de ses amis, et dans lequel elle serait séduisante. N'y avait-il plus d'espoir pour elle de faire tourner des têtes ? Après avoir fait les boutiques de vêtements tout un après-midi, elle n'avait même plus envie d'aller à la fête. L'idée de se glisser sous les couvertures avec un sac de friandises M&M lui semblait bien plus attrayante.

À LA DIFFÉRENCE DES TROUBLES GÉNÉTIQUES, CE SYNDROME INVISIBLE PEUT ÊTRE ENTIÈREMENT ÉVITÉ.

Elle était convaincue que quelque chose n'allait pas. Toutefois, les médecins qu'elle avait consultés au cours des dernières années, dont certains s'étaient montrés condescendants et d'autres sérieux, n'avaient rien pu diagnostiquer. Finalement, Marie-Josée avait pris rendez-vous avec moi dans un ultime effort pour découvrir si son problème de poids pouvait avoir une explication médicale.

Lorsque ma nouvelle patiente s'est présentée dans mon bureau ce jour-là, elle ne m'a pas semblé obèse ; elle avait plutôt l'air d'une dame bien mise qui avait simplement pris du poids au cours des années. Elle semblait néanmoins fatiguée, malheureuse et mon assistante a bien senti qu'elle était dégoûtée de devoir raconter une fois de plus son histoire, lorsqu'elle lui a demandé de remplir une fiche d'antécédents médicaux.

Lors de la première consultation, Marie-Josée m'a expliqué qu'à l'école secondaire, elle était très sportive et même très forte en volley-ball et en basket-ball. De petite taille, elle faisait 1,67 mètre et ne pesait que 55 kilos quand elle a obtenu son diplôme d'études. Elle est restée telle quelle pendant les cinq années qui ont suivi, à l'exception des sept kilos qu'elle a pris au cours de sa première année d'université (les sept kilos notoires de la première année) mais qu'elle a perdus l'été suivant, sans la moindre difficulté.

Elle a simplement fait un peu plus attention à ses habitudes alimentaires et est demeurée active tout au long de ses études, ce qui n'avait pas été difficile étant donné qu'elle était tombée amoureuse du demi à l'attaque étoile de l'équipe de football. Elle a commencé à sortir avec David au printemps de sa deuxième année. Son rêve de l'épouser est vite devenu réalité et dès qu'elle a obtenu son diplôme, ils se sont mariés un soir d'été, sur la plage, au clair de lune.

Après avoir acquis ses titres de compétence en enseignement primaire, Marie-Josée a commencé à travailler et, comme elle l'avait espéré, elle est tombée enceinte de son premier enfant deux ans plus tard. Tout s'est bien passé, si ce n'est qu'elle a pris plus de 18 kilos pendant sa grossesse. Cela avait nettement préoccupé son obstétricien qui avait encouragé la jeune mère à surveiller sa ligne. Néanmoins, elle avait beau essayer, elle ne faisait que prendre du poids. En fait, elle présentait un cas bénin de diabète gestationnel et a dû suivre un régime destiné aux diabétiques afin de contrôler son taux de glycémie. Après avoir mené sa grossesse à terme, elle a donné naissance à une petite fille de 5,2 kilos en parfaite santé.

David et elle étaient ravis de la naissance de leur premier enfant et c'est avec plaisir qu'ils ont appris que la glycémie de Marie-Josée était revenue à la normale dans les six semaines qui avaient suivi l'accouchement. Marie-Josée était toutefois moins contente du fait qu'elle n'avait perdu que 11 des 18 kilos qu'elle avait pris ! Elle traînait maintenant avec elle sept kilos de trop dont elle n'arrivait pas à se débarrasser. Elle avait rapidement repris ses activités, mais le fait d'avoir un bébé lui laissait évidemment moins de temps pour faire du sport. Elle faisait quand même du jogging plusieurs fois par semaine et surveillait ses calories.

Sa deuxième grossesse avait été assez semblable à la première mais cette fois elle avait fait de meilleurs choix alimentaires et n'avait pris que 16 kilos. La mère et l'enfant se portaient bien et Marie-Josée était ravie d'avoir perdu près de 14 kilos alors que son fils avait eu neuf mois.

Elle a essayé, avec un succès mitigé, au moins cinq programmes différents d'amaigrissement au cours des quatre années qui ont suivi mais elle a fini par reprendre les kilos perdus et parfois même davantage. C'est à la mi-trentaine que Marie-Josée avait connu le comble de la frustration. Elle continuait de faire très attention à ce qu'elle mangeait et était devenue aussi active, sinon plus qu'avant, maintenant que ses enfants étaient plus grands. En dépit de ses habitudes de vie raisonnables, elle avait pris régulièrement chaque année environ 2,5 kilos depuis l'âge de trente ans. Elle n'avait plus de taille car c'est là que son poids semblait surtout s'accumuler.

Marie-Josée avait consulté au moins trois médecins différents dans l'espoir de trouver ce qui n'allait pas. Elle était sûre d'être victime d'une insuffisance de la glande thyroïde ou d'un autre trouble médical responsable de sa prise de poids. Elle avait même pensé au diabète, étant donné qu'elle avait souffert de diabète gestationnel pendant ses deux grossesses.

Une fois de plus, ses visites chez les médecins n'avaient servi à rien. Bien sûr, elle était contente de savoir qu'elle était en bonne santé, et pourtant elle continuait de croire qu'il fallait qu'il y ait une raison à sa prise de poids. Elle refusait donc d'accepter l'explication vraisemblable des trois médecins selon laquelle son métabolisme avait simplement ralenti. L'un d'eux lui avait cependant fait remarquer que son niveau de triglycérides (graisses contenues dans le sang) était élevé et que son « bon » cholestérol avait considérablement chuté. Il lui avait aussi signalé qu'un faible niveau de bon cholestérol (HDL) pouvait accroître les risques de maladie du cœur dans les années à venir.

Marie-Josée s'inquiétait de plus en plus, surtout après que son médecin de famille lui eut diagnostiqué une hypertension artérielle pour laquelle elle devait prendre des médicaments. Celui-ci l'avait également encouragée à essayer de perdre du poids. Lorsque Marie-Josée lui avait demandé s'il avait des suggestions à lui faire, il n'avait pu que lui conseiller certains des programmes d'amaigrissement qu'elle avait déjà essayés en vain.

Voilà ce que m'a raconté Marie-Josée, assise en face de moi dans une robe de très grande taille à l'âge de 42 ans. Elle était demeurée circonspecte pendant toute la durée du récit de ses antécédents médicaux et de son examen de santé, mais dès qu'elle s'était mise à parler de son poids, elle n'avait pu retenir ses larmes. Même si elle ne s'attendait pas à des révélations extraordinaires de ma part et qu'elle voulait éviter d'être de nouveau déçue, elle était incapable de retenir les vagues d'émotion qui l'envahissaient. Elle se sentait emprisonnée dans un corps qui ne lui accordait plus la liberté qu'elle avait connue. Elle se sentait fatiguée et avait mal aux pieds et au dos en raison de son surpoids. Elle n'était pas seulement malheureuse, mais également inquiète à l'idée de devenir la proie de sérieux ennuis de santé.

La raison pour laquelle ma nouvelle patiente n'arrivait pas à perdre de poids m'a immédiatement sauté aux yeux. Les détails de son histoire se complétant comme les pièces d'un casse-tête, je savais qu'elle souffrait d'insulinorésistance et courait tout droit vers un syndrome métabolique déclaré. Elle avait un taux de triglycérides de 5,4 et son HDL, ou « bon » cholestérol, n'était que de 0,88. J'ai expliqué à Marie-Josée, aussi clairement que possible, que son surpoids résultait de l'insensibilité de son corps à sa propre insuline et que ce problème de fond était également responsable de son niveau élevé de triglycérides, de son faible niveau de cholestérol HDL et de son hypertension artérielle. Elle me regardait, toute étonnée, car aucun des médecins qu'elle avait consultés ne lui avait dit quoi que ce soit de semblable.

Comme elle m'avait apporté la plupart des bilans des examens médicaux et des rapports de laboratoire des médecins précédents, j'ai pu lui indiquer les moments de sa vie où elle avait développé cette résistance à l'insuline au cours des 10 à 15 dernières années. En fait, ce processus avait débuté pendant ses grossesses, la preuve en étant qu'elle était alors atteinte de diabète gestationnel. Au cours des 15 dernières années, Marie-Josée avait également tenté de suivre, sur les conseils de son médecin, un régime riche en glucides et faible en matières grasses. Je lui ai expliqué la raison pour laquelle c'étaient là les pires aliments qu'elle aurait pu choisir. Non seulement ce régime ne lui permettait pas de perdre beaucoup de poids, mais il accentuait son état pathologique.

Marie-Josée était bien soulagée de voir que ses inquiétudes étaient bel et bien fondées, mais elle était également perplexe et ne savait que faire. Je lui ai expliqué qu'il était en fait assez facile d'enrayer les effets de l'insulinorésistance mais que cela demanderait de la motivation et des efforts de sa part, aucun médicament n'existant pour traiter ce dérèglement. Ce à quoi elle a répondu sans hésiter: «Docteur, avec tout le respect que je vous dois, comment pouvez-vous avoir des doutes sur mes efforts des 15 dernières années ? Vous ne trouverez personne de plus motivé que moi ! » Je lui ai répondu que j'étais tout à fait d'accord avec elle.

Les différentes phases de l'insulinorésistance

Tout comme Marie-Josée, une proportion ahurissante de 25 % de la population adulte souffre déjà du syndrome métabolique et des milliers d'autres personnes sont au bord du diabète de type 2. Il est essentiel que vous sachiez exactement où vous en êtes dans la progression de cette maladie. Est-ce là la raison pour laquelle vous n'arrivez pas à perdre du poids ? S'agit-il d'un problème de santé que vous devez prendre en charge vous-même avant qu'il ne soit trop tard ? Quel sort réservez-vous à ce redoutable fantôme, dissimulé dans votre vie ? Il nous faut maintenant regarder de plus près l'évolution de cette affection mortelle qu'est le syndrome métabolique. Pour ce faire, je l'ai divisée en quatre phases : l'abus d'insuline, la phase initiale de l'insulinorésistance, le syndrome métabolique et le diabète de type 2.

Phase 1 – L'abus d'insuline

On nous a fait croire que nous mangeons «assez sainement» si nous cherchons à limiter notre consommation de matières grasses. Le monde médical permet donc nos baguels, nos céréales froides, nos flocons d'avoine instantanés, notre pain grillé et notre jus d'orange sucré pour soi-disant bien démarrer la journée. Pourtant, en l'espace de quelques heures, le corps réclame davantage de nourriture. Il n'est pas rare de faire subir à notre corps des pics glycémiques quatre ou cinq fois par jour, ce qui stimule la libération d'insuline du pancréas et empêche celle de glucagon.

Cela est tout le contraire de ce qui se passe lorsqu'on prend un petit-déjeuner faible en glucides composé par exemple d'une omelette aux légumes et de fruits frais entiers.

À force de subir des pics glycémiques constants, nous abusons littéralement de notre insuline en surstimulant sa libération plusieurs fois par jour, et ce, jour après jour. L'un des plus sérieux effets de cet abus d'insuline, c'est la dégénérescence des artères. La hausse rapide de la glycémie provoquée par un repas riche en glucides ou la consommation d'une cannette de boisson gazeuse, d'une boisson pour sportifs ou même d'un jus de fruit engendre en fait une inflammation importante des parois des vaisseaux sanguins des artères (que l'on appelle *endothélium*). C'est cela qui, croit-on, constituerait la première faiblesse pouvant mener à l'insulinorésistance.

Une glycémie élevée consécutive à un repas malsain est l'une des principales causes de l'inflammation de la fine paroi de nos artères[3] ; celle-ci touche principalement les petites artères, ou capillaires du muscle. Cette hausse à répétition de notre glycémie et donc de notre insuline irrite la paroi de l'artère, ce à quoi le corps réagit en essayant de réparer les lésions. Néanmoins, l'inflammation qui en résulte peut en fait endommager l'artère encore davantage, ce qui engendre le dysfonctionnement de l'endothélium, caractérisé par un mauvais fonctionnement de la paroi de l'artère. Nous notons maintenant des signes d'épaississement des parois artérielles (artériosclérose) chez des enfants qui n'ont pas plus de dix ans. Déjà, leurs parois artérielles se sont épaissies et manquent de souplesse.

UNE GLYCÉMIE ÉLEVÉE CONSÉCUTIVE À UN REPAS MALSAIN EST L'UNE DES PRINCIPALES CAUSES DE L'INFLAMMATION DE LA FINE PAROI DE NOS ARTÈRES.

Le stress glycémique

J'aimerais maintenant vous expliquer un nouveau concept que j'appelle « le stress glycémique ». Cette maladie est due principalement au nombre accru de radicaux libres engendrés par des taux glycémiques élevés. La plupart des professionnels de la santé ignorent le fait que même les hausses rapides et à court terme de la glycémie causent un stress à la fine paroi des artères. Cela est particulièrement vrai des capillaires. Ce stress glycémique suit de près tout repas à indice glycémique élevé qui fait grimper rapidement la glycémie. Le premier coup porté à l'artère est déclenché par la production accrue des molécules d'oxygène chargées que l'on appelle radicaux libres. Le stress oxydatif qui en résulte entraîne des lésions à la paroi délicate de ces capillaires très fins et ces agressions à répétition imposées aux capillaires du muscle sont à l'origine de l'insulinorésistance.

En gros, lorsque la paroi des petites artères (les capillaires) du muscle est irritée ou dysfonctionnelle, elle a tendance à se contracter et à s'épaissir. Cela entrave le passage de l'insuline du sang vers le liquide qui entoure la cellule où elle pourra adhérer aux sites récepteurs de la surface cellulaire et assurer ainsi sa fonction, c'est-à-dire permettre au sucre de pénétrer la cellule. Il faut que vous compreniez bien ce qui se passe dans vos artères chaque fois que vous vous laissez aller à un repas chargé de glucides transformés et à indice glycémique élevé. Ce processus peut suivre son cours pendant des années avant d'aboutir à la deuxième phase de l'insulinorésistance, sauf chez les enfants où il est souvent beaucoup plus rapide.

Phase 2 – La phase initiale de l'insulinorésistance

Les hypothèses sont nombreuses quant aux raisons pour lesquelles la résistance à l'insuline n'affecte pas tout le monde. Toutefois, sans tenir compte de ce qui les différencie, on peut dire que, selon un nombre croissant d'études, le dysfonctionnement de l'endothélium, surtout dans les capillaires du muscle, est une étape précoce et déterminante du processus[4].

Une recherche publiée en 1977 dans la revue médicale *Diabetes* par Jonathan Pickney et collègues, et intitulée *Endothelial Dysfunction : Cause of the Insulin Resistance*, confirme d'ailleurs cette hypothèse. Pickney y affirme que le dysfonctionnement de l'endothélium, qui engendre la résistance à l'insuline, concerne avant tout les petits vaisseaux qui forment le lit capillaire. Ce dysfonctionnement endothélial, créé par une glycémie élevée et par les pics insuliniques subséquents (connus sous le nom d'hyperglycémie et d'hyperinsulinémie), entraîne une vasoconstriction (rétrécissement des artères) dans le lit capillaire. On a démontré qu'un endothélium contracté et irrité constitue véritablement un obstacle au transport de l'insuline dans les sites récepteurs des cellules musculaires, adipeuses et hépathiques[5]. Le corps réagit en stimulant les cellules bêta du pancréas afin qu'elles produisent davantage d'insuline, entraînant ainsi une hausse du taux d'insuline dans le sang[6]. Le pancréas tente alors de compenser cette première résistance à l'insuline en en produisant encore davantage et en la précipitant à répétition contre cette barrière de cellules endothéliales devenue moins perméable afin d'en faire pénétrer une quantité suffisante dans la cellule.

Dans ce cas, le taux d'insuline reste *élevé en permanence* et la personne se trouve en état d'hyperinsulinémie. *Elle a maintenant dépassé le cap du simple abus d'insuline et présente les premiers signes d'une véritable insulinorésistance.* Ces taux constamment élevés d'insuline constituent le syndrome métabolique. Ils ont des effets considérables sur le métabolisme et sont des précurseurs potentiels de niveaux élevés de triglycérides, de faibles taux de cholestérol HDL, d'hypertension artérielle, de maladies cardiovasculaires, d'obésité et de diabète. Une fois établie, l'hyperinsulinémie déclenche une suite d'effets auxquels on ne peut mettre fin qu'en changeant radicalement ses habitudes de vie.

> *UNE FOIS ÉTABLIE, L'HYPERINSULINÉMIE DÉCLENCHE UNE SUITE D'EFFETS AUXQUELS ON NE PEUT METTRE FIN QU'EN CHANGEANT RADICALEMENT SES HABITUDES DE VIE.*

Quelques définitions essentielles

HDL – le « bon » cholestérol (qui devrait être supérieur à 1,04 pour les hommes et à 1,3 pour les femmes) a pour fonction de nettoyer nos artères en retournant le cholestérol LDL excédentaire au foie.

Triglycéride – l'autre type de graisse de notre sang (qui devrait être, en règle générale, inférieur à 1,7) est en train de devenir l'un des principaux éléments du développement de l'insuffisance coronarienne.

Rapport triglycérides / HDL – rapport qui définit indirectement les niveaux d'insuline dans le sang : devrait être inférieur à 2. Ce rapport est directement proportionnel aux taux d'insuline.

LDL – le « mauvais » cholestérol : il cause une inflammation importante des artères lorsqu'il est oxydé par des radicaux libres en excès.

VLDL – lipoprotéine de très basse densité qui est bien plus nocive que son grand frère, le cholestérol LDL.

Lipotoxicité – dégénérescence de la cellule bêta du pancréas due à un niveau élevé de graisses dans le sang.

Glucotoxicité – dégénérescence de la cellule bêta du pancréas due à un niveau élevé de glycémie.

En tant que médecin, l'une des premières choses que je remarque chez ceux de mes patients qui sont au seuil de la phase 2, celle de l'insulino-résistance, c'est une diminution du cholestérol HDL ou « bon » cholestérol (inférieur à 1,3 pour les femmes et à 1,04 pour les hommes), accompagnée d'une hausse du niveau de triglycérides[7]. C'est là une tendance générale chez les personnes en tout début de phase 2 d'insulinorésistance qui confirme qu'elles en sont atteintes. J'effectue un simple calcul de rapport en divisant leur taux de triglycérides par celui de cholestérol HDL. Lorsque le rapport triglycérides / cholestérol HLD est supérieur à 2, je constate que mes patients commencent à présenter des niveaux élevés d'insuline (hyperinsulinémie). Étant donné qu'une augmentation du taux de triglycérides s'accompagne d'une diminution du HDL et d'une augmentation du taux d'insuline, le rapport triglycérides / HDL renseigne indirectement sur le niveau d'insuline dans le sang, auquel il est proportionnel. Dans mon cabinet, je ne fais pas d'analyse systématique du taux d'insuline, car il s'agit d'examens assez coûteux et mal standardisés. Par contre, j'ai recours au profil lipidique du sang, un test commun et bon marché. Comme le taux de cholestérol HDL baisse et que celui des triglycérides augmente au fur et à mesure que le taux d'insuline monte, j'obtiens ainsi une mesure indirecte du niveau d'insuline du patient.

C'est également au cours de cette phase que l'obésité s'installe au milieu du corps, la preuve en étant l'augmentation du tour de taille de mes patients, que je mesure maintenant de façon systématique et dont je prends note. Grâce à ces observations et aux analyses de sang, je suis en mesure de repérer les patients qui donnent les premiers signes d'insulinorésistance. Leurs artères sont prématurément vieillies et ils risquent fort d'être atteints de diabète dans 10 ou 15 ans. Donner à ces personnes la chance d'agir et d'inverser ce processus avant que leurs artères n'aient subi des lésions permanentes et irréversibles, c'est cela, à mon avis, la « véritable » médecine préventive. À ce stade, le patient peut encore aisément inverser le phénomène d'insulinorésistance grâce aux habitudes de vie saines que je propose dans le présent livre, et mettre ainsi fin aux effets du syndrome métabolique.

Je viens de vous décrire certains éléments importants de ce qui se passe dans notre corps aux niveaux cellulaire et hormonal. Toutefois, pendant que ces changements s'opèrent, il se peut que vous ne « ressentiez » rien. Selon toute probabilité, vous vous sentez même bien, n'ayant pas grand-chose à reprocher à votre santé, mis à part votre état d'apathie et votre besoin de glucides. Les patients notent parfois également un besoin accru de manger la nuit ainsi qu'une légère prise de poids. Voilà la raison pour laquelle la progression imperceptible de l'insulinorésistance est si redoutable.

Il reste que la plupart des médecins ne recherchent même pas les signes précoces d'insulinorésistance et s'ils savaient les reconnaître, la plupart ne sauraient pas quoi faire pour en changer le cours. Et pourquoi donc ? Surtout parce qu'il n'existe aucun traitement approuvé par le FDA (Food and Drug Administration) qui soit efficace en phase précoce. Et pourtant les médecins sont certainement prêts et disposés à traiter les conséquences de l'insulinorésistance[8].

Lorsque j'ai obtenu mon diplôme de médecine, j'étais convaincu que j'étais devenu un «expert en matière de santé». Toutefois, après avoir effectué ces huit dernières années des recherches documentaires intensives dans la littérature médicale, je commence à comprendre que j'étais en fait un «expert en soin des maladies». J'avais été formé à savoir reconnaître et soigner les maladies, mais je n'avais reçu aucune formation en matière de prévention. Rien de surprenant alors à ce que les médecins attendent de traiter les maladies qui découlent des vraies causes de notre perte de sensibilité à notre propre insuline.

Phase 3 – Le syndrome métabolique déclaré (ou clinique)

Avec le temps, les patients qui sont en phase d'insulinorésistance précoce deviennent de plus en plus résistants, ce qui entraîne une croissance constante du taux d'insuline et des conséquences potentiellement graves pour le métabolisme, telles que l'hypertension artérielle, la dyslipidémie, une fibrinogénémie accrue (coagulation sanguine), les maladies cardiovasculaires et le diabète.

L'hypertension (pression artérielle élevée)

Le début de l'hypertension est l'un des premiers signes du syndrome métabolique déclaré que les médecins savent détecter et traiter. On sait que l'insulinorésistance, tout comme l'hyperinsulinémie qui en résulte, encourage l'absorption du sel par les reins, ce qui entraîne une augmentation importante de la rétention hydrique et de la pression artérielle[9]. On a également constaté qu'un taux d'insuline élevé stimulait notre système nerveux autonome, ce qui cause une constriction supplémentaire de nos artères et fait augmenter notre pression artérielle[10]. L'insuline est également un facteur de croissance puissant et l'hyperinsulinémie stimule exagérément la croissance des muscles lisses des artères, ce qui tend également à faire monter la pression artérielle[11].

La dyslipidémie

Nous avons déjà vu comment la réduction du HDL (bon cholestérol) et l'augmentation des triglycérides (particules de graisse) s'inscrivent parmi les signes précoces d'insulinorésistance. Un niveau d'insuline élevé en permanence stimule également la production de VLDL (lipoprotéine de très basse densité) par le foie, tout en accélérant considérablement la métabolisation du bon cholestérol. Cela mène au cas si courant de syndrome métabolique où l'on retrouve un faible taux de cholestérol HDL, un taux de triglycérides élevé et un niveau croissant de cholestérol VLDL que l'on appelle dyslipidémie[12]. Ces particules de LDL, minuscules et denses (VLDL), sont très dommageables et, parce qu'elles s'oxydent très facilement, elles engendrent une inflammation accrue des artères[13].

La croissance des taux de fibrinogène

Plusieurs des protéines qui participent au processus de coagulation sont touchées par l'hyperinsulinémie. Le fibrinogène, l'inhibiteur 1 des activateurs du plasminogène et plusieurs autres facteurs de coagulation sont élevés chez les patients en phase 3, celle du syndrome métabolique. Cela signifie tout simplement que le sang d'une personne a tendance à se coaguler beaucoup plus facilement qu'il ne le devrait. Étant donné toutes les complications en cours qui augmentent le risque de maladies du cœur et d'accidents vasculaires cérébraux, il faut à tout prix éviter une coagulation trop rapide du sang.

Les maladies cardiovasculaires

La dyslipidémie, l'hypertension, l'hyperinsulinémie, les taux de glycémie et de fibrinogène élevés, l'obésité et un diabète éventuel sont tous des facteurs indépendants de risque de maladies du cœur et d'accidents vasculaires cérébraux. Il se peut que ce soit une crise cardiaque qui vous fasse prendre conscience pour la première fois que vous souffrez d'insulinorésistance. Toutefois, la triste réalité veut que dans plus d'un tiers des cas, le premier signe de maladie du cœur soit la mort soudaine. Le décès prématuré causé par une crise cardiaque ou un accident vasculaire cérébral est l'une des principales manifestations du syndrome métabolique. Les effets dégénératifs de tous ces changements progressifs emprisonnent le corps au niveau cellulaire et vous privent de plusieurs années de vie.

LE DÉCÈS PRÉMATURÉ CAUSÉ PAR UNE CRISE CARDIAQUE OU UN ACCIDENT VASCULAIRE EST L'UNE DES PRINCIPALES MANIFESTATIONS DU SYNDROME MÉTABOLIQUE.

Phase 4 – Le diabète de type 2

La plupart des patients atteints du syndrome métabolique finissent par avoir un diabète de type 2. En Amérique du Nord, c'est une phase à laquelle nous parvenons dans des proportions épidémiques. Le diabète de type 2 a augmenté de 500 % au cours de la dernière génération, 90 % des cas étant liés à l'insulinorésistance.

Tant que les cellules bêta du pancréas sont en mesure de compenser l'état continu de résistance à l'insuline en libérant de très grandes quantités d'insuline, la glycémie demeure relativement normale. Néanmoins, bon nombre de personnes finissent par connaître un épuisement des cellules bêta (le pancréas n'arrivant plus à assurer la production excessive d'insuline), ce qui entraîne une baisse du taux d'insuline jusque-là élevé. Au début, les cellules bêta du pancréas arrivent à compenser l'insensibilité à l'insuline en en produisant davantage. Avec le temps, néanmoins, elles finissent tout simplement par s'épuiser, ce qui entraîne une hausse de la glycémie et, rapidement, un diabète de type 2.

Les personnes atteintes du syndrome métabolique sont entraînées dans un vortex de complications qui ne font que s'aggraver. Il faut deux conditions distinctes pour que se déclenche un diabète de type 2 (le troisième facteur potentiel étant celui de la prédisposition génétique) : l'insulinorésistance, bien évidemment, et l'épuisement des cellules bêta du pancréas. Les chercheurs sont maintenant d'avis que c'est une combinaison d'agressions qui finissent par entraîner l'épuisement des cellules bêta et la baisse de production d'insuline. L'état chronique d'insulinorésistance a forcé la cellule bêta à produire des

LE DIABÈTE DE TYPE 2 A AUGMENTÉ DE 500 % AU COURS DE LA DERNIÈRE GÉNÉRATION, 90 % DES CAS ÉTANT LIÉS À L'INSULINORÉSISTANCE.

Les symptômes et les signes de résistance à l'insuline

Phase 1 – L'abus d'insuline

- Fatigue, faiblesse et parfois même tremblements à la suite d'un repas
- États de manque de glucides ou faim incontrôlable (faim émotionnelle)
- Habitude de manger la nuit
- Prise de poids progressive (épaississement du tour de taille)
- Résistance accrue à la perte de poids

Phase 2 – L'insulinorésistance à ses débuts

- Faible taux de cholestérol HDL
- Taux de triglycérides en hausse
- Prise de poids significative (milieu du corps) – augmentation du tour de taille
- Fatigue accrue à la suite d'un repas ou d'une collation riche en glucides
- Habitude de manger la nuit
- États de manque de glucides en hausse, faim incontrôlable et faim émotionnelle
- Menstruations irrégulières
- Hypoglycémie
- Dépendance aux glucides – envies de sucre et de glucides à indice glycémique élevé

Phase 3 – L'insulinorésistance déclarée

(Un patient doit avoir au moins trois des cinq symptômes qui suivent pour répondre aux critères du syndrome métabolique)*

- Hypertension artérielle : supérieure à 130 / 85 mm Hg
- Obésité tronculaire : tour de taille supérieur à 88 cm pour les femmes et à 102 cm pour les hommes
- Taux de triglycérides élevé, supérieur à 1,69 mmol/L
- Faible taux de cholestérol HDL : inférieur à 1,29 mmol/L pour les femmes et à 1,04 mmol/L pour les hommes
- Glucose (glycémie à jeun) : supérieur à 6,1 mmol/L

Phase 4 – Le diabète de type 2

- Le patient est atteint de diabète de type 2 : son taux de glycémie à jeun est supérieur à 6,9 mmol/L

* *National Cholesterol Education Program Expert Panel Criteria for the Diagnosis of the Metabolic Syndrome.*

quantités excessives d'insuline pendant un certain temps. Au fur et à mesure que l'insensibilité à l'insuline gagne du terrain, le niveau élevé d'acides gras libres (lipotoxicité) et le taux glycémique en hausse sensible (toxicité du glucose)[14] endommagent les cellules bêta et contribuent à leur épuisement.

NÉANMOINS, MÊME SI UNE PERSONNE NE SOUFFRE PAS DU DIABÈTE, SES ARTÈRES SUBISSENT MALGRÉ TOUT UN VIEILLISSEMENT ACCÉLÉRÉ DÛ AUX AUTRES CHANGEMENTS ACCOMPAGNANT L'INSULINORÉSISTANCE QUE SUBIT SON MÉTABOLISME.

Certaines personnes sont génétiquement moins prédisposées aux lésions des cellules bêta. En fait, certaines peuvent même continuer de produire des niveaux élevés d'insuline sans jamais devenir diabétiques. Il n'y aura pas de diabète tant que le corps arrivera à compenser sa résistance à l'insuline en en produisant davantage. Néanmoins, même si une personne ne souffre pas du diabète, ses artères subissent malgré tout un vieillissement accéléré dû aux autres changements accompagnant l'insulinorésistance que subit son métabolisme[15].

Qu'est-ce qui vient en premier, l'obésité ou le diabète?

L'un des grands débats actuels du monde médical porte sur la question de savoir si c'est l'obésité qui entraîne la résistance à l'insuline ou l'inverse. Je vais insister lourdement (sans vouloir faire de jeu de mot) sur ce sujet parce que c'est ce qui explique pourquoi vous ne pouvez pas perdre de poids.

Les médias et le monde médical ne cessent de nous répéter que c'est parce que nous sommes de plus en plus nombreux à grossir que nous assistons à une épidémie de diabète de type 2. Toutefois, ce qui m'a sauté aux yeux au cours de mes recherches documentaires dans la littérature médicale et de mes années d'exercice de la médecine, c'est que d'abord les gens grossissent à cause de leur résistance à l'insuline et c'est ensuite qu'ils sont victimes de diabète de type 2 dû à l'insulinorésistance.

L'épidémie actuelle d'obésité et de diabète de type 2 est causée par des millions de personnes qui se dirigent lentement vers le syndrome métabolique. Ce fait devient crucial si nous voulons ralentir et même réduire l'incidence de l'obésité et du diabète de type 2. On pourrait même y trouver la solution de la crise qui mine notre santé et qui menace de mener à la faillite notre système de soins médicaux.

Il est essentiel que vous compreniez que l'*obésité tronculaire* est l'une des principales conséquences de l'insulinorésistance. Nous devons chercher à en savoir davantage sur cette graisse métabolique active qui se développe dans l'abdomen. Après avoir lu la fin de l'histoire de Marie-Josée, vous verrez pourquoi le monde médical a surnommé cette obésité tronculaire « la graisse qui tue ».

Tout est bien qui finit bien

Marie-Josée était ébranlée par mes révélations. Lorsque je lui ai expliqué qu'environ 25 % de la population nord-américaine adulte était atteinte du syndrome métabolique, elle a non seulement compris qu'elle n'était pas seule, mais aussi qu'elle ne voulait surtout pas que son cas contribue à ces statistiques ! Elle m'a donc demandé comment sortir de cette situation.

Je lui ai expliqué que le problème sous-jacent à son incapacité de perdre du poids, les maux dont elle souffrait et son hypertension artérielle, tout cela s'expliquait par son état d'insensibilité continue à l'insuline. Son métabolisme avait connu des changements néfastes, ce qui avait contribué au diabète gestationnel dont elle avait souffert pendant ses grossesses.

Marie-Josée se montrait de plus en plus intéressée et acceptait ouvertement ce que je lui disais. Pour la première fois, elle pouvait espérer, une fois sa résistance à l'insuline vaincue, pouvoir perdre son surpoids. Je l'ai assurée qu'elle commencerait à se sentir mieux presque immédiatement mais qu'elle ne maigrirait pas du jour au lendemain ; plutôt, elle mincirait lentement et aussi mystérieusement qu'elle avait grossi. En adoptant de nouvelles habitudes de vie, elle retrouverait progressivement la sensibilité à sa propre insuline. Ainsi, non seulement elle serait capable de perdre du poids, mais elle verrait sa pression artérielle et ses taux de triglycérides et de cholestérol HDL s'améliorer manifestement.

Marie-Josée a suivi mes recommandations. Elle a adopté de meilleures habitudes de vie et j'ai pu la guider dans sa prise en charge du suivi de ses objectifs avec l'aide de mon personnel. Au bout de douze semaines de notre programme *Toute la vie en bonne santé* (voir le chapitre 15), j'ai effectué une réévaluation du cas de Marie-Josée et, de nouveau, lui ai fait passer des tests sanguins. Son taux de triglycérides était passé de 5,4 à 1,1, son taux de cholestérol HDL de 0,8 à 1,2, et son rapport triglycérides / HDL était à peine supérieur à 2. Qui plus est, sa pression artérielle était elle aussi revenue à la normale sans le moindre médicament.

Ces résultats des tests sanguins étaient très encourageants pour Marie-Josée, mais pas autant que le fait qu'elle faisait maintenant quatre tailles de moins. Elle était magnifique ! Elle avait retrouvé son énergie et ne souffrait plus chaque fois qu'elle faisait un pas. Je lui ai expliqué qu'elle n'était plus insulinorésistante et qu'elle continuerait à perdre des graisses tant qu'elle suivrait les nouvelles habitudes de vie qu'elle avait adoptées. « Docteur, m'a-t-elle dit, cela fait des années que je ne me suis pas sentie aussi bien et je n'ai jamais eu faim au cours de ces douze dernières semaines. Si seulement j'avais su que c'était possible avant de gaspiller toutes ces années. »

CHAPITRE 6

La graisse qui tue

Le véritable sentiment romantique n'est-il pas d'empêcher la vie de nous échapper et non de désirer échapper à la vie ? (Traduction libre)
— Thomas Wolfe

L'histoire de Corinne

Enfant, j'étais bien en chair mais ma mère m'encourageait constamment et ne manquait jamais de me rappeler combien j'étais jolie. Elle disait que j'avais simplement une «forte ossature» et que cela ne devait pas m'inquiéter. J'ai toujours eu la taille épaisse mais un buste généreux par ailleurs et mes jambes sont longues, minces et ravissantes. J'imagine que tout cela s'équilibre. Vers la fin des années soixante, je portais des hauts assez amples de style hippie et des jeans à pattes d'éléphant. Du haut de mon 1,72 mètre, je ne manquais pas d'attirer l'attention !

Lorsque j'ai eu trente ans, j'étais finalement prête à me ranger et j'ai troqué mes jours sans soucis contre le salaire du monde des affaires et mes pantalons à pattes d'éléphant contre des tailleurs. Comme j'ai toujours eu une silhouette en forme de pomme, les tailleurs me conviennent parfaitement. Je considère que j'ai de la chance car je peux ainsi cacher mes centimètres superflus.

Jamais je n'aurais pensé que ma santé pouvait être à risque. Je croyais sûrement qu'il était normal de prendre quelques kilos au cours des années ; d'ailleurs, j'en ai bel et bien pris autour de la taille. (Hé ! dites donc, ce n'est pas comme si j'avais encore 25 ans !) J'imagine que tout le stress que j'ai vécu dans ma vie doit compter pour une forme d'exercice.

Les médecins et les chercheurs commencent à comprendre que l'obésité tronculaire est l'un des principaux aspects du syndrome métabolique.

Dans la littérature médicale, on l'appelle *graisse viscérale* ou *adiposité abdominale*. Nous avons tous fini par accepter le fait que certaines personnes prennent du poids autour des hanches et des cuisses (silhouette en forme de poire), d'autres autour de la taille (silhouette en forme de pomme), et que les créateurs de mode, eux, tentent de réduire nos rondeurs là où nous n'en voulons pas. Toutefois, comme dans le cas du concept général de prise de poids, la distribution de la graisse a une portée bien plus étendue que le simple aspect physique. Il est essentiel que vous sachiez que la graisse située sur les hanches et sur les cuisses est physiquement et métaboliquement différente de celle qui se trouve sur l'abdomen[1].

La graisse accumulée aux extrémités et dans les fesses est considérée comme une graisse de stockage à long terme et elle augmente en fabriquant davantage de cellules adipeuses. Elle est métaboliquement inactive et c'est surtout au cours d'un jeûne prolongé ou d'une diminution à long terme de l'apport calorique qu'elle est sollicitée. Les femmes sont nombreuses à détester cette forme de graisse qui s'accumule surtout sur les hanches et sur les cuisses. Elle ne constitue toutefois pas un facteur de risque sérieux pour la santé ; en fait, c'est ainsi que la nature s'assure que certaines femmes disposent d'une réserve d'énergie suffisante.

La graisse emmagasinée sur les hanches et les cuisses peut servir de combustible dans des situations de stress telles que le jeûne, la grossesse et les moments où les femmes n'arrivent pas à consommer suffisamment de calories pour se maintenir en vie. Je conviens que ces situations ne sont pas courantes sur notre continent où, au contraire, la plupart des femmes sont plutôt portées à s'inquiéter (avec raison) d'une prise de poids excessive au cours de leurs grossesses et des années qui suivent.

En matière de santé, la forme de surpoids qui présente le plus de danger, c'est l'obésité tronculaire (celle en forme de pomme). Lorsque nous nous mettons à prendre du poids autour du tronc, et c'est là qu'il s'installe lorsqu'on devient insulinorésistant, les cellules adipeuses (adipocytes) n'augmentent pas en nombre mais en taille, ce qui signifie qu'elles grossissent jusqu'à ce qu'elles soient sur le point d'éclater. Parce que ce surpoids comporte un risque accru d'hypertension artérielle, d'une hausse anormale des lipides, de maladies du cœur et de diabète, le monde médical commence à le désigner du nom de « graisse qui tue ».

Tout comme Corinne, vous ne vous considérez peut-être pas obèse. (Je ne connais d'ailleurs pas beaucoup de gens qui se l'avouent.) Parmi les personnes qui ont des problèmes de poids, beaucoup d'entre elles s'assurent de ne pas avoir de miroir, refusent de se faire photographier et *évitent* de regarder les étiquettes qui indiquent la taille de leurs vêtements. Il ne s'agit pas d'un simple déni de la réalité mais d'un changement volontaire de concentration d'intérêt. Si c'est votre cas, quand vous rendrez-vous compte que votre poids constitue un risque pour votre santé ? Vous ne pouvez plus vous permettre de nier la réalité ou de l'ignorer.

Êtes-vous en surpoids ou obèse?

Le monde des soins de santé a cherché à fournir à la population des normes en matière de poids. On a élaboré et utilisé de nombreux systèmes au fil des ans afin d'évaluer qui est en surpoids et qui ne l'est pas. Néanmoins, tenez compte du fait que l'endroit *où vous prenez du poids* importe bien plus que *votre poids lui-même*. Examinons certains des avantages et des inconvénients des différentes méthodes utilisées.

Tableaux du rapport entre le poids et la taille

On utilise depuis longtemps, les compagnies d'assurance en particulier, des tableaux taille / poids pour déterminer si une personne est en surpoids. En fait, c'est celui de la *Prudential Life Insurance* qui a été retenu comme norme pendant longtemps. De l'avis de la plupart des gens, il n'était pas vraiment représentatif du poids idéal d'une personne parce que la structure osseuse n'était pas prise en ligne de compte. Les nouveaux tableaux ont été modifiés pour tenir compte des structures osseuses petites, moyennes et fortes. Malgré cela, les chercheurs en médecine estiment que ce tableau amélioré manque de précision et ils ont élaboré ce que l'on appelle l'indice de masse corporelle (IMC).

L'indice de masse corporelle (IMC)

Il s'agit d'une méthode de calcul du risque en matière de santé effectué à partir de la taille et du poids. Comme ce calcul est compliqué, je vous ai préparé un tableau grâce auquel vous pourrez aisément évaluer votre propre indice de masse corporelle et ainsi voir si vous correspondez aux normes des établissements nationaux de la santé.

- Poids idéal – IMC inférieur à 25

- Surpoids – IMC situé entre 25 et 29,9
- Obésité de niveau 1 – IMC situé entre 30 et 34,9
- Obésité de niveau 2 – IMC situé entre 35 et 39,9
- Obésité extrême – IMC supérieur à 40

Le rapport taille / hanche

Une autre façon simple et rapide de mesurer son risque en matière de santé consiste à calculer le rapport entre sa taille et ses hanches, ce qui présente l'avantage de pouvoir être fait chez soi. On mesure la taille à environ 2,5 cm sous l'ombilic (le nombril) et puis la partie la plus forte des hanches et des fesses. En divisant ensuite la mesure de la taille par celle des hanches, on obtient le rapport taille / hanche. L'idéal se situe en dessous de 0,75. Plus vous dépassez ce chiffre, plus vous devriez vous inquiéter. Un rapport situé entre 0,76 et 0,84 indique que vous devriez sérieusement envisager de changer vos habitudes de vie et un rapport supérieur à 0,85, que vous risquez vraiment d'être atteint de l'une des maladies liées à l'obésité. Cette méthode n'est toutefois pas très précise et vous aurez en fait une bien meilleure idée de votre adiposité abdominale simplement en mesurant votre tour de taille.

Le tour de taille

L'obésité tronculaire est encore plus facile à détecter. Selon bon nombre de médecins et de chercheurs, il suffit de mesurer son tour de taille[3]. Le Dr Jean-Pierre Després, en particulier, préconise cette méthode. Selon lui, le tour de taille constitue un bon indice de la quantité *absolue* d'adiposité abdominale, tandis que le rapport taille / hanche reflète plus adéquatement le dépôt *relatif*, qui peut ne pas être nécessairement lié au niveau élevé absolu d'adiposité abdominale[4].

Selon les chercheurs, si une femme a un tour de taille de 88 cm ou plus, ou un homme de 102 cm ou davantage, cette personne présente une adiposité abdominale significative et sa vie est en danger. Pas besoin de faire des calculs savants; il vous suffit de prendre votre tour de taille à l'aide d'un mètre à mesurer. La meilleure façon consiste à mesurer le tour du bassin au niveau des crêtes iliaques, soit environ 2,5 cm sous l'ombilic (nombril).

Comme nous l'avons vu dans le chapitre précédent, l'insulinorésistance et le syndrome métabolique prennent des années à se développer. Autrement

Tableau de l'indice de masse corporelle

Repérez votre taille dans la colonne de gauche
Trouvez, sur la même ligne, le poids qui correspond le mieux au vôtre
Remontez cette colonne pour trouver votre IMC
Le poids idéal correspond à un IMC inférieur à 25

Calcul de l'IMC $= \frac{\text{poids x 703}}{\text{taille}^2}$

IMC (KG/M²)	25	26	27	28	29	30	31	32	33	34	35	36	37	38	39	40
1,47	54	56	59	61	63	65	67	69	72	74	76	78	80	82	84	87
1,50	56	58	60	63	65	67	69	72	74	76	79	81	83	85	88	90
1,52	58	60	63	65	67	69	72	74	76	79	81	84	86	88	90	93
1,55	60	62	65	67	69	72	74	77	79	82	84	86	89	91	94	96
1,57	62	64	67	69	72	74	77	79	82	84	87	89	92	94	97	99
1,60	64	66	69	72	74	77	79	82	84	87	89	92	94	97	100	102
1,63	66	69	71	74	77	79	82	84	87	89	93	95	98	100	103	105
1,65	68	71	74	76	79	82	84	87	90	93	95	98	101	104	106	109
1,68	70	73	76	79	81	84	87	90	93	95	98	101	104	107	109	112
1,70	72	75	78	81	84	87	90	93	96	99	101	104	107	110	113	116
1,73	74	78	80	84	86	89	92	95	98	101	104	107	110	113	116	119
1,75	77	80	83	86	89	92	95	98	101	104	107	110	113	117	119	123
1,78	79	82	85	89	92	95	98	101	104	107	110	113	117	120	123	126
1,80	81	84	88	91	94	98	101	104	107	110	113	117	120	123	127	130
1,83	84	87	90	94	97	100	104	107	110	113	117	120	123	127	130	133
1,85	86	89	93	96	99	103	107	110	113	117	120	123	127	131	134	137
1,88	88	92	95	99	102	106	109	113	116	120	123	127	130	134	138	141
1,91	91	94	98	102	105	109	113	116	120	123	127	130	134	138	141	145
1,93	93	97	100	104	108	112	115	119	123	127	130	134	138	142	145	149

RISQUE FAIBLE ⟶ **ÉLEVÉ**

dit, le syndrome métabolique n'apparaît pas du jour au lendemain et, en tant que médecin, je m'inquiète lorsque je vois un patient qui, tout d'un coup, se met à prendre du poids autour de la taille. J'effectue systématiquement cette mesure du tour de taille au cours de tout examen de santé. Elle est bien plus importante que le poids, la taille, l'indice de masse corporelle ou le rapport taille / hanche, en raison des conséquences sérieuses liées à l'obésité tronculaire qu'elle implique.

L'histoire d'Henri

Henri est venu me voir cette année pour un examen ordinaire ; il ne m'avait pas consulté depuis longtemps. Maintenant âgé de 62 ans, il revenait d'Arizona où il avait l'habitude de passer l'hiver et de profiter de sa retraite en compagnie de son épouse et de ses enfants. Cette fois néanmoins, il y avait du nouveau.

Henri se plaignait d'être fatigué, de manquer d'énergie et d'avoir mal aux genoux et aux pieds. Il adore jouer au golf, mais cette année il avait éprouvé de plus en plus de difficulté à se déplacer sur le terrain de golf, surtout en raison de sa prise de poids évidente. « J'ai peu à peu pris du ventre ces dix dernières années, mais ce n'est que depuis deux ans que cela m'incommode » m'a-t-il dit.

Il m'a suffi d'un coup d'œil pour constater qu'Henri avait un sérieux problème d'obésité tronculaire. Avant même de regarder ses examens sanguins, je savais ce que j'y trouverais. Ses triglycérides avaient grimpé en flèche, son taux de cholestérol HDL était bas et sa tension artérielle était en hausse. J'ai même été un peu surpris de noter que son taux de glycémie était de 6,5 mmol/l (la norme étant inférieure à 6,1 mmol/l), qu'il était déjà atteint d'intolérance au glucose (diabète préclinique), mais pas encore de diabète clinique (il faut avoir une glycémie à jeun supérieure à 6,9 mmol/l pour être considéré diabétique). À ce rythme-là, Henri le serait avant longtemps.

Ayant examiné avec lui les résultats des analyses, je voyais bien que j'avais toute son attention. Il comprenait que la situation était sérieuse. L'air abattu, il se demandait s'il était trop tard pour se prendre en main, en plus de devoir prendre des médicaments. Il s'est tout de même risqué à me poser la question. Son surpoids l'inquiétait maintenant moins que son état de santé général. Il voyait bien que son surpoids exerçait une pression considérable sur ses hanches, ses genoux et ses pieds, en plus de le ralentir et de le fatiguer.

« Docteur, je n'ai pas travaillé fort pendant toute ma vie simplement pour me rabougrir en regardant ma santé dépérir sous mes yeux ! Qu'est-ce que je devrais faire ? »

Je lui ai expliqué que son problème de fond provenait du fait qu'il avait développé une insulinorésistance au cours des dernières années, qu'il se trouvait maintenant en phase 3 d'un syndrome métabolique déclaré, qu'il souffrait d'une intolérance au glucose et qu'il deviendrait diabétique avant longtemps.

Henri s'est inscrit à mon programme de douze semaines *Toute la vie en bonne santé* afin de modifier ses habitudes de vie, premières responsables de ses ennuis. Il avait bien compris que s'il voulait recouvrer la santé, ou du moins avoir la moindre chance de la recouvrer, il allait devoir radicalement changer ses habitudes de vie afin de corriger son insulinorésistance. J'étais persuadé que s'il faisait tous les jours les bons choix alimentaires conscients et méthodiques, il connaîtrait sans tarder le merveilleux effet secondaire de perdre tout son poids autour du ventre.

Cette histoire se poursuit au moment où j'écris ces lignes. Henri demeure très motivé et il est décidé à apporter des modifications permanentes à ses habitudes de vie. J'ai toutes les raisons de penser qu'il sera un autre bel exemple de réussite de notre programme !

Ce récit authentique montre clairement ce qui arrive à trois personnes sur quatre qui minent littéralement leur santé en prenant trop de poids. Avec comme toile de fond la dépendance aux glucides et l'abus d'insuline, il est essentiel de bien comprendre ce que vit notre corps et la principale raison pour laquelle nous nous mettons mystérieusement à prendre du poids autour du tronc. Pourquoi n'arrivons-nous pas à perdre du poids, quoique nous fassions ?

Un changement de voie

Enfant, j'étais fasciné par les trains. Mon frère, Allen, en avait un magnifique, un Lionel électrique installé au sous-sol et, tout au long de notre enfance, je l'ai regardé jouer avec son train des heures d'affilée. Il va sans dire qu'ayant six bonnes années de moins que lui, je n'avais pas le droit d'y toucher.

Ce qui m'amusait le plus, c'était de voir arriver la locomotive soufflant bruyamment dans les tournants, suivie de ses wagons à plein chargement, puis de la voir traverser les tunnels à toute vitesse et passer outre la gare principale. Tout à coup, comme par magie, elle changeait de voie et prenait une toute autre direction. Ma foi, je n'arrivais pas à comprendre comment cela était possible ! Le mystère est resté entier pour le gamin que j'étais, jusqu'au jour où j'ai appris que mon frère manœuvrait l'aiguillage pendant que je regardais ailleurs.

Il existe dans notre corps un aiguillage semblable et tout aussi mystérieux qui permet d'expliquer pourquoi, comme Henri, une personne qui développe une insulinorésistance se met tout à coup à prendre du poids autour du tronc. En règle générale, 85 à 90 % de tout le glucose produit à la suite d'un repas se rend aux cellules musculaires où il est immédiatement transformé en énergie ou stocké dans les muscles sous forme de glycogène. Cela signifie que seulement 10 à 15 % du glucose atteint nos cellules adipeuses. Si les niveaux d'insuline et de glucagon sont normaux, il existe un bon équilibre entre la production et la métabolisation de la graisse, et notre poids reste stable[5].

D'après des études effectuées sur des animaux, lorsque l'insulinorésistance fait son apparition, elle touche les cellules musculaires avant les cellules adipeuses[6]. Ce fait est essentiel ici parce qu'il signifie que quand l'insulinorésistance se manifeste, les cellules musculaires se mettent à rejeter la plus grande part de la production de glucose consécutive au repas et elle est redirigée vers nos cellules adipeuses. Comme vous l'avez appris dans le chapitre précédent, lorsqu'on devient insulinorésistant, le corps compense en produisant toujours davantage d'insuline.

Souvenez-vous aussi que l'insuline est l'hormone de stockage des graisses qui transforme le sucre en graisse. Étant donné que dans une situation normale, la plus grande partie du glucose se rend aux cellules musculaires, il reste relativement peu de sucre pour la cellule adipeuse. Par contre, lorsque l'insulinorésistance se met de la partie, c'est comme si quelqu'un ou quelque chose changeait l'aiguillage. Imaginez la glycémie qui suit, dans un wagon couvert, la locomotive aiguillée vers vos cellules musculaires. Tout d'un coup, dès l'apparition de l'insulinorésistance, le train change de voie et se dirige tout droit vers les cellules de stockage, vos adipocytes.

C'est là un coup en deux temps qui terrasserait la plupart d'entre nous. Non seulement l'insulinorésistance augmente la quantité d'insuline (hormone de stockage) dans notre sang, mais nos cellules musculaires sont les premières à y devenir résistantes, ce qui entraîne une déviation de tout le glucose généré par un repas vers notre adiposité viscérale tronculaire. Les kilos commencent à s'accumuler autour de notre taille, et ce, même si nous n'avons apporté aucune modification significative à notre régime alimentaire ou à notre activité physique.

Même si on en arrive là seulement au bout de plusieurs années d'abus d'insuline, et à force de régimes à indice glycémique élevé et d'inactivité, il n'en reste pas moins que cette prise de poids est toujours un véritable choc. Il faut donc alors sérieusement envisager de mesurer son tour de taille afin de déterminer si l'on est en train de devenir victime de l'insulinodépendance et de l'accumulation de «graisse qui tue» qui s'ensuit.

De plus en plus gros

Au fur et à mesure que cet état progresse, les cellules adipeuses du tronc ne font que grossir. Il s'ensuit un mauvais fonctionnement des adipocytes de l'abdomen qui finissent par devenir résistants à l'insuline et par libérer une partie de la graisse qu'ils retenaient jusque-là prisonnière. Au premier abord cela peut sembler être une bonne chose si l'on cherche à perdre du poids, mais je vous assure qu'il n'en est rien. Pour commencer, la graisse se réinstalle à peu près aussi vite qu'elle est relâchée par les cellules adipeuses. Ensuite, à ce moment-là, les adipocytes de l'abdomen se mettent à libérer dans le sang une grande quantité de graisse sous forme de triglycérides, ce qui met une pression énorme sur les cellules bêta du pancréas (lipotoxicité) d'une part et sur les artères d'autre part. Les personnes atteintes d'obésité tronculaire présentent une nette inflammation des artères. C'est cet état sérieux qui fait maintenant dire aux médecins que les adipocytes de l'abdomen jouent un rôle métabolique actif et sont donc nuisibles à notre santé.

Lorsque, en phase précoce d'insulinorésistance, la graisse s'accumule autour de l'abdomen, la taille accrue des cellules de graisse viscérale qui en résulte provoque une diminution relative des sites récepteurs de l'insuline à la surface des cellules[7]. Or, comme nous l'avons vu précédemment, les sites récepteurs sont en fait le point de liaison entre les cellules et l'insuline. Leur diminution encourage l'insulinorésistance, et comme tout semble indiquer que l'insuline régule ses propres sites récepteurs, l'augmentation des niveaux d'insuline entraîne une nouvelle réduction du nombre de sites récepteurs[8]. Au cours de ce processus, le transport du glucose dans la cellule est perturbé[9].

L'équivalence des calories, une idée fausse

Il est maintenant temps que vous acceptiez une vérité essentielle : lorsqu'il y a insulinorésistance, toutes les calories ne s'équivalent pas. Le fait est que vos cellules adipeuses se mettent à agir comme des éponges :

elles absorbent tout le glucose et le changent infailliblement en graisse, et ce, malgré tous les efforts que vous pouvez faire pour brûler ces calories. Il faut renoncer au principe qui a dominé les traitements d'amaigrissement du siècle dernier et selon lequel «l'apport calorique devrait être égal à la dépense énergétique». Lorsqu'on commence à comprendre la place que prend l'insulinorésistance dans cette équation, on voit bien que toutes les calories ne s'équivalent pas.

Au fil des ans, un grand nombre de mes patients sont venus se plaindre à moi d'une prise de poids inexplicable chez eux, et ce sans qu'ils aient modifié leurs habitudes alimentaires ou leur niveau d'activité. J'avais l'habitude de leur répondre que, selon moi leur métabolisme avait simplement ralenti. Je suis sûr que vous avez déjà entendu pareils commentaires de la part de votre propre médecin. Toutefois, je comprends maintenant que la plupart du temps, cette prise de poids mystérieuse est le résultat d'un «changement de voie» du patient. En ce qui concerne Henri, après des années d'abus d'insuline et une prise de poids de seulement cinq à sept kilos, il a développé une insulinorésistance et s'est mis à prendre cinq à sept kilos systématiquement *chaque année*. Tant qu'il n'aura pas vaincu ce syndrome de fond, il ne réussira pas à maigrir malgré toute la bonne volonté du monde!

La libération de la graisse

Il y a de fortes chances pour que vous développiez vous aussi une insulinorésistance si vous avez abusé de votre insuline pendant des années par une consommation constante de quantités excessives de glucides transformés. Parce que vous avez «changé de voie» et que votre corps ne fonctionne plus comme il le devrait, les calories ne sont plus toutes égales pour vous. Si vous n'apprenez pas à manœuvrer l'aiguillage pour vous remettre sur la bonne voie, il vous sera tout simplement impossible de maigrir, peu importe le régime que vous aurez choisi. Dans cet état, le corps résiste à presque tous les programmes d'amincissement qui existent de nos jours.

Depuis onze ans que j'aide mes patients à adopter des habitudes de vie saines pour redresser cette insulinorésistance de fond, j'assiste à un phénomène étonnant: mes patients se mettent à «libérer de la graisse» et ce, sans même le moindre effort. Ils sont ébahis lorsqu'ils comprennent qu'ils mincissent tout naturellement. Ils n'ont pas faim (ils ne comptent pas leurs calories) parce qu'ils ont vaincu leur dépendance aux glucides.

Ils font régulièrement de l'exercice et assurent la nutrition cellulaire de leur corps. Leur perte de poids ne peut s'expliquer ni par un régime hypocalorique (apport calorique faible) ni par un programme d'exercice ambitieux (calories brûlées). Je procède toujours à une réévaluation de leur examen sanguin et je constate chaque fois que leur rapport triglycérides / cholestérol HDL est retombé en deçà de 2. Mes patients se sont littéralement «réaiguillés» vers leurs muscles. Ils commencent à comprendre pourquoi ils avaient pris tout ce surpoids et sont ravis lorsqu'ils se mettent à «se libérer de leur graisse».

Conclusion

Nous avons vu à quel point nos habitudes alimentaires, notre poids et même la santé de notre cœur sont liés. Notre poids et la santé de nos vaisseaux sanguins sont d'une importance capitale, mais la forme de notre corps, c'est-à-dire la distribution de notre poids, est également un facteur déterminant du syndrome métabolique. Nous accordons tant d'importance à l'aspect esthétique du poids corporel que nous en venons à oublier qu'un tour de taille qui s'épaissit constitue l'un des plus grands facteurs de risque en matière de santé. La plupart de mes patients commencent par s'inquiéter davantage de leur apparence que de leur santé. Mais rapidement, toutefois, ils comprennent le sérieux de leur situation. J'espère que vous aussi commencez à comprendre que votre graisse accumulée devrait vous préoccuper bien plus que votre apparence. C'est la raison pour laquelle je passe beaucoup de temps à expliquer à mes patients que s'ils veulent perdre du poids, ils doivent adopter des habitudes de vie saines afin de vaincre leur insulinorésistance de fond. Non seulement ils verront alors leur santé s'améliorer de façon significative, mais ils réussiront à se libérer efficacement de leur graisse excédentaire pour la première fois depuis des années.

Si vous n'arrivez pas à perdre de poids, ce n'est pas parce qu'un beau jour votre capacité de brûler les graisses s'est envolée. Si votre médecin vous a dit que c'est le ralentissement de votre métabolisme qui est responsable de votre prise de poids, il se trompe. En réalité, vous avez changé de voie et votre glucose est maintenant orienté vers vos cellules adipeuses plutôt que vers vos muscles. Seul un programme conçu dans le but de vaincre l'insulinorésistance pourra vous réaiguiller sur la bonne voie. Dans la troisième partie du livre, nous verrons comment adopter des habitudes de vie saines capables d'inverser tout ce processus au moyen de quelques changements d'ordre pratique expliqués étape par étape. Vous apprendrez comment vous pouvez vaincre efficacement l'insulinorésistance et finalement vous libérer de votre graisse.

CHAPITRE 7

Bien plus qu'une question de perte de poids, de diabète et de maladies du cœur

Impossible de bien réfléchir, de bien aimer et de bien dormir si l'on n'a pas bien mangé.
— Virginia Woolf

Le prix de notre liberté est élevé. Notre corps est le plus précieux de nos atouts et les choix que nous faisons entraînent de fâcheuses conséquences. Vos choix alimentaires quotidiens et votre niveau d'activité physique ont bel et bien leur importance. Nous devons toujours prendre des décisions éclairées en tenant compte de nos cellules. Êtes-vous prêt à faire tout votre possible afin d'apporter de l'énergie aux cellules de votre corps ou allez-vous plutôt continuer à les soumettre au stress et aux tourments ?

L'hypertension (hypertension artérielle)

Non seulement la hausse spectaculaire de l'insulinorésistance est la cause principale de l'obésité et de l'épidémie de diabète que nous connaissons, mais peu de gens comprennent le rôle prédominant qu'elle joue en matière de maladies cardiovasculaires dans notre monde occidental. Comme vous le savez bien, l'hypertension est l'un des principaux facteurs de risque des maladies cardiovasculaires, dont les accidents vasculaires cérébraux, les crises cardiaques, l'insuffisance cardiaque congestive, les maladies vasculaires périphériques et les anévrismes.

Selon les derniers rapports, près de 29 % de la population adulte souffre d'hypertension artérielle[1], ce qui représente, sur une période de dix ans, une hausse d'environ 4 % du nombre total des adultes qui en sont atteints. Ce qui est plus inquiétant encore, c'est que moins de 30 % de ces personnes réussissent à la contrôler malgré tous les médicaments prescrits par les médecins. Cette recrudescence marquée est accompagnée d'une augmentation de l'obésité et du diabète de type 2. J'ai des raisons de croire que cet état de chose a comme dénominateur commun l'insulinorésistance et ses effets sur le métabolisme. Selon certaines recherches, lorsque les patients souffrant d'obésité, d'intolérance au glucose et d'hypertension réussissent à atténuer leur insulinorésistance, non seulement ils perdent du poids mais leur pression artérielle baisse considérablement[2].

Ces dernières années, les chercheurs ont commencé à reconnaître qu'il existe un lien direct entre l'insulinorésistance et l'hypertension. En fait, on pense même que la plupart des cas d'hypertension que l'on traite de nos jours résultent d'une insulinorésistance. Au fur et à mesure que l'on devient insensible à son insuline et que le niveau de celle-ci augmente (hyperinsulinémie), le métabolisme subit de nombreuses modifications qui font augmenter la pression artérielle, par exemple :

1. *Une rétention sodique accrue* : à noter surtout le fait que l'on sait que des niveaux élevés d'insuline dans le sang encouragent la rétention de sel dans les reins, ce qui entraîne évidemment un surplus de liquide dans le sang et, par conséquent, une augmentation de la pression artérielle[3].
2. *Une augmentation de l'activité du système nerveux autonome*, cause de la constriction des artères et de la hausse de la pression artérielle qui s'ensuit[4].
3. *Une stimulation de la croissance des muscles lisses des artères*, cause de l'épaississement de celles-ci et d'une augmentation de la pression artérielle[5].

Tous ces effets réunis provoquent une augmentation de notre pression artérielle et mènent à l'hypertension. Toutefois, la cause profonde, ce sont véritablement les niveaux élevés d'insuline. La médecine moderne ignore malheureusement ce fait et s'en remet aux médicaments qui non seulement n'améliorent aucunement l'insulinorésistance mais l'aggravent dans bien des cas. Cela peut expliquer en partie pourquoi le risque de coronaropathie ne s'atténue pas, malgré que l'on exerce un certain contrôle de la pression artérielle[6].

Les médicaments ne corrigent ni le problème fondamental ni ses conséquences, ce qui a des effets graves sur nos artères. Lorsqu'on combine le fait que l'incidence de l'hypertension dans son ensemble est en hausse, que la plupart des patients sont mal surveillés et que les diurétiques, les béta-bloquants et les autres médicaments antihypertenseurs n'apportent aucune amélioration au problème de fond, on se rend parfaitement compte que la seule réponse possible consiste à encourager des habitudes de vie saines capables d'améliorer la sensibilité à l'insuline.

Septième rapport du comité national mixte

Il semble de plus en plus évident que la tension artérielle, si peu élevée soit-elle, peut avoir des conséquences graves pour la santé. Le *Septième rapport du comité national mixte sur la prévention, la détection, l'évaluation et le traitement de l'hypertension artérielle* avise les membres du monde médical que les patients qui ont une tension artérielle systolique de 120–139 ou diastolique de 80–89 mm Hg doivent être considérés comme étant au seuil de l'hypertension et ont besoin de modifier leurs habitudes de vie afin d'éviter les maladies cardiovasculaires[7] dont le risque augmente à partir de pressions artérielles supérieures à 115/75.

Même en présence d'une pression artérielle normale, on court 90% de risques de faire de l'hypertension au cours de sa vie, à moins d'adopter volontairement des habitudes de vie saines[8].

Les médecins ont compris voilà des années que les patients souffrant d'une hypertension légère ou moyenne pouvaient réduire leur pression artérielle suffisamment pour ne pas avoir à prendre de médicaments, simplement en adoptant des habitudes de vie saines (régime équilibré en bons glucides, en protéines et en graisses, programme d'exercice modéré et suppléments nutritionnels[9]). Il devient de plus en plus évident que, selon la littérature médicale, avec sa dépendance excessive aux médicaments, la médecine s'avoue de plus en plus impuissante face à ces maladies terribles. La plupart d'entre nous, médecins, savons pertinemment que des habitudes de vie améliorées devrait constituer le traitement idéal pour tout patient qui commence à avoir de l'hypertension, un taux de cholestérol élevé, une maladie du cœur ou un diabète de type 2.

Malheureusement, nous nous contentons de faire quelques suggestions pour la forme à nos patients, tout en continuant à leur prescrire des médicaments. La plupart des praticiens sont convaincus que leurs patients ne sont pas disposés à modifier leurs habitudes de vie et que même s'ils l'étaient, cela ne ferait sans doute pas une grande différence. Par conséquent, ils continuent de privilégier les médicaments pour traiter ces maladies.

En 1990, le Congrès des États-Unis a adopté une loi nationale sur le contrôle de la nutrition et les recherches connexes, loi selon laquelle les étudiants inscrits dans les facultés de médecine et les médecins qui pratiquent aux États-Unis doivent avoir accès à une formation adéquate dans le domaine de la nutrition et de ses rapports avec la santé[10]. C'est avec un enthousiasme considérable que cette loi a été adoptée car cinq des dix principales causes de décès dans ce pays (soit la coronaropathie, le cancer, l'accident vasculaire cérébral, le diabète de type 2 et les maladies cardiovasculaires) sont étroitement liées à de fâcheuses habitudes alimentaires et à de mauvaises habitudes de vie, ces dernières contribuant également à l'ostéoporose, à l'obésité, à l'hypertension, à la diverticulite et au cholestérol élevé. Malheureusement, cette loi n'a pas obtenu la sympathie et l'adhésion des médecins, et depuis cette date, le savoir médical en matière de nutrition et de santé aurait même régressé.

LES MÉDECINS ONT COMPRIS VOILÀ DES ANNÉES QUE LES PATIENTS SOUFFRANT D'UNE HYPERTENSION LÉGÈRE OU MOYENNE POUVAIENT RÉDUIRE LEUR PRESSION ARTÉRIELLE SUFFISAMMENT POUR NE PAS AVOIR À PRENDRE DE MÉDICAMENTS, SIMPLEMENT EN ADOPTANT DES HABITUDES DE VIE SAINES (RÉGIMES ÉQUILIBRÉS EN BONS GLUCIDES, EN PROTÉINES ET EN GRAISSES, PROGRAMME D'EXERCICE MODÉRÉ ET SUPPLÉMENTS NUTRITIONNELS).

Les cardiopathies (ou maladies du cœur)

La plupart des gens croient encore que le durcissement des artères est une maladie causée par un excès de cholestérol dans le sang, ce qui me préoccupe énormément car les maladies du cœur ne sont pas liées au cholestérol. Saviez-vous que plus de la moitié des patients qui subissent une crise cardiaque ont en fait un taux de cholestérol normal ? Au cours des dix dernières années, les chercheurs ont commencé à comprendre que les maladies du cœur sont en fait le résultat d'une inflammation légère et à long terme de nos artères. Comme nous l'avons indiqué dans les chapitres précédents, on constate que la plupart des causes de l'inflammation de l'endothélium sont imputables au syndrome métabolique. En fait, l'un des principaux résultats de l'étude sur l'insulinorésistance porte sur la protéine C réactive élevée qui sert à mesurer l'inflammation de nos artères.

Tableau 1 **Les causes de l'inflammation de nos artères**
• L'homocystéine • Les repas à indice glycémique élevé • Le cholestérol LDL « oxydé » (et particulièrement le LDL petit et dense que l'on appelle VLDL) • Les repas riches en matières grasses • Le niveau élevé d'insuline (hyperinsulinémie) • L'obésité tronculaire • L'hypertension • Le diabète de type 2

Sous-classe de profil lipidique de type B

Les patients atteints du syndrome métabolique ont ce que les médecins appellent une sous-classe de profil lipidique de type B caractérisée par un taux élevé de triglycérides, un faible niveau de cholestérol HDL et une augmentation du cholestérol VLDL. Ce dernier, rappelez-vous, est constitué de particules LDL minuscules et denses qui, selon des recherches récentes, sont facilement « oxydables » et encore bien plus athérogènes (responsables du durcissement des artères) que le cholestérol LDL (mauvais cholestérol). C'est la raison pour laquelle la plupart des médecins mesurent la quantité de cholestérol VLDL de leurs patients lors des examens sanguins courants.

Il est décevant pour les praticiens de noter que les lipides de type B n'ont pas, au cours des années, connu d'amélioration sensible, et ce, malgré notre fameux régime faible en matières grasses ou les « statines » telles que le Zocor, le Lipitor ou le Mevacor. En fait, on a même remarqué que ce type B dû à l'insulinorésistance s'aggravait à la suite de l'adoption d'un régime recommandé, riche en glucides et faible en matières grasses destiné à réduire le cholestérol LDL. Autrement dit, plus nous consommons d'aliments à indice glycémique élevé, plus notre niveau de cholestérol

HDL diminue et plus nos taux de triglycérides et de cholestérol VLDL augmentent[11]. Tout cela semble logique une fois que l'on a compris que c'est en premier lieu ce régime riche en glucides qui est responsable de l'insulinorésistance.

Comme première étape visant à traiter un taux de cholestérol élevé, on recommande un programme d'exercice accompagné d'un régime faible en matières grasses. Néanmoins, les médecins sont terriblement déçus de constater le degré d'inefficacité de ce régime pour ce qui est de faire baisser le taux de cholestérol. Avec de la chance, un patient peut, grâce à ces mesures, diminuer son taux de cholestérol total et de LDL de 5 à 10 %, tout au plus. Nous comprenons peu à peu que les aliments riches en glucides (à indice glycémique élevé) qui font généralement partie des régimes faibles en matières grasses, réduisent en réalité le taux de bon cholestérol HDL qui semble déjà terriblement difficile à accroître[12].

Comme les taux de cholestérol HDL représentent une variable déterminante en matière de coronaropathie, il faut se demander s'il est sage de faire baisser le taux de cholestérol si cela fait aussi baisser celui de cholestérol HDL. C'est l'une des principales raisons pour lesquelles les médecins ne croient pas beaucoup au régime et à l'exercice lorsqu'ils ont affaire à des taux de cholestérol élevés, préférant prescrire d'emblée des hypocholestérolémiants. Néanmoins, lorsque je me suis mis personnellement à encourager les habitudes de vie prescrites dans ce livre auprès de mes patients atteints d'un niveau élevé de cholestérol, j'ai vu des résultats surprenants, dont Raoul est un exemple parfait.

L'histoire de Raoul

Venu me consulter pour un examen de routine, Raoul s'inquiétait des risques qu'il courait d'être victime de maladies du cœur, bon nombre des membres de sa famille étant morts d'une crise cardiaque. Des médecins lui avaient prescrit diverses « statines » dans le but de faire baisser son taux de cholestérol, mais ces médicaments lui causaient des effets indésirables, notamment de fortes douleurs musculaires et un état de faiblesse. Il avait également suivi des régimes faibles en matières grasses, mais sans aucun succès. Raoul voulait savoir si je pouvais lui donner quelques conseils sur la façon de diminuer ses risques de maladies du cœur.

J'ai été assez surpris lorsque j'ai examiné son profil de chimie clinique et son profil lipidique. Son cholestérol total était de 8,7 (la valeur normale étant inférieure à 5,2) et son cholestérol LDL de 6 (la valeur normale étant actuellement inférieure à 2,6 quoique, selon moi, l'ancienne norme de 3,3 était plus juste). Toutefois, ce qui m'inquiétait davantage, c'est le fait que son taux de triglycérides était de 3,27 et son cholestérol HDL de 1,24, ce qui lui donnait un rapport triglycérides / HDL de presque 6. Or, selon la littérature médicale, tout rapport supérieur à deux ou trois constitue une preuve indirecte de niveaux élevés d'insuline dans le sang et par conséquent d'insulinorésistance. Raoul avait donc non seulement un problème de cholestérol mais aussi d'insulinorésistance, ce qui était justifié par le fait que son taux de cholestérol VLDL était de1,4 (la valeur normale se situant entre 0 et 1,04).

J'ai donc expliqué à mon patient le problème de fond de ce profil lipidique de type B et l'ai initié au programme *Toute la vie en bonne santé*. Il était d'autant plus motivé qu'il avait énormément souffert des effets secondaires des médicaments et que ses analyses de sang indiquaient très peu d'amélioration. Raoul a donc bien suivi mes instructions. Lorsque j'ai revu ses analyses de sang douze semaines plus tard, j'ai été étonné de constater que son taux de cholestérol total avait chuté de 8,7 à 5,4 et celui de LDL de 6 à 3,7. Le plus intéressant, c'est que son taux de triglycérides était passé de 3,27 à 0,9 et que son cholestérol HDL était stable à 1,24.

Cela signifiait en clair que Raoul ne présentait plus de signe d'insulinorésistance ; même son taux de cholestérol VLDL était passé de 1,48 au taux normal de 0,4.

Personnellement, jamais je n'avais vu une amélioration aussi spectaculaire d'un profil lipidique due à une simple modification des habitudes de vie. Toutefois, depuis cette première expérience avec Raoul, je ne cesse de voir des résultats similaires. Pourquoi donc avons-nous obtenu des résultats aussi impressionnants en matière de cholestérol grâce à cette approche ?

En cherchant à éliminer l'ennemi par une diminution considérable des matières grasses – de toutes sortes – nous avons également écarté les bons acides gras (soit les oméga-3). Il nous faut plutôt remplacer les graisses saturées par de bons acides gras essentiels et des matières grasses monoinsaturées *qui ont réellement la propriété de faire baisser* les taux de cholestérol. Si l'on ajoute à cela des glucides à faible indice glycémique, on peut ainsi se nourrir de façon à éviter les pics glycémiques. Ce régime, accompagné d'un léger programme d'exercice et de nutrition cellulaire, permet de vaincre l'insulinorésistance de fond. Non seulement les taux de cholestérol total et LDL diminuent, mais on assiste à une diminution énorme du taux de triglycérides et de cholestérol VLDL au fur et à mesure qu'augmente celui de cholestérol HDL.

Notre cœur et nos artères sont littéralement agressés par les habitudes de vie que nous choisissons sur cette terre de liberté qu'est la nôtre. Le durcissement des artères est à l'origine des crises cardiaques, des accidents vasculaires cérébraux, des anévrismes et des maladies vasculaires périphériques. Effectivement, le cholestérol s'accumule de façon à bloquer la circulation du sang dans nos organes vitaux; toutefois, les chercheurs savent maintenant qu'il n'apparaît qu'« une fois le mal fait » dans le but d'aider à réparer les lésions causées par l'inflammation de nos artères[13]. Tout ce processus est bien plus compliqué et complexe que ne le suggère la simple théorie du cholestérol. Un facteur important, quoique souvent ignoré, c'est celui du syndrome métabolique et des effets qu'il a sur le corps. Lorsqu'il y a de surcroît un taux croissant de cholestérol VLDL, la situation est grave. Le Dr Austin et ses collaborateurs ont d'ailleurs affirmé dans le *Journal of American Medical Association (JAMA)* que si vous avez un taux de cholestérol VLDL élevé, vous courez un risque trois fois plus grand de subir une crise cardiaque[14].

Taux élevé de fibrinogène

Comme vous le savez, l'un des symptômes déterminants de la phase 3, soit le syndrome métabolique, c'est l'augmentation du niveau de fibrinogène. Nous avons vu que le fibrinogène est un coagulant qui, en quantité excessive, augmente les risques de caillots. L'agrégation des plaquettes le long de la paroi des artères risque fort de provoquer une crise cardiaque. C'est pourquoi on recommande aux patients qui souffrent de troubles cardiaques de prendre tous les jours une petite dose d'aspirine. Lorsqu'on devient insulinorésistant, on est beaucoup plus vulnérable aux caillots sanguins, ce qui entraîne un risque encore accru de maladies du cœur[15].

L'hyperinsulinémie (taux élevé d'insuline)

L'insulinorésistance est facilement décelable du fait qu'elle s'accompagne d'un niveau d'insuline très élevé. Le Dr Jean-Pierre Després et son équipe ont affirmé dans le *New England Journal of Medicine* que même seule, l'hyperinsulinémie constitue un important facteur indépendant de risque en matière de maladies du cœur. Un taux de cholestérol élevé, l'hypertension, le diabète, un taux élevé de triglycérides et de cholestérol VLDL, un faible taux de cholestérol HDL et un *niveau élevé d'insuline* dans le sang contribuent tous largement aux maladies du cœur. Cela devient très inquiétant lorsqu'on sait que l'hyperinsulinémie est la caractéristique fondamentale du syndrome métabolique.

Est-il surprenant alors que le syndrome métabolique soit une grande source de préoccupation en matière de coronaropathies, d'accidents vasculaires cérébraux et de maladies vasculaires périphériques ? Je ne peux que vous encourager à revoir toutes les causes d'inflammation des artères qui sont énumérées dans le tableau 1. À l'exception du taux d'homocystéine, elles sont toutes soit considérablement élevées, soit directement liées au syndrome métabolique. Ce qui est d'autant plus inquiétant c'est que bon nombre des personnes prédisposées aux coronaropathies en raison du syndrome métabolique deviennent par ailleurs diabétiques. Comme vous le voyez, cela ne fait qu'augmenter encore le risque de maladie du cœur.

Le diabète de type 2

Saviez-vous que plus de 80 % des diabétiques mourront d'une maladie cardiovasculaire ? Ces chiffres n'ont pas changé au cours des 40 dernières années, en dépit de tous les nouveaux médicaments et traitements auxquels on a recours pour traiter le diabète. Vous devez être conscient du fait que les ravages infligés à vos artères se produisent dès que vous subissez un pic glycémique et qu'ils s'accélèrent encore au fur et à mesure que vous vous approchez du syndrome métabolique déclaré. Lorsque vous ajoutez à cela la conséquence finale du syndrome, soit le diabète de type 2, vos risques de maladies du cœur augmentent terriblement.

SAVIEZ-VOUS QUE PLUS DE 80 % DES DIABÉTIQUES MOURRONT D'UNE MALADIE CARDIOVASCULAIRE ? CES CHIFFRES N'ONT PAS CHANGÉ AU COURS DES 40 DERNIÈRES ANNÉES, EN DÉPIT DE TOUS LES NOUVEAUX MÉDICAMENTS ET TRAITEMENTS QUI SERVENT À SOIGNER LE DIABÈTE.

La glycosylation

Bien que nous commencions à comprendre que les maladies cardiovasculaires progressent plus rapidement quand il y a insulinorésistance, lorsque les patients deviennent diabétiques, cette évolution est encore davantage accélérée par un processus que l'on appelle *la glycosylation.* En présence d'un taux glycémique élevé, le glucose commence à s'accrocher aux protéines, aux lipides et aux structures cellulaires avoisinantes.

Normalement, les médecins vérifient, au moyen d'un test d'hémoglobine A1c (HbA1c), la quantité de sucre qui s'accroche aux globules rouges, cela afin de déterminer si les diabétiques contrôlent efficacement leur maladie. Toutefois, lorsque le glucose s'accroche au cholestérol LDL ou VLDL, il facilite son oxydation et le véritable processus de vieillissement des artères s'en trouve accéléré[16].

Les chercheurs commencent à comprendre que le moment le plus crucial pour les diabétiques, ce sont les minutes qui suivent immédiatement l'ingestion d'aliments. Par conséquent, dans ce cas, ce qui importe plus encore que la glycémie à jeun ou même le test HbA1c, c'est la hausse du taux de glycémie consécutive au repas. Même une personne en bonne santé subit un pic glycémique à la suite d'un repas à indice glycémique élevé, ce qui donne lieu à une hausse du stress oxydatif: ce phénomène est donc considérablement amplifié dans le cas de patients diabétiques.

En fait, selon le Dr Ciriello, l'hyperglycémie (taux glycémique élevé) consécutive à un repas joue un rôle important dans le développement des maladies cardiovasculaires chez les personnes diabétiques, en raison du nombre accru de radicaux libres engendré par un taux de glycémie élevé (choc glycémique[17]). Non seulement l'hyperglycémie contribue activement à l'insulinorésistance, mais elle est également une cause importante de maladies du cœur une fois qu'une personne est devenue diabétique.

Cet état de chose m'inquiète énormément parce que mes patients prêtent très peu attention à cet aspect du traitement de leur diabète. Chez nous, l'indice glycémique est à peine reconnu par le monde médical qui n'en parle jamais à ses patients diabétiques. Pourtant, s'il est vrai que plus de 80 % de nos diabétiques finiront par mourir de maladies cardiovasculaires, ne devrions-nous pas faire tout notre possible pour les sauver ? Mais c'est l'ignorance qui nous tue. Je crois fermement que l'une des premières recommandations que nous devrions faire à nos patients atteints de diabète de types 1 et 2, c'est d'apprendre à éviter les pics glycémiques. Il est également essentiel qu'ils prennent des suppléments d'antioxydants à chaque repas, en raison de leur propriété de protection des artères dans le cas d'hyperglycémie[18] (voir les chapitres 11 à 15).

Régime à faible indice glycémique

Selon plusieurs études, lorsque les diabétiques consomment des glucides à faible indice glycémique et évitent les pics glycémiques, non seulement ils contrôlent mieux leur diabète mais ils diminuent leurs taux de cholestérol LDL et VLDL[19, 20]. Il a été établi qu'en consommant des aliments à faible indice glycémique, et ce même au cours de repas composés, on diminuait la glycémie consécutive au repas. Étant donné toutes les preuves que je vous ai présentées sur les dangers de l'hyperglycémie, il tombe sous le sens qu'il faut prendre tous les moyens nécessaires pour réduire la glycémie qui suit les repas.

En ce qui concerne les patients atteints de diabète, les médecins ont surtout recours aux produits pharmaceutiques. Toutefois, il existe d'autres solutions. Le programme *Toute la vie en bonne santé* (voir le chapitre 15) a été justement conçu à partir de preuves médicales scientifiques et permet donc aux gens d'être «proactifs» en ce qui concerne leur santé. En adoptant les habitudes de vie recommandées, ils peuvent prévenir tous les aspects du syndrome métabolique. La plupart peuvent même vaincre leur insulinorésistance, particulièrement s'ils apportent des améliorations à leurs habitudes de vie avant que leur maladie ne soit trop avancée.

Le programme *Toute la vie en bonne santé* a été conçu principalement dans le but d'aider les gens à diminuer leur risque de souffrir ou de mourir des conséquences du syndrome métabolique. Ce programme a pour objectif de leur donner la possibilité de maîtriser le facteur de fond qu'est l'insulinorésistance et dont les effets métaboliques débilitants ne sont pas irréversibles. Comme il n'existe aucun médicament capable d'améliorer le problème fondamental de l'insulinorésistance, le seul espoir que vous avez de corriger ses effets est de bien choisir votre alimentation quotidienne. Lorsque les gens prennent conscience de la gravité des conséquences médicales du syndrome métabolique, la plupart sont prêts à n'importe quoi pour améliorer leur état de santé. Est-ce que vous ne le seriez pas vous aussi?

Conclusion

Êtes-vous parmi les premiers candidats aux maladies du cœur et au diabète? Votre vie est en jeu, ici. Il n'existe aucun médicament approuvé par la Loi sur les aliments et drogues pour le traitement de l'insulinorésistance, à moins que vous ne soyez déjà diabétique. Les différentes phases du syndrome métabolique ne peuvent être corrigées que par l'adoption d'habitudes de vie saines présentées en détail dans la troisième partie du livre. En plus de vous aider à acquérir de nouvelles habitudes de vie, qui auront aussi pour effet de vous faire perdre du poids, le programme *Toute la vie en bonne santé* vous fournira tout le savoir nécessaire pour vous aider à réduire votre pression artérielle, votre taux de triglycérides, votre cholestérol VLDL, votre hyperglycémie et votre taux d'insuline. Tout cela contribuera finalement à diminuer vos risques de maladie cardiovasculaire et de diabète.

CHAPITRE 8

Sauvons les enfants

Commence donc par les petites choses.
— Épictète, *Pensées et entretiens* (trad. Dacier, XVIII)

L'histoire de Sara

En tant que médecin de famille dans ma ville natale de Rapid City, dans le Dakota du Sud, j'ai eu la joie intense de voir les enfants dont j'ai assisté à la naissance passer par les difficultés de l'enfance et devenir adultes. En effet, obstétricien pendant les 21 premières années de ma pratique, j'ai vu naître de nombreux bébés dont Sara, une ravissante petite fille de 3,73 kilos, en parfaite santé qui s'est bien fait entendre en ce petit matin de décembre. Ses parents n'auraient pas pu être plus fiers de ce nouveau membre de la famille.

Au cours des années qui ont suivi, j'ai vu Sara devenir une enfant active et en bonne santé. À l'opposé de la plupart des enfants qui sont immédiatement intimidés lorsqu'ils arrivent chez le médecin pour des examens de routine, Sara était très à l'aise, ses petites boucles blondes rebondissant au gré de ses sautillements. Elle entrait dans mon bureau et, en écarquillant ses grands yeux bleus, s'exclamait: «Bonzour docteu-sand!»

Peu après, elle commençait la maternelle. Elle me rendait visite à l'occasion pour des maladies bénignes, lorsque par exemple une épidémie d'angine streptococcique ou la varicelle frappait le quartier… et j'ai remarqué, au cours de ses trois premières années d'école primaire, que la petite Sara prenait du poids. En quatrième année, on pouvait même la considérer grassouillette en comparaison de ses camarades.

À l'école secondaire, Sara avait souvent les yeux baissés. Comme elle avait l'âge de ma fille, je la voyais à l'occasion d'activités scolaires ou en ville. Elle marchait en traînant les pieds et bien qu'elle ait été entourée d'un groupe d'amis fidèles, on voyait par son comportement qu'elle n'était pas bien dans sa peau. Il était clair qu'elle avait un problème de poids mais ce n'est qu'à l'âge de 13 ans, alors qu'elle frisait l'obésité, que Sara est venue me consulter à ce sujet.

Jusque-là, ses parents avaient ignoré le problème, pensant qu'elle «traversait tout simplement une phase». Ils ne voulaient pas que leur jolie fille souffre d'un complexe de poids et c'est pourquoi ils étaient restés passifs. Mais maintenant ils étaient inquiets au point de lui faire passer un examen complet afin de faire confirmer l'absence de toute pathologie chez elle. Ils avaient rendez-vous un lundi.

Lorsque je suis entré dans le bureau, j'ai dû me retenir de montrer le choc que j'ai ressenti en voyant combien Sara avait grossi depuis la dernière fois où je l'avais vue. J'ai revu tous ses antécédents médicaux et j'ai fait un examen de santé afin d'écarter toute possibilité de diabète, d'hypothyroïdie ou d'autres maladies ayant pu expliquer cette importante prise de poids. Tout semblait normal ; par contre, sur la feuille d'examen du sang, j'ai noté que le taux de triglycérides de Sara était anormalement élevé et que son taux de cholestérol HDL était faible pour une jeune fille.

Même si elle était enveloppée de partout, Sara avait pris du poids principalement autour du tronc. J'ai expliqué à ses parents que, selon moi, leur fille était sur le point de développer une insulinorésistance et que cela m'inquiétait du fait de l'existence de sérieux antécédents familiaux de diabète. Selon la littérature médicale, les enfants comme Sara sont plus vulnérables au diabète au cours de la préadolescence et pendant les premières années de puberté parce qu'à cette période de leur croissance, ils deviennent encore plus résistants à leur propre insuline. Cela suffit parfois à encourager le déclenchement d'un diabète de type 2 clinique, comme cela devient si courant chez nos enfants.

Lorsque j'ai demandé aux parents de Sara si elle faisait du sport, ils se sont regardés en haussant les épaules et en poussant un soupir. Ils l'avaient bien encouragée à faire de l'activité physique mais comme tous deux travaillaient, ils manquaient de temps et d'énergie pour s'en occuper. Les équipes de sport de la ville de Rapid City dont Sara avait fait partie n'allaient pas au-delà de la 5e année et seuls les enfants vraiment sportifs continuaient à jouer au foot et à participer à des sports de compétition dans des clubs. Maintenant incapable d'enfiler un maillot de bain, Sara, qui n'avait jamais été particulièrement sportive, s'était tournée vers des activités sédentaires telles que la musique et les jeux sur ordinateur. Elle faisait partie du club de sciences et adorait lire et aller au cinéma avec ses amis.

Une fois encore, ses parents trouvaient simplement qu'elle était comme tous les jeunes de son âge. Elle se nourrissait surtout de fast-food, de céréales, de pain, de chips, de boissons gazeuses, de pommes de terre, de riz et de hamburgers. Elle adorait également la pizza et s'en faisait souvent à la maison. Ses parents ont admis qu'elle dépensait souvent son argent de poche pour s'acheter des goûters ou des boissons gazeuses dans les machines distributrices placées dans les couloirs de l'école avant de rentrer chez elle avec ses amis, et que le soir, à table, elle se contentait de picorer dans son assiette parce qu'elle n'avait plus faim.

Il est évident que Sara avait le régime alimentaire et le degré d'activité de la plupart des adolescents. En fait, bon nombre de ses amis suivaient les mêmes habitudes de vie qu'elle et ne semblaient pas s'en porter plus mal. La raison pour laquelle Sara avait pris tant de poids, c'est qu'elle avait des antécédents familiaux de diabète. Cela signifiait non seulement qu'elle souffrirait d'insulinorésistance précoce, mais que le régime alimentaire nord-américain classique lui ferait prendre du poids d'autant plus rapidement.

Je savais que si cette jolie fille ne changeait pas immédiatement ses habitudes de vie, elle pourrait, très jeune, devenir également diabétique. Elle avait cependant la chance d'avoir des parents disposés à faire tout ce qu'ils pouvaient pour l'aider. Je leur ai donc expliqué que bien qu'il ne soit pas facile de changer, surtout pour un adolescent, si la famille formait une équipe pour la soutenir étroitement et qu'elle améliorait ses propres habitudes en matière d'alimentation et d'exercice, Sara aurait d'excellentes chances de réussir.

Qui va se charger de sauver nos enfants?

Regardez bien les enfants et les jeunes adolescents de votre quartier. Vous ne remarquez rien? Observez de plus près un bon groupe d'enfants qui jouent dans une cour d'école du quartier ou sur un terrain de jeux avoisinant. De plus en plus d'enfants et de jeunes adultes sont en surpoids. En fait, l'obésité chez les enfants a presque triplé au cours des trente dernières années[1].

Cette prévalence effarante de l'obésité chez nos jeunes est actuellement plus élevée qu'elle ne l'a jamais été au cours de l'histoire[2]. On considère que près de 25 % des enfants (soit un sur quatre) sont considérés obèses, selon le *National Health and Nutrition Examination Survey*[3]. Cette augmentation spectaculaire de l'obésité et du diabète de type 2 chez les jeunes est déconcertante pour les chercheurs dont peu semblent connaître la raison de cette tendance[4]. L'obésité est non seulement devenue un problème social préoccupant, mais aussi une question de santé primordiale[5]. Comme nous le verrons, les enfants comme Sara courent un risque manifestement accru d'avoir de l'hypertension, un taux de triglycérides élevé, un taux faible de cholestérol HDL, une maladie du cœur et un diabète de type 2[6].

Parents, vous rappelez-vous les préoccupations que vous aviez en cours de grossesse ? Ce que vous mangiez, si vous deviez ou non allaiter votre enfant, le meilleur choix de tétine du point de vue de l'orthodontie, quand commencer à donner des céréales biologiques et des aliments pour bébé... Dans les deux ans qui suivent, ce même enfant est assis devant la télévision à manger des macaronis au fromage, un hot-dog et boire du jus artificiellement coloré. Vous et moi en sommes venus à accepter l'idée selon laquelle les visionnaires sérieux doivent pouvoir faire leurs propres choix. Et alors nous laissons nos petits s'exercer très jeunes. Ils sont censés choisir les aliments qui leur assureront une bonne ossature et un cerveau alerte alors que leur corps est dans sa phase de croissance la plus cruciale. Et que préfèrent donc les jeunes enfants ? Les aliments hautement transformés (des glucides à indice glycémique élevé) qui sont annoncés à la télévision entre leurs programmes éducatifs. Car les agences de publicité misent sur le fait que vous laisserez vos enfants décider.

Demandez à n'importe quel enseignant de maternelle de vous décrire les déjeuners et les collations que les enfants apportent à l'école. La plupart vous diront qu'ils sont obligés d'établir des règles déterminant ce qui est permis et ce qui ne l'est pas. Rendez-vous dans n'importe quelle épicerie du pays et vous verrez des parents qui non seulement permettent à leurs enfants de choisir ce qu'ils veulent manger, mais qui les y encouragent. Je pense moi aussi que les enfants doivent apprendre à faire des choix, mais les bons ! Je ne vois pas pourquoi on ne pourrait pas donner à un enfant la possibilité de choisir entre trois aliments santé au petit-déjeuner. Parents, sachez que les *Fruit Loops* aux huit couleurs différentes et les *Pop Tarts* n'en font pas partie !

Faites ceci : Si vous avez, à la maison, des enfants âgés de 2 à 20 ans, dressez une liste de ce qu'ils ont mangé ces trois derniers jours.

Alors, comment votre enfant mange-t-il ? Comme tous les petits Américains ? Selon le sondage qu'a effectué le département de l'Agriculture des États-Unis en 1991, leurs dix principales sources d'énergie (glucides), de graisse et de protéines proviennent du lait, du pain ayant subi plusieurs phases de transformation, des gâteaux / biscuits / pains éclairs / beignets, du bœuf et du fromage (voir le tableau 1). Pensez un instant à ce que cela représente comme consommation de hamburgers, de pizzas, de boissons gazeuses, de bonbons, de chips, de pain blanc et de frites (voir le tableau 2). Je trouve fascinant de regarder ce que prennent les enfants aux buffets des restaurants. Il a beau y avoir un choix sain de fruits, de légumes, de viande maigre et de salades, ils remplissent invariablement leur assiette de pizza, de bœuf gras, de pommes de terre en purée, de frites, de gâteaux, de beignets et de brioches qu'ils arrosent d'un énorme verre de boisson gazeuse.

Maintenant que vous êtes plus conscient du danger que posent pour notre tour de taille – et notre santé – tous ces glucides transformés et ce fast-food, il n'est pas nécessaire d'avoir beaucoup d'imagination pour comprendre pourquoi l'obésité et le diabète sont en train de nous précipiter vers la pire crise que nous ayons connue en matière de soins de santé, et ce, également en ce qui concerne nos enfants.

Le problème, ce n'est pas notre consommation de matières grasses. Si c'était le cas, nous verrions une nette diminution des cas d'obésité à l'échelle du pays, particulièrement chez les enfants, étant donné que nous avons réduit notre consommation de matières grasses de près de 25 % au cours des 30 dernières années. Et pourtant, les principes à la base des recommandations du ministère de l'Agriculture, de l'*American Heart Association* et de l'*American Diabetes Association* reposent sur l'hypothèse que l'obésité chez nos jeunes n'est due qu'à une consommation excessive de matières grasses. Faisant suite à certaines campagnes publicitaires récentes qui préconisent d'en limiter la consommation à 30 %, les cafétérias scolaires vont maintenant même jusqu'à 34 %[7].

Cette réduction de la consommation de matières grasses a été malheureusement remplacée chez nos enfants par une consommation accrue, preuves à l'appui, de sucre et de féculents[8] ; ainsi, non seulement les recommandations n'ont entraîné aucune diminution de l'obésité et du diabète, mais la crise sanitaire s'est encore aggravée chez nos jeunes !

La façon de s'y prendre pour réduire la consommation de matières grasses est hélas la même pour les enfants que pour la population adulte : en règle générale, les aliments riches en matières grasses sont remplacés

Tableau 1
Les 20 aliments préférés des enfants américains âgés de 2 à 18 ans (CSFII [Continuing Survey of Food Intakes of Individuals] 1989-1991)

1.	Lait	11,7 %
2.	Pain ayant subi plusieurs phases de transformation	9,3 %
3.	Gâteaux / biscuits / pains éclairs / beignets	6,2 %
4.	Bœuf	5,7 %
5.	Céréales prêtes à manger	4,5 %
6.	Boissons gazeuses	4,3 %
7.	Fromage	3,7 %
8.	Chips / chips de maïs / pop-corn	3,1 %
9.	Sucres / sirops / confitures	3,0 %
10.	Volaille	2,6 %
11.	Crème glacée / sorbet / yogourt glacé	2,6 %
12.	Pâtes alimentaires	2,6 %
13.	Margarine	2,3 %
14.	Boissons de fruits	2,2 %
15.	Pommes de terre	2,1 %
16.	Farine / ingrédients de boulangerie	1,7 %
17.	Bonbons	1,7 %
18.	Riz / céréales cuites	1,7 %
19.	Sauces pour salade / mayonnaise	1,6 %
20.	Jus d'orange / de pamplemousse	1,6 %

Tableau 2
Les 20 premières sources de glucides chez les enfants américains âgés de 2 à 18 ans (CSFII 1989-1991)

1.	Pain ayant subi plusieurs transformations	13,0 %
2.	Boissons gazeuses	8,5 %
3.	Lait	7,5 %
4.	Céréales prêtes à manger	7,4 %
5.	Gâteaux / biscuits / beignets	7,2 %
6.	Sucres / sirops / confitures	6,0 %
7.	Boissons de fruits	4,3 %
8.	Pâtes alimentaires	3,9 %
9.	Pommes de terre	3,7 %
10.	Jus d'orange / de pamplemousse	2,9 %
11.	Crème glacée / sorbet / yogourt glacé	2,9 %
12.	Farine / ingrédients de boulangerie	2,8 %
13.	Riz / céréales cuites	2,8 %
14.	Chips / chips de maïs / pop-corn	2,6 %
15.	Bonbons	2,3 %
16.	Autre type de jus	2,1 %
17.	Pommes / compote de pommes	1,7 %
18.	Tomates	1,6 %
19.	Maïs	1,2 %
20.	Haricots secs / lentilles	1,2 %

par des glucides ayant subi plusieurs phases de transformation. On constate que les types de glucides que consomment les enfants (tableau 2 du chapitre 8) sont presque entièrement composés de sucres et de glucides à indice glycémique élevé. Après le lait (troisième sur la liste), il faut se rendre jusqu'au numéro 17 (pommes) avant de trouver un autre glucide à faible indice glycémique. J'ai été très étonné de trouver les tomates sur la liste, avant de saisir que ça comprenait aussi bien la tranche de tomate posée sur les hamburgers que la sauce tomate des pizzas et du ketchup.

Régime à faible indice glycémique comparé au régime riche en glucides et hypocalorique traditionnel

Le Dr Spieth, de l'hôpital des enfants de Boston, a remis en question l'idée selon laquelle le régime qui convient le mieux au traitement de l'obésité doit être faible en matières grasses et riche en glucides. Son équipe de recherche a divisé 107 enfants obèses en deux groupes. (Septembre 2000)

Au **groupe 1**, on a prescrit le régime habituel faible en matières grasses et riche en glucides, accompagné de certaines modifications du comportement et d'un programme d'exercice.

Au **groupe 2**, on a prescrit un régime faible en glucides constitué de 20 à 25 % de protéines, de 30 à 35 % de matières grasses, et de 45 à 50 % de glucides à faible indice glycémique. *Les enfants de ce groupe avaient le droit de manger autant qu'ils le désiraient.*

Ayant suivi ces enfants pendant quatre mois, on a pu faire les observations suivantes : les enfants du premier groupe, qui avaient suivi le régime type faible en matières grasses et riche en glucides, non seulement n'avaient pas perdu de poids, mais avaient pris près d'un kilo en moyenne. Ceux du deuxième groupe, par contre, qui avaient suivi le régime faible en glucides, avaient perdu en moyenne 2 kilos[9].

Dans un éditorial rédigé pour le *Journal of the American Medical Association* (2003), le Dr Bray affirme que le recours au sirop de maïs enrichi de fructose par l'industrie alimentaire est en grande partie responsable des changements imposés au régime de nos enfants[10]. Avez-vous récemment jeté un coup d'œil aux étiquettes ? Regardez bien combien il y a d'aliments dans votre garde-manger et votre réfrigérateur qui contiennent du sirop de maïs ou des édulcorants. C'est renversant ! Ajoutez à cela la consommation spectaculaire de boissons gazeuses de nos enfants et il n'y a plus à se demander pourquoi les glucides à indice glycémique élevé atteignent des sommets.

« Les bonbons liquides »

Une étude effectuée en 1999 par le *Center for Science in the Public Interest* intitulée « Liquid Candy » (les bonbons liquides) a mis en lumière un autre grand sujet de préoccupation, celui de la commercialisation soutenue de boissons gazeuses auprès des enfants. Étant donné le fort apport glycémique de celles-ci de nos jours, on voit bien pourquoi elles représentent la deuxième source de glucides dans l'alimentation de nos enfants.

En 1978, un adolescent moyen buvait chaque jour, en moyenne, 20 centilitres de boisson gazeuse ; actuellement, cette moyenne quotidienne est d'environ 60 centilitres[11].

Ces chiffres ne cesseront sans doute pas d'augmenter pour la bonne raison que les principaux fabricants de boissons ciblent, de façon très intensive, nos préadolescents par leur publicité afin de continuer à faire croître leurs ventes[12] ! Malheureusement, nous ne pouvons pas imputer toute la responsabilité aux stratégies intéressées des annonceurs. La plupart des écoles installent actuellement des machines distributrices de bonbons et de boissons gazeuses dans leurs murs afin de générer des recettes ! Dans le même but, certains conseils scolaires vont jusqu'à afficher des publicités de fast-food dans les couloirs de leurs écoles et sur leurs autobus[13]. On justifie cette pratique en disant que c'est là un moyen de réunir des fonds destinés à certains programmes qu'il faudrait autrement supprimer en raison d'un manque de ressources.

L'INSULINORÉSISTANCE PROGRESSE ENCORE PLUS RAPIDEMENT CHEZ LES ENFANTS QUE CHEZ LES ADULTES.

Lorsque, à la hausse du pourcentage de glucides servis par les cafétérias scolaires (les programmes fédéraux de soutien y nourrissent plus de 27 millions d'enfants tous les jours de classe[14]) s'ajoute l'accès facile aux boissons gazeuses et aux bonbons, est-il surprenant de voir une brusque augmentation de l'obésité et du diabète de type 2 chez nos jeunes ? Nos enfants n'ont aucune chance de s'en tirer !

Parents, il est grand temps de vous réveiller et de devenir « proactifs » dans l'intérêt de votre progéniture chez qui l'insulinorésistance progresse encore plus rapidement que chez les adultes. Comment l'avenir de votre enfant s'annonce-t-il ? Lourd de problèmes liés à l'insulinorésistance : hypertension artérielle, dyslipidémie (quantité anormale des graisses), maladie du cœur prématurée et diabète ?

L'épidémie de diabète chez nos jeunes

Lorsque j'étais en formation à la faculté de médecine, je me souviens parfaitement que mon professeur disait que lorsqu'une personne de moins de 35 ans souffrait de diabète, il s'agissait presque toujours du diabète de type 1, que l'on appelait alors justement « diabète des jeunes ». Ce type de maladie auto-immune est le triste résultat d'une agression dirigée contre les cellules bêta du pancréas qui sont alors complètement détruites. Les enfants qui en sont atteints sont incapables de produire leur propre insuline et doivent compter sur des injections d'insuline pour survivre.

NÉANMOINS, SELON DES ÉTUDES RÉCENTES, JUSQU'À 45 % DES NOUVEAUX CAS DE DIABÈTE CHEZ LES ENFANTS SONT DE TYPE 2.

En revanche, le diabète de type 2, autrefois appelé « diabète gras de l'adulte », est principalement causé par la transformation progressive d'un abus d'insuline en une insulinorésistance clinique. Jusqu'à récemment, seulement 1 ou 2 % des enfants diabétiques étaient de type 2[15]. Toutefois, selon des études récentes, jusqu'à 45 % des nouveaux cas de diabète chez les enfants sont maintenant de ce type[16].

Selon une autre étude récente, les cas de diabète de type 2 chez les jeunes, dont beaucoup ne sont âgés que de 11 ou 12 ans et donc à peine pubères, auraient *décuplé* entre 1982 et 1994[17]. L'*American Diabetes Association* a déclaré publiquement que si l'on n'arrivait pas à maîtriser cette augmentation (du diabète de type 2), *notre société serait aux prises avec un problème majeur*[18]. Autrement dit, le fardeau que représentent le diabète et les complications qu'il entraîne au cours d'une vie touchera bien plus de monde que l'on ne le prévoit à l'heure actuelle ; cette épidémie grandissante de diabète nous coûtera cher, car de plus en plus de personnes devront prendre des médicaments puissants et faire face aux incidences de cette maladie pendant *la plus grande partie de leur vie.*

Prise de poids anormale

Parce qu'ils ont de nos jours un régime à indice glycémique élevé, bon nombre d'enfants développent une insulinorésistance, résultat de niveaux d'insuline élevés en bas âge. Cette hausse constante des niveaux d'insuline entraîne une augmentation du poids corporel de 50 % supérieure à celle des enfants qui ont des taux normaux[19].

Les enfants qui ont des niveaux élevés d'insuline à jeun prennent davantage de poids que ceux qui ont des niveaux d'insuline normaux et, comme les adultes, ils accumulent ce poids autour de la taille[20]. En plus de développer une obésité tronculaire, ils souffrent d'hypertension, d'un taux élevé de cholestérol total et de triglycérides, et d'un faible taux de cholestérol HDL. Les enfants sont tout simplement particulièrement vulnérables à l'abus d'insuline provoqué par un régime riche en glucides à indice glycémique élevé. Non seulement ils prennent du poids rapidement, mais ils risquent fort, une fois adultes, de souffrir de maladies cardiovasculaires[21].

La santé future de votre enfant est-elle vouée à l'échec ? Même s'il n'est maintenant que légèrement en surpoids, une fois qu'il sera devenu insulinorésistant, il prendra du poids de plus en plus rapidement. Selon certaines études, les adolescents dont le niveau d'insuline est stimulé à l'excès par un mauvais régime alimentaire prennent beaucoup plus de poids que les autres[22]. En outre, d'après d'autres études encore, lorsque les enfants deviennent effectivement insulinorésistants en bas âge, ils prennent nettement du poids autour du tronc.

La plupart peuvent finir par développer un diabète de type 2 au cours de leur vie. Toutefois, ce qui me bouleverse, c'est le nombre d'entre eux qui en souffrent dès l'enfance ! Le Dr Ingrid Libman explique ainsi pourquoi cette maladie se manifeste déjà en si bas âge. Selon elle, la plupart des enfants qui présentent un diabète de type 2 ont environ 13 ans et sont en pleine puberté. Ce phénomène s'explique probablement par l'évolution passagère de l'insulinorésistance au cours de la maturité pubérale : celle-ci se manifeste par une réduction d'environ 30 % de l'action insulinique par rapport aux enfants prépubères ou aux adultes[23]. Cela signifie que les changements hormonaux de ces jeunes qui ont déjà développé une insulinorésistance ne font que précipiter les événements.

Rappelez-vous qu'il ne suffit pas de souffrir d'insulinorésistance pour être diabétique. Tant que le pancréas arrive à compenser cet état en produisant de plus en plus d'insuline, le taux de glycémie demeure stable. Toutefois, si en plus d'une insulinorésistance accrue, la production d'insuline d'un enfant baisse le moindrement en raison de l'épuisement de ses cellules bêta, il développe un diabète de type 2.

Prédisposition génétique

Comme dans le cas de Sara, environ 75 à 85 % des enfants atteints de diabète de type 2 ont des antécédents familiaux de cette maladie. Il arrive souvent dans une famille que plusieurs membres d'une même génération soient diabétiques[24]. Bien que la prédisposition génétique semble être un facteur important, cela ne signifie pas qu'il faut accepter passivement ce sort pour nos enfants. Le fait est que cette tendance génétique au diabète existe depuis plusieurs générations, mais ce n'est que maintenant, dans la génération actuelle, qu'elle se manifeste chez eux ; c'est ce qui fait dire à la plupart des chercheurs que pour être atteint de diabète en bas âge, il ne suffit pas d'avoir une prédisposition génétique. Il faut que celle-ci soit accompagnée de facteurs environnementaux tels qu'un manque d'exercice et un régime riche en glucides à indice glycémique élevé.

Un mot sur les vitamines et l'exercice

Dans le monde actuel, il n'est pas facile de fournir aux enfants, dans leur alimentation, tous les antioxydants et les éléments nutritifs dont ils ont besoin. Leur faire manger de cinq à sept fruits et légumes frais par jour représente tout un défi. Les additifs nutritionnels n'ont jamais été aussi nécessaires à ces petits corps en pleine croissance. Assurez-vous de bien appliquer à vos enfants également les principes énoncés au chapitre 14, *Il faut faire confiance à la nutrition cellulaire*.

Dans le même esprit, sachez que l'activité physique et les enfants sont faits l'un pour l'autre et que le contraire n'est pas normal. Par ailleurs, un enfant ne sait pas ce dont son corps a besoin en matière de régime équilibré et il n'est pas toujours en mesure de bien choisir ses activités quotidiennes. Une bonne formation doit comporter des activités physiques amusantes pour vos enfants (voir le chapitre 13).

Au sujet des choix judicieux

Nous entraînons notre progéniture à faire des choix judicieux et à prendre de bonnes habitudes pour la vie. Si vous êtes sur le point de baisser les bras, poursuivez votre lecture. Vous trouverez la réponse au surpoids de votre enfant dans ce livre et dans vos habitudes de vie. Nous devons rappeler à nos enfants les pièges que comporte notre vie au pays des glucides mais aussi le privilège qu'ils ont de pouvoir choisir. Il vous faut faire preuve d'autorité auprès de vos enfants et vous impliquer dans leur apprentissage des bons choix.

Comment récompensez-vous vos enfants ? Que servez-vous lors des fêtes, des anniversaires et des occasions spéciales qui occuperont toujours une place énorme dans la mémoire de votre enfant ? Quels sont les aliments qui donnent chaud au cœur à votre famille ?

« Dr Strand, je ne peux pas surveiller tout ce que mangent mes ados. » Si c'est là pour vous un sujet d'irritation, j'ai de bonnes nouvelles. Au fur et à mesure que les glucides à indice glycémique élevé feront place à un équilibre de bons glucides, de protéines et de lipides, vos enfants cesseront de dévaliser le garde-manger. Souvenez-vous que les enfants à qui l'on servait des repas à indice glycémique élevé consommaient 80 % plus de calories que ceux à qui l'on servait des repas à faible indice glycémique. Il est intéressant de noter que le premier groupe d'enfants avait tendance à choisir des aliments parmi ceux considérés comme peu recommandés[25].

Cette étude illustre bien les principes qui ont été soigneusement expliqués dans ce livre. Lorsque vos enfants prennent un repas à indice glycémique élevé, leur glycémie grimpe rapidement, entraînant ainsi une surproduction d'insuline. Cela fait chuter leur glycémie dans la fourchette hypoglycémique, stimulant ainsi la production d'hormones contre-régulatrices nécessaires pour faire remonter le taux de glycémie à un niveau acceptable. Bien que la glycémie finisse par revenir lentement à la normale, ce cycle complet entraîne des poussées effarantes d'hyperphagie (consommation excessive d'aliments) et une envie constante (faim incontrôlable) d'aliments à indice glycémique élevé.

« J'ai une de ces fringales. » Ces mots, nous les avons tous dit et nos enfants les diront également. L'expression peut sembler anodine, mais en réalité, elle exprime un état de besoin. C'est comme dire que l'on a besoin d'une cigarette ou d'une bière. À quel moment de la journée vos enfants sont-ils le plus susceptibles de vouloir grignoter ? Il est particulièrement important qu'ils apprennent à écouter leur corps et à comprendre pourquoi ils ont ces envies.

Si un aliment n'est pas digne d'être consommé, ne l'achetez pas ! Ce n'est pas parce qu'il y a un magasin de vins et spiritueux au coin de la rue que nous devons nous y arrêter. De la même façon, ce n'est pas parce qu'il y a un fast-food au coin de la rue que nous devons nous y arrêter pour nous prendre une douzaine de morceaux de poulet frit et une grosse portion de frites chaque fois que nous passons par là !

Sara avait commencé à marcher 45 minutes, cinq fois par semaine, puis avait peu à peu augmenté sa vitesse jusqu'à couvrir près de cinq kilomètres à la fois. Ses parents et elle-même, tous ensemble, ont vidé le garde-manger et le frigo, et trouvé amusant de faire les courses pour essayer de nouveaux aliments sains. Ils ont trouvé plusieurs espèces de céréales entières qui leur plaisaient et ils ont rempli le frigo de fruits et de légumes frais. Les dépenses supplémentaires consacrées aux coupes maigres de bœuf et au poulet biologique respectaient parfaitement leur budget, puisqu'il n'était plus question de s'approvisionner en boissons gazeuses et en amuse-gueule coûteux. Ils ont aussi pris soin de faire quelques réserves de substituts de repas, solides et liquides, afin que Sara ait toujours quelque chose de sain et de rapide à consommer lorsqu'elle avait faim.

Sans apporter de modifications radicales à leurs habitudes de vie, les parents de Sara ont consciemment amélioré leurs habitudes alimentaires. Ensemble, ils se sont mis à la tâche de découvrir d'excellentes recettes. La mère de Sara s'attendait à quelque résistance, mais curieusement, Sara était ravie de l'attention que lui portaient ses parents et du temps qu'ils passaient ensemble à préparer des repas à faible indice glycémique. Bien sûr, il y a eu des moments difficiles (n'est-ce pas normal avec des adolescents ?), mais à la grande surprise de tous, ces changements se sont plutôt bien passés.

Je n'ai pas été surpris de voir Sara commencer à perdre pas mal de poids. C'était pour elle un moment idéal pour changer ses habitudes de vie car elle entamait une importante phase de croissance. Elle a redécouvert la liberté que lui procurait sa bicyclette et plusieurs nouvelles activités qu'elle pratiquait en famille. Une fois qu'elle a commencé à perdre du poids, Sara s'est aperçue qu'elle aimait beaucoup jouer au tennis. Elle faisait également partie d'une équipe de football qui jouait pour le plaisir, ce qui ne lui laissait que très peu de temps pour regarder la télévision ou jouer avec sa console de jeux.

Croyez-le ou non, Sara est devenue une ravissante jeune fille de 16 ans qui s'intéresse aux garçons. Eh oui, et non seulement son taux de triglycérides est revenu à la normale, mais celui de son cholestérol HDL est en hausse constante. Il reste que le fait saillant de cette histoire, c'est qu'on l'a aidée à établir des limites et qu'on lui a apporté le soutien dont elle avait désespérément besoin pour mener la vie à laquelle elle aspirait, un soutien qui n'est venu ni de son école, ni de son groupe de jeunes, ni même de programmes de télévision, mais bien de ses parents.

Même si les enfants sont parfois récalcitrants et font des crises, ils ont besoin d'être guidés par leurs parents (et souvent même ils le veulent) afin d'établir des habitudes de vie saines qu'ils adopteront tout au long de leur vie. Sara et les autres membres de sa famille sont très surpris de constater que tous ces glucides transformés ne leur manquent pas et ils ont appris à les éviter, bien qu'ils en trouvent partout. Sara a donc choisi la liberté « à vie ».

Conseils:

1. Éteignez la télévision. Non seulement elle immobilise les enfants, mais elle les influence sans cesse au moyen d'annonces publicitaires visant à faire la promotion de la malbouffe. Ils auront bien plus tendance à grignoter s'ils sont assis devant la télévision que s'ils lisent ou s'ils jouent à des jeux.
2. Établissez la règle selon laquelle il est défendu, à la maison, de manger ailleurs que dans la cuisine ou la salle à manger.
3. Faites un effort conscient de manger tous ensemble et faites en sorte que les repas soient un moment agréable.
4. Vous, parents, donnez l'exemple en adoptant des habitudes de vie saines.

Mise en garde : Vous ne devriez pas mettre votre enfant au régime hypocalorique, riche en glucides et faible en matières grasses. Il n'est pas nécessaire de limiter son apport calorique. Il suffit de lui apprendre à adopter un régime équilibré, à augmenter son niveau d'activité et à prendre des suppléments nutritionnels. Renseignez-vous sur tous les aspects du programme *Toute la vie en bonne santé* sur lesquels je reviendrai dans un chapitre ultérieur.

TROISIÈME PARTIE

DES CHOIX SAINS AYANT POUR EFFET SECONDAIRE BÉNÉFIQUE UNE PERTE DE POIDS

CHAPITRE 9

Pourquoi les régimes minceur, ça ne marche pas

J'ai perdu et repris les mêmes cinq kilos à tant de reprises que ma cellulite doit avoir une impression de déjà vu. (traduction libre)
— Jane Wagner

L'histoire d'Isabelle

Isabelle s'est inscrite au programme des *Weight Watchers*, bien décidée à ne pas faire de l'embonpoint comme sa mère. Les femmes de la famille italienne dont elle faisait partie étaient des personnes pleines d'entrain, résolues, et qui aimaient faire la cuisine. Même si elle les admirait de tout son cœur, Isabelle ne voulait pas prendre régulièrement du poids comme ses tantes et sa grand-mère. Elle était bien décidée à suivre leurs traces en matière de force morale, mais pas sur le plan physique. Elle suivait les conseils et le régime de son programme « à la lettre » et elle notait religieusement tout ce qu'elle consommait. C'est avec une vive impatience qu'elle s'était présentée à la première réunion des *Weight Watchers*. Stimulée par tous les autres membres qui se levaient à tour de rôle pour découvrir avec émerveillement qu'ils avaient perdu un kilo, un kilo et demi, Isabelle était ravie d'apprendre qu'une dame avait réussi à perdre jusqu'à deux kilos cette semaine-là. Anxieuse, elle ne tenait pas en place en attendant qu'on l'appelle.

Enfin, son tour est venu : toute la semaine, elle avait attendu ce moment. Sûre d'elle, cette magnifique jeune Italienne est montée sur le pèse-personne, sachant qu'elle avait suivi absolument toutes les règles du jeu. Mais la guillotine est tombée. Lorsque le conseiller lui a annoncé qu'elle avait perdu 250 grammes, elle n'en croyait pas ses oreilles. Deux cent cinquante grammes ?! Elle était devenue sourde aux applaudissements discrets du groupe. Retenant ses larmes, elle s'est laissée choir sur sa chaise, sachant qu'à ce rythme-là, il lui faudrait plus d'un an pour perdre son excès de poids.

Dans les semaines qui ont suivi, elle a continué à perdre quelques grammes mais lors des pesées de contrôle subséquentes, elle voyait plutôt son poids augmenter. Après environ trois mois de pure détermination et d'acharnement, Isabelle a abandonné le programme.

J'ai vu récemment un homme d'environ cent trente-six kilos qui portait un tee-shirt (que j'aurais difficilement pu ne pas voir) sur lequel il était écrit : « Unique, fier et seulement un peu enveloppé. » Oh ! Comme j'aimerais que notre population ne compte effectivement que quelques personnes obèses et fières ! Comme j'aimerais que l'excès de poids ne soit pas synonyme d'embarras, de malaise et de risques importants pour la santé, mais, hélas, c'est bien le cas ! J'aimerais également que nos régimes d'amaigrissement fonctionnent pour les femmes comme Isabelle afin qu'elles ne connaissent pas la désillusion et la déception.

On a tous un jour souhaité que l'on invente une pilule ou un timbre médicamenteux qui fasse fondre le surpoids. On ne peut pas dire que les compagnies pharmaceutiques n'ont pas essayé ! Nous savons tous néanmoins que les souhaits sont du domaine des contes de fées. Dans la réalité, on a beau garnir les rayonnages des pharmacies de toutes sortes de cures d'amaigrissement, à ce jour, il n'existe pas de solution miracle.

Il n'y a pas de potion magique

Je me souviens de la quantité astronomique de pilules amaigrissantes auxquelles on avait recours quand je faisais mes études en médecine. Elles se sont avérées être ce que nos jeunes appellent aujourd'hui des « amphétamines ». Ces pilules amaigrissantes ont connu un succès immédiat pour la bonne raison qu'en plus de supprimer la faim, elles vous rendaient apte à faire en une journée ce que vous auriez normalement accompli en une semaine ! La triste réalité toutefois (sans parler de leur nocivité), c'est que leur effet était de courte durée, ce qui obligeait leurs adeptes à en consommer toujours davantage pour obtenir les mêmes résultats. Quoi qu'il en soit, on a abusé considérablement de ces drogues et toutes ces anciennes marques de remèdes amaigrissants sont considérées à l'heure actuelle comme des stupéfiants de type IV (soit les plus puissants).

Vous rappelez-vous l'infâme combinaison de phentermine et de fenfluramine qui a fait rage dans la première moitié des années 1990 ? Sa fin ne ressemble en rien à un conte de fées. Les médecins prescrivaient une combinaison de ces deux pilules amaigrissantes que l'on vendait séparément depuis de nombreuses années. La *Food and Drug Administration* n'avait jamais donné son feu vert à leur utilisation combinée mais comme les deux étaient disponibles sur le marché, les médecins délivraient tout simplement deux ordonnances séparées aux patients qui désiraient perdre du poids de façon conséquente.

Bon nombre de personnes ayant effectivement perdu ainsi un poids considérable, les médecins de famille comme moi-même nous faisions harceler par les patients en quête de ces drogues. Mon refus de les prescrire en avait frustré quelques-uns et en avait carrément contrarié d'autres. J'avais beau leur expliquer que selon la littérature médicale, 99 à 100 % des patients reprenaient tout le poids qu'ils avaient perdu et même davantage lorsqu'ils en cessaient l'usage, plusieurs patients m'avaient répondu que cela importait peu car ils n'avaient pas l'intention d'arrêter de les prendre.

À l'époque, peu de gens savaient que ces drogues n'étaient pas destinées à un usage prolongé. En dépit du fait que, de toute façon, la *Food and Drug Administration* n'en avait jamais approuvé la combinaison, chacune des deux ne devait être utilisée que sur une période maximale de trois mois. La *Food and Drug Administration* n'avait d'ailleurs pas tardé à intervenir et avait retiré la combinaison phentermine-fenfluramine du marché. En effet, on avait découvert que les personnes qui suivaient ce traitement au-delà de trois mois couraient plus de 30 % de risque de subir des lésions aux valvules cardiaques. Je me félicite encore d'être resté fidèle à mes convictions et de ne pas avoir cédé à la pression de certains de mes patients. Plus de la moitié des 180 000 décès attribués aux médicaments en Amérique du Nord pourraient être évités et doivent l'être. Toutefois, personne ne vous enseigne à vous protéger, vous et vos êtres chers, des risques épouvantables que peuvent vous faire courir les effets indésirables des médicaments.

On estime à plus de 30 milliards de dollars par année nos dépenses en pilules, en remèdes et en régimes de toutes sortes. Malgré cela, l'obésité connaît une croissance inégalée, atteignant même des records historiques ! Pourquoi est-ce que nous ne perdons pas de poids, étant donné tous les efforts et l'argent que nous y consacrons ? Pourquoi est-ce que les régimes minceur ne marchent pas ? Dans ce chapitre, nous allons étudier de près et sans détour pourquoi les régimes ne répondent pas à nos attentes.

Une solution à court terme à un problème chronique

La raison la plus évidente pour laquelle les régimes ne marchent pas et ne peuvent pas marcher, c'est que nous cherchons à soigner ou à corriger un mal chronique par une solution immédiate. Autrement dit, nous tentons de régler un problème réparti sur la durée d'une vie par une solution à court terme. C'est comme si l'on essayait de boucher un trou dans une montgolfière au moyen d'une rustine. Pour les patients qui souffrent de surpoids ou qui sont carrément obèses, il s'agit d'un problème « chronique », un problème *à vie* qui a des effets néfastes sur leur santé et qui les prive littéralement de plusieurs années de vie.

La prise de poids est un processus lent et insidieux qui affecte notre santé en s'installant au fil des ans (et, pour certains, des décennies). Malgré cela, lorsque nous décidons d'y faire face, nous regardons généralement du côté du dernier régime à la mode ou de celui qui se vend le plus, dans l'espoir de nous débarrasser de ce surpoids en l'espace de quelques semaines ou de quelques mois. Même notre façon de dire que nous allons « commencer » un régime amaigrissant peut laisser sous-entendre qu'il ne s'agit que d'une mesure temporaire, et donc vouée à l'échec.

Que se passe-t-il donc lorsqu'on abandonne un tel régime ? On retourne progressivement à ses vieilles habitudes alimentaires, les mêmes qui sont responsables du surpoids à la base du problème, et on retombe donc dans sa dépendance aux glucides. Or, en raison du fonctionnement du corps humain, le poids que l'on avait perdu s'installe de nouveau, mais encore plus rapidement et de façon bien plus tenace qu'auparavant. Selon de nombreuses études, même sous surveillance, la plupart des personnes qui persévèrent dans un programme d'amaigrissement perdent au maximum 10 % de leur poids qu'ils reprennent néanmoins aux deux tiers dans l'année qui suit ; il arrive souvent même qu'ils en prennent encore plus au cours des cinq années suivantes[1].

En termes simples, les programmes d'amaigrissement peuvent, au mieux, vous faire perdre quelques kilos à court terme ; toutefois, quelle que soit la méthode utilisée, plus de 98 % de leurs adeptes finissent par reprendre leur poids d'origine et généralement davantage. D'après mon expérience clinique, plus on perd son poids rapidement, plus celui-ci revient au galop, ce qui revient à dire que *plus on prend le temps de perdre son surpoids d'une façon constante, plus il sera lent à revenir.* Je trouve très intéressant le fait que chaque fois que mes patients me parlent du régime le plus efficace qu'ils ont suivi dans le passé, ils ne manquent jamais de souligner qu'ils ont réussi à maintenir leur poids pendant un an ou deux. Toutefois, en réalité, ce qu'ils déclarent par là, c'est tout simplement qu'il leur a fallu un an ou deux pour reprendre les kilos perdus au cours du régime. Vous voyez la complexité du problème ?

Généralement, ce qui motive le plus les personnes qui suivent un régime, c'est l'idée de perdre du poids dans l'espoir de pouvoir retourner à leurs vieilles habitudes alimentaires (tout en faisant plus d'activité physique, cela s'entend) mais pas aux dépens de leur ligne. Toutefois, si l'on tient compte du fait que l'obésité et le surpoids sont des problèmes chroniques qui durent toute la vie, suivre un régime pendant huit à douze semaines ne peut aucunement vous apporter la solution que vous espérez, quel que soit le programme que vous choisissez. C'est comme si une personne avait une vue affaiblie, portait des lunettes pendant trois mois et puis cessait de les porter. Ou comme si un patient qui contrôlait bien son épilepsie au moyen de médicaments les prenait pendant un an pour ensuite les abandonner. Dans les deux cas, il s'agit de problèmes de santé généralement chroniques qui nécessitent un contrôle ou un traitement à vie.

La plupart des régimes à la mode sont mis en marché avec la prétention de faire perdre du poids rapidement et facilement. C'est incroyable le nombre de personnes qui continuent à rechercher la solution miracle, même si leur problème persiste d'une année à l'autre. Ce scénario courant a valu aux régimes amaigrissants le nom de « régimes yoyo ». On perd du poids grâce à un régime à la mode pour le reprendre aussitôt dans les mois qui suivent ; un autre régime, une autre perte de poids et ainsi de suite. C'est un piège dans lequel des milliers de personnes sont tombées.

Les régimes sont devenus un loisir pour certains, une dépendance pour d'autres, et c'est là une des principales raisons pour lesquelles ils ne marchent pas. Vous êtes-vous déjà demandé quels effets ils peuvent avoir sur le corps ? Les muscles « se retirent », pensant que « vous êtes en période de jeûne ». Lorsque vous vous remettez à manger, votre corps produit de la graisse et l'entrepose soigneusement en prévision du prochain jeûne. C'est comme si vous remontiez votre horloge métabolique en sens contraire des aiguilles d'une montre. Avant longtemps le ressort n'aura plus la force d'assumer la tension. Non seulement nous semblons prendre encore davantage de poids, mais nous minons notre santé par ce cercle vicieux de l'effet yoyo.

Les régimes d'amaigrissement d'entretien

Je n'oublierai jamais mon enthousiasme lorsque le programme des « Weight Watchers » a fait son apparition dans les années 1970. Je me rappelle très bien les patients qui ont d'abord voulu l'essayer lorsqu'il est devenu disponible dans notre région. *Enfin quelqu'un qui encadrera ces personnes dans un régime sain et qui les encouragera à apporter des modifications permanentes à leurs habitudes alimentaires*, m'étais-je dit.

Contrairement aux régimes à solution miracle que l'on trouve sur le marché, le *Weight Watchers* est un programme à long terme qui non seulement apporte un appui personnel à ses adhérents mais les responsabilise. On y assure le soutien des participants et on leur propose de devenir membres à vie afin de les encourager tout au long de leur programme d'entretien. Déjà au tout début on donnait aux participants des instructions précises sur la façon de surveiller leur poids. Enfin on abordait un problème chronique grâce à un plan qui durait toute la vie. Je trouvais cela très bien.

Depuis le lancement commercial du programme des *Weight Watchers*, un nombre incalculable de régimes affichant des concepts similaires (malgré diverses variations et astuces) comme *Diet Center*, *Jenny Craig* et *LA Weight Loss* pour n'en nommer que quelques-uns, ont fait leur apparition et offrent des repas préparés, des boissons brevetées ou un programme plus éclairé. Il y a là un petit problème toutefois : tous ont la même approche et la même portée.

Ces programmes existent depuis de nombreuses années et je parierais que si vous avez un problème de poids, vous en avez probablement essayé au moins un, sinon plusieurs. À force de tenacité, on finit bien, petit à petit, par perdre quelques kilos. Cette perte de poids est généralement plus durable du fait qu'elle s'effectue lentement. Toutefois, comme pour tous les autres régimes, elle reste modeste, dans le meilleur des cas, et l'on arrive rarement ainsi à atteindre son poids idéal[2].

Avec le temps, découragé, vous aurez abandonné le programme, soit parce que vous marquiez le pas, soit parce que vous n'aviez plus d'argent à y consacrer. Vous aurez sans doute attribué votre échec aux écarts faits à votre régime ou à un manque de volonté. Comme Isabelle, vous aurez dû subir la honte de monter sur le pèse-personne en présence de vos pairs avec l'espoir que cette semaine, enfin, vous aurez réussi.

Toutefois, la principale raison de l'échec de ces régimes, c'est qu'ils sont fondés sur l'approche diététique de l'époque: toutes les calories étaient considérées comme égales et le programme basé sur un régime faible en matières grasses et riche en glucides. Il faut encore une fois se demander pourquoi ces régimes n'ont pas réussi à enrayer l'épidémie d'obésité en dépit de leurs programmes sérieux de soutien et d'entretien.

Ce qui ne va pas dans les régimes faibles en matières grasses et riches en glucides

Fondé sur la prémisse erronée selon laquelle les graisses alimentaires seraient à bannir, le régime hypolipidique (faible en matières grasses), hypocalorique (faible en calories) et hyperglucidique (riche en glucides) a servi de modèle normatif au monde des soins de santé au cours des 30 dernières années. Autrement dit, nous en sommes venus à croire que la raison pour laquelle nous prenons du poids, c'est que nous consommons des matières grasses et des calories en excès.

Les matières grasses sont des aliments très denses qui contiennent deux fois plus de calories qu'une quantité équivalente de protéines ou de glucides. L'industrie des soins de santé a donc conclu à l'unanimité que le meilleur moyen diététique de perdre du poids, c'était de réduire notre consommation de matières grasses. Selon cette thèse, grâce à cette restriction et à ce régime hypocalorique, nous nous serions mis à perdre du poids et à diminuer nos risques de maladies du cœur. Cette thèse domine depuis lors la façon de penser du personnel du ministère de l'Agriculture, de l'*American Heart Association* et de l'*American Diabetes Association.*

La plupart des programmes d'amaigrissement actuellement sur le marché sont fondés sur cette idée qui était de produire un régime faible en calories et en matières grasses. Il fallait consommer moins de calories que l'on n'en dépensait. La consommation de protéines demeurait essentiellement inchangée, tandis que celle des glucides faisait un bond prodigieux. Que cela ait été fait sciemment ou non, il n'en reste pas moins que ces régimes ont simplement remplacé les matières grasses riches en calories par des glucides à indice glycémique élevé[3].

Non seulement ces régimes riches en glucides ne constituent pas la solution au problème, mais ils encouragent au contraire la prise de poids chez certaines personnes, tout en augmentant leur risque d'hypertension, de maladies du cœur et de diabète. La dernière chose que l'on veut faire, c'est de provoquer des pics glycémiques et de stimuler la sécrétion d'insuline, ce qui engendre une transformation rapide du sucre en graisse. L'hypoglycémie (faible taux de glycémie) suit sans tarder, et les hormones stimulées dans le but de corriger le problème déclenche alors une envie insatiable de manger.

La raison pour laquelle ces régimes ont continué d'avoir du succès pendant tant d'années, c'est que *tout le monde qui subit des pics glycémiques n'a pas nécessairement tendance à produire un excès d'insuline.* Dieu a créé environ 25 % d'entre nous avec des cellules bêta peu sensibles dans le pancréas. Cette minorité heureuse possède des gènes différents de ceux de la majorité des gens. Comme ces personnes ne connaissent pas de hausses rapides d'insuline, leur glycémie ne retombe généralement pas dans la fourchette hypoglycémique à la suite de l'ingestion d'aliments à indice glycémique élevé. Ce sont justement ces personnes qui répondent favorablement au régime faible en calories et en matières grasses. Elles finissent néanmoins par reprendre leur surpoids parce qu'elles retombent dans leurs vieilles habitudes alimentaires, à l'origine de leur prise de poids. Cette constatation me mène ainsi à une autre raison de l'inefficacité des régimes : le pèse-personne.

Le pèse-personne, ami ou ennemi?

Je sais tout ce qu'il y a à savoir sur les pèse-personnes. J'en ai un magnifique dans mon bureau… et je vous assure que la plupart des femmes préféreraient donner de leur sang plutôt que de monter dessus ! Nous avons beau les détester au plus haut point, nous en sommes venus à les accepter comme un mal nécessaire. C'est le pèse-personne qui détermine notre succès ou notre échec. Il nous responsabilise et ne cache rien.

Presque tous les régimes amaigrissants mesurent leur raison d'être aux résultats du pèse-personne. L'efficacité de leur programme repose sur votre perte de poids. Après tout, il s'agit bien de « régimes d'amaigrissement » et vous payez cher pour obtenir des résultats. La plupart des gens feraient n'importe quoi et paieraient à peu près n'importe quel prix dans le but de perdre du poids. Étant donné les 30 milliards de dollars que l'on y investit chaque année, la preuve de l'efficacité de ces programmes doit être évidente sur le pèse-personne, n'est-ce pas ? Eh bien non ! Le pèse-personne, qui semble l'outil logique de mesure de votre succès, est justement l'ennemi numéro un de quiconque essaie de maigrir. Je vous explique pourquoi.

Votre poids corporel est constitué de nombreux facteurs différents qui se résument au poids indiqué par le pèse-personne ; c'est sa teneur en eau, en muscle et en graisse et même ce que vous avez mangé la veille qui constituent ce que nous appelons « le poids ». En fait, plusieurs régimes à la mode jouent sur la notion que c'est le poids corporel total qui compte avant tout, et que votre objectif ultime, c'est de faire baisser le nombre de kilos indiqués par le pèse-personne.

Vous rappelez-vous d'une fois où, en cours de régime, vous seriez monté sur le pèse-personne et auriez crié de joie en constatant avoir perdu un kilo, un kilo et demi ou même deux kilos au cours de la semaine ? Si ce n'est pas le cas, je suis sûr que vous connaissez quelqu'un qui a vécu cela. Le groupe s'était mis à applaudir et à vous acclamer. Vous étiez euphorique. Votre régime d'amaigrissement était efficace et finalement, vous aviez trouvé la solution. Dans la semaine ou même le mois qui a suivi, votre attitude et votre désir de réussite ainsi stimulés, vous avez continué de suivre fidèlement votre régime.

Peut-être avez-vous même vécu cela pendant plusieurs semaines consécutives et constaté que vous aviez déjà perdu cinq à sept des 18 kilos que vous vouliez perdre. Mais c'est là que les choses se sont gâtées : confiant, vous êtes monté sur le pèse-personne après avoir pourtant observé un comportement alimentaire exemplaire au cours de la semaine… mais vous aviez pris du poids ! Envahi par la peur, vous vous êtes retrouvé en état de choc. Bien sûr, vous avez quand même esquissé un sourire désabusé, et le conseiller vous a encouragé à faire mieux la semaine suivante. Toutefois, en retournant à votre place, vous vous êtes dit que vous n'auriez pas pu faire mieux, même s'il s'était agi d'une question de vie ou de mort. Vous aviez suivi les instructions à la lettre, mesuré, couru et mangé des combinaisons d'aliments étranges et sans goût pendant toute la semaine.

Il existe un principe essentiel que l'industrie de la perte de poids ne semble pas bien saisir. C'est que l'utilisation du pèse-personne comme outil de motivation de la clientèle n'est utile que dans la mesure où les clients arrivent à perdre les kilos qu'ils pensent devoir perdre. S'ils n'atteignent pas le poids désiré ou si, ô horreur, ils en prennent davantage, ce même outil dans lequel ils avaient mis leur confiance se retourne contre eux pour devenir la principale entrave à leur succès. Les personnes au régime se sentent trahies et leur fidèle allié, le pèse-personne, devient l'ennemi auquel elles ne peuvent plus se fier. Elles abandonnent alors tout simplement et retournent à leurs vieilles habitudes alimentaires.

Le régime faible en glucides, riche en protéines et en matières grasses du Dr Atkins

Parce que j'ai critiqué ouvertement les régimes faibles en matières grasses et riches en glucides, vous vous demandez peut-être ce que je pense des opinions du Dr Atkins en matière de diététique. Le Dr Atkins a lancé son régime extrêmement faible en glucides au cours de l'été 1972, au moment où je débutais comme médecin. Je me souviens que son approche avait connu un grand succès et j'avais même, au tout début, recommandé ce régime à plusieurs de mes patients.

Dans les décennies qui ont suivi, le régime Atkins a fait l'objet de nombreuses controverses, tout en étant, à certains points de vue assez révolutionnaire : en effet, il avait été l'un des premiers programmes à pointer du doigt les glucides plutôt que les matières grasses. Le Dr Atkins m'a toujours inspiré un profond respect pour la hardiesse dont il a fait preuve face au corps médical, et j'ai été profondément affligé par la nouvelle de sa mort récente. Dans le livre qu'il avait fait publier en 1992, *La révolution diététique*, comme dans sa réédition de l'an dernier, il s'était efforcé de modifier et d'améliorer son régime. Ses concepts de base sont néanmoins demeurés inchangés et son régime reste axé sur une consommation *faible en glucides*, *élevée en matières* grasses et relativement *forte en protéines.*

J'avoue que j'aimais regarder le Dr Atkins et le Dr Ornish, champion du régime *hypercalorique et extrêmement hypolipidique* (moins de 10 % de matières grasses) destiné aux patients aux prises avec une maladie du cœur[4], s'affronter et asséner des coups à leurs régimes respectifs. Vous avez ici deux éminents auteurs à succès qui sont des antipodes en matière de régime alimentaire. Selon le Dr Ornish, les matières grasses sont à proscrire presque entièrement, alors que selon le Dr Atkins, ce sont les glucides qu'il faudrait pratiquement éliminer.

Qui faut-il écouter ? Devrions-nous essayer ces régimes à tour de rôle et voir celui qui nous convient le mieux ? Bien qu'opposées, ces thèses sont toutes deux populaires mais elles ne représentent que deux régimes parmi tant d'autres. Nous pourrions en essayer sans arrêt pendant des années tant le choix est vaste. Je suis sûr que vous aussi avez connu des moments de confusion dans ce domaine ; j'espère toutefois que le présent livre vous permettra de mieux comprendre et d'apporter un meilleur équilibre à votre vie.

Vous savez déjà ce que je pense des régimes hyperglycémiques et hypolipidiques du Dr Ornish. Regardons maintenant de plus près celui du

Dr Atkins. Je dois vous avouer au départ que je serais plutôt porté à me rallier au Dr Atkins qu'au Dr Ornish. Selon moi, les glucides sont responsables de l'obésité en Amérique du Nord, bien plus que ne le sont les matières grasses. Je crois néanmoins que chacun de ces médecins a manqué de modération. Lorsqu'on élimine pratiquement les glucides (le régime du Dr Atkins permet seulement 20 grammes de glucides à faible indice glycémique par jour pendant la phase d'initiation), les cellules meurent littéralement de faim.

J'entends par là que lorsqu'on ne consomme pas de glucides, le corps est affamé et se met à faire appel à d'autres sources de combustible pour combler ses besoins métaboliques. Souvenez-vous que le corps, et le cerveau en particulier, préfèrent le glucose comme première source d'énergie. Par conséquent, lorsqu'ils ne sont pas alimentés en glucides, les niveaux d'insuline chutent considérablement et les cellules commencent à mourir de faim.

Le même processus se produit lorsque vous décidez de jeûner. Comme les niveaux d'insuline chutent de façon alarmante, le corps commence par utiliser les réserves de glycogène (glucose destiné à une utilisation énergétique immédiate) du foie et des muscles. Ces réserves ne durent qu'un jour ou deux en période de jeûne et, rapidement, le corps s'attaque à la graisse et aux muscles, en quête d'une source d'énergie (cétones).

Les régimes hypoglucidiques connaissent un vif succès parce qu'ils donnent des résultats rapides. Dès les quatre à sept premiers jours de leur adoption, le pèse-personne indique généralement une perte de deux à trois kilos. Toutefois, à chaque gramme de glucides (sous forme de glycogène) en réserve dans le foie ou les muscles, correspondent quatre grammes d'eau. Cela signifie que, lorsqu'on épuise sa réserve totale de glycogène dans les deux premiers jours de régime, (ce qui représente environ 500 grammes), on perd également deux kilos d'eau, ce qui correspond à une perte de poids totale de plus de deux kilos, *mais sans la moindre graisse.* Lorsqu'on se remet à manger normalement, les réserves de glycogène sont vite reconstituées, tout comme l'eau qui nous est nécessaire[5]. La perte de poids n'est donc que cela : une perte de poids, mais pas nécessairement une perte de graisse ; ainsi l'amaigrissement n'est qu'une illusion.

Une autre source importante de préoccupation concerne le fait que le corps va maintenant s'attaquer à la graisse et aux muscles afin de se procurer une source d'énergie sous forme de cétones. Or, ces régimes peuvent en causer l'accumulation et ainsi entraîner des anomalies du métabolisme de l'insuline (problème opposé de l'insulinorésistance, maintenant que les niveaux d'insuline sont trop faibles). On sait aussi que les cétones peuvent provoquer un mauvais fonctionnement du foie, de l'hypotension artérielle, un état de fatigue, de la constipation et même la lixiviation des minéraux des os.

Pour fonctionner adéquatement le corps a besoin d'une grande quantité de bons glucides. Quoique le Dr Atkins recommande d'augmenter progressivement sa consommation de glucides, bien des gens continuent à suivre un régime très riche en lipides et assez riche en protéines. Parce qu'on ne lui fournit pas une grande quantité de fruits et de légumes, le corps est en carence des vitamines, des minéraux et des antioxydants nécessaires que ceux-ci contiennent. Les effets à long terme de ce régime peuvent donc être désastreux. Je me souviens très bien que, lorsqu'il a lancé son programme, le Dr Atkins avait bien mis ses adeptes en garde contre l'application de son régime sur plus de deux semaines. Mais cela n'est plus vrai. Bon nombre de mes patients qui optent pour ce programme d'amaigrissement continuent, pendant des années, à consommer une quantité énorme de graisses saturées et une très faible quantité de glucides.

Ce qui me préoccupe le plus en ce qui a trait à ces types de régimes, c'est qu'ils sont loin d'être naturels. Mis en faux état de jeûne, le corps se met en quête d'énergie, ce qui amène une chute excessive des niveaux d'insuline et une dégradation de la graisse et des muscles. Le corps est alors soumis à un stress énorme et le poids qu'il perd est constitué d'eau, de glycogène, de graisse et de muscle. Le cerveau, lui, peut fonctionner à ces très hauts niveaux de cétones dans le sang, mais ce n'est pas pour lui le combustible idéal. Cette façon de subsister n'est ni saine, ni naturelle. Il en résultera donc probablement de la fatigue, de l'irritabilité et de la confusion, en raison du fait que le cerveau a besoin de glucose (présent dans les glucides) comme première source d'énergie.

Les gens sont prêts à n'importe quoi, ou presque, pour perdre du poids et ils sont disposés à supporter la fatigue, l'haleine d'acétone, l'irritabilité et même la confusion mentale en échange de quelque espoir de maigrir. Ce qui est décourageant, c'est que la plupart de ces personnes finissent par laisser tomber leur régime et leurs programmes d'entretien hypoglycémiques, simplement parce que leur corps se meurt de glucides et qu'elles veulent à nouveau se sentir bien.

De plus, lorsque je mesure le pourcentage de graisse corporelle de mes patients qui suivent un régime hypoglucidique, je note invariablement que leur poids (en graisse corporelle) n'a pas changé depuis le jour où ils l'ont adopté. Cela signifie que bien qu'ils aient perdu du poids et semblent plus minces, ils ont perdu autant de muscle que de graisse. *Le piège caché est alors en place.* Lorsqu'ils abandonnent leur régime, ils ont en fait besoin de moins de calories qu'avant parce qu'ils ont moins de muscle (du fait que leur métabolisme brûlait directement l'énergie procurée par les aliments). Ainsi, non seulement le poids revient au galop lorsque les réserves de glycogène et d'eau se refont, mais la graisse se réinstalle d'autant plus rapidement que le corps a maintenant besoin de moins de calories pour fonctionner.

Comment expliquer le fait que, malgré l'existence du régime Atkins depuis bientôt trente ans, l'obésité soit à la hausse ? Sans doute n'était-ce pas là la solution recherchée car c'est le régime le plus suivi de la dernière décennie. Les gens se retrouvent tout simplement devant le « phénomène du yoyo » : ils perdent du poids et le reprennent lorsqu'ils abandonnent leur régime. Et ça continue : ils reviennent au même programme parce qu'ils veulent des résultats rapides. Je tire néanmoins mon chapeau au Dr Atkins pour avoir osé affirmer que les glucides transformés étaient mauvais pour la santé. Je dois également reconnaître que son régime enraie effectivement le besoin que j'appelle « la dépendance aux glucides ». Je crois néanmoins qu'il existe une façon plus logique et plus saine de perdre du poids, comme je l'expliquerai dans les chapitres suivants.

Le régime des stars

Vers le début des années 1990, le Dr Barry Sears a popularisé un régime qu'il a baptisé *Le régime des stars*, conçu dans le but de maintenir l'insuline (hormone de stockage des graisses) et le glucagon (hormone de destruction des graisses) à l'intérieur d'une zone sûre et équilibrée. Il est intéressant de noter que sa première intention n'était pas de créer un régime d'amaigrissement.

Le Dr Sears cherchait plutôt à diminuer les niveaux d'insuline et à augmenter ceux de glucagon afin de stimuler la production des soi-disant « bons » eicosanoïdes, qu'il qualifie de superhormones. Il cherchait à rétablir l'équilibre entre les « bons » et les « mauvais » eicosanoïdes, les bons ayant une action anti-inflammatoire, et les mauvais une action inflammatoire normale. Notre corps a besoin des deux. Toutefois, en Amérique, nous observons une réaction inflammatoire excessive en raison du manque d'équilibre de notre alimentation. Plusieurs livres portant sur le régime des stars sont déjà sur le marché et bon nombre de consommateurs trouvent que le régime du Dr Sears est également efficace en matière de perte de poids.

Ce régime est constitué de 40 % de glucides (généralement à faible indice glycémique), de 30 % de matières grasses et de 30 % de protéines. On l'appelle donc parfois « régime des 40-30-30 ». Le corps médical l'a catalogué comme étant un régime hyperprotéinique et l'a mis dans la même catégorie que le régime Atkins. Pourtant, il diffère de ce dernier en ce sens que les personnes qui le suivent ne manquent pas des glucides nécessaires au fonctionnement normal du corps et à la prévention de la cétose. Selon le Dr Sears, le rapport de protéines et de glucides devrait être de 3:4, autrement dit, de trois grammes de protéines pour quatre de glucides.

Dans l'ensemble, je dirais que le régime des stars reste le régime actuel qui me plaît le plus. Non seulement il suit bon nombre des principes que je vous présenterai, car son approche équilibrée aide à vaincre l'insulinorésistance et il ne provoque pas de pics glycémiques. Et je suis aussi d'accord qu'il faut aider notre corps à éliminer les niveaux élevés d'inflammation grâce à notre choix d'aliments. Néanmoins, je trouve le régime du Dr Sears difficile à suivre en raison des calculs nécessaires au contrôle du rapport trois grammes de protéines pour quatre de glucides. Je ne trouve pas non plus facile de consommer des protéines à chaque goûter.

Conclusion

Nous n'arriverons jamais à la victoire à force de défaites. J'ai présenté les particularités et les inconvénients de plusieurs des principaux régimes d'amaigrissement actuels afin de faire la lumière sur la raison pour laquelle ils ne sont pas la solution à notre problème. Lorsque des programmes d'amaigrissement intenses dérèglent l'équilibre du corps, le métabolisme s'en trouve ralenti et sa capacité de brûler les graisses est sérieusement entravée. Toutefois, c'est surtout parce que nous revenons toujours au régime américain traditionnel que nous sommes toujours obèses. Pour surmonter votre problème de poids, vous devez d'abord comprendre qu'il faut apporter des modifications durables à vos habitudes de vie. Si vous continuez de faire ce que vous avez toujours fait, vous obtiendrez toujours ce que vous avez toujours obtenu.

SI VOUS CONTINUEZ DE FAIRE CE QUE VOUS AVEZ TOUJOURS FAIT, VOUS OBTIENDREZ TOUJOURS CE QUE VOUS AVEZ TOUJOURS OBTENU.

Il se peut que vous deviez maintenant prendre du recul et oublier tout ce que l'on vous a dit sur la perte de poids au cours des 30 dernières années. Il vous faut effectuer un changement d'attitude radical, celui qui vous rendra votre liberté pour le reste de votre vie. L'adoption d'habitudes de vie saines qui combattent également l'embonpoint, voilà la solution. Les habitudes de vie, comme l'expression l'indique, ne sont que la façon dont vous vivez toute votre vie. C'est la solution à long terme à un problème de même nature. Je crois en une approche pluridisciplinaire et en des habitudes alimentaires simples qui sont non seulement faciles à comprendre mais aussi à adopter. Vous devez prendre et cultiver chaque jour les bonnes décisions qui vous permettront d'accéder à une vie en bonne santé. Oui, c'est chaque jour qu'il faut choisir de vivre soit en liberté, soit en captivité.

CHAPITRE 10

Cessez d'être perdant et retrouvez votre liberté

Cela fait deux semaines que je suis au régime,
et tout ce que j'ai perdu, c'est deux semaines.
— Totie Fields

Qu'il s'agisse de perte ou de prise de poids, nous sommes perdants ! Il est grand temps de cesser d'être perdant et de nous libérer du joug de la dépendance aux glucides qui mène à l'abus d'insuline et à l'insulinorésistance. Tant que vous continuez d'abuser de votre insuline en consommant des aliments à indice glycémique élevé, vous êtes piégé et donc pas libre de faire des choix judicieux. Votre véritable objectif, c'est d'apprendre à choisir ce que vous voulez et ce que vous ne voulez pas manger. Autrement vous resterez captif de votre envie irrésistible de glucides et de sucre.

Maintenant que nous avons établi la base, vous êtes en mesure de changer le cours de votre vie. Ce faisant, vous n'aurez plus à suivre un autre régime. Ce chapitre vous concerne personnellement. C'est ici que vous prendrez note de vos antécédents familiaux et de vos propres antécédents médicaux. Vous y trouverez également des recommandations qui vous serviront à évaluer les besoins propres à votre corps. Dans les chapitres qui suivent, vous trouverez un programme soigneusement structuré dans le but de vous aider à établir les habitudes de vie dont vous avez toujours rêvé.

Comment reconnaître l'insulinorésistance

La prise de poids débute au tout début de la phase d'insulinorésistance (phase 1 : l'abus d'insuline), avant même l'apparition d'autres signes physiques ou cliniques. Rappelez-vous que l'un des principaux signes d'un début d'insensibilité à l'insuline (phase 1), c'est la résistance à la perte de poids. Si votre surpoids semble «bien ancré» (même si vous n'avez que 4 à 7 kilos à perdre), mon approche sera efficace. En fait, le programme *Toute la vie en bonne santé* fonctionne particulièrement bien dans le cas de personnes qui se trouvent en phase 1 d'insulinorésistance.

J'ai toutefois remarqué que celles qui sont aux prises avec ce problème depuis un certain temps se trouvent déjà en phase 2 ou 3 d'insulinorésistance (voir le tableau intitulé *Les symptômes et les signes de résistance à l'insuline* p. 77 au chapitre 5). Il faut que vous sachiez que si cela est votre cas, deux semaines de modifications à votre régime alimentaire ne suffiront pas à vaincre votre résistance. Il vous faudra faire preuve de patience et de persévérance, jusqu'à ce que vous ayez repris des habitudes stables. Je suis sûr que vous souhaiteriez qu'il existe une drogue capable de corriger ce problème, mais il n'en existe pas. Vous allez devoir le surmonter de la même façon que vous l'avez laissé s'installer: un jour à la fois.

Ce que je souhaite le plus, c'est que vous soyez bien et exempt de toute maladie dans ce corps magnifique que Dieu vous a donné et, en attendant ce jour, je tiens à ce que vous soyez bon et tolérant envers vos formes (Oui, messieurs, vous aussi!). Par ailleurs, si vous n'avez pas encore le poids et la santé que vous souhaitez, vous devez sérieusement vous prendre en main. Les excuses et les reproches n'ont pas leur place ici. Si vous continuez à faire ce que vous avez toujours fait, vous ne cesserez de subir les mêmes effets désastreux. Vous devez être également prêt à reconnaître qu'avec le temps, votre famille et vous avez peut-être mis en place des défenses ou un filtre déformant en ce qui a trait à votre poids.

L'influence qu'ont l'attitude des autres membres de la famille, les habitudes culturelles et les amis est un facteur essentiel dans l'adoption d'habitudes de vie plus saines. Le fait d'être gros ou obèse dans notre société est une source d'émotions intenses et souvent de préjudice. Un conjoint, les membres de votre famille et des amis qui vous soutiennent sont la clé de votre succès. Si vous ne pouvez compter sur personne cependant, vous devriez sans doute envisager de prendre un conseiller personnel en habitudes de vie par l'entremise de notre programme (voir le chapitre 15). Il est essentiel, pour vous comme pour les autres, de comprendre l'importance d'être aimé et accepté tel que vous êtes.

Étant donné que plus de 80 millions d'adultes nord-américains sont déjà atteints d'un syndrome métabolique déclaré, il y a de fortes chances que vous vous trouviez aussi en phase d'insulinorésistance. Il est donc capital que vous sachiez exactement où vous en êtes (pour ce faire, retournez au chapitre 5). Si vous êtes inquiet en ce qui concerne vos enfants, vous pouvez voir précisément où ils en sont eux aussi en consultant le même encadré au chapitre 5.

Il est grand temps que vous cessiez d'être perdant et que vous retrouviez votre liberté. Le moment est venu de prendre les mesures nécessaires pour vaincre l'insulinorésistance afin que vous et ceux qui vous sont chers puissiez finalement vous libérer de votre surplus de poids et protéger votre santé des maladies débilitantes. Dans cette section du livre, vous trouverez des conseils pratiques qui vous aideront à vous engager dans votre nouvelle vie. Vous y trouverez les principes fondamentaux expliqués en détail dans le dernier chapitre. Plutôt que de réunir tout le monde dans un même programme, j'ai adapté le régime aux besoins de chacun. Vous devrez d'ailleurs commencer par une évaluation complète de votre situation, afin de mieux répondre à vos besoins personnels.

L'évaluation

Prenez un instant pour réfléchir à vos antécédents personnels et à ceux de votre famille ; ainsi vous comprendrez mieux quand et pourquoi vous (ou un être cher) avez pris du poids et la raison pour laquelle vous n'avez pas réussi à le perdre de façon efficace. Cela est non seulement important sur le plan de l'estime de soi et de sa propre santé, mais aussi sur celui de la santé et de ses enfants et des générations à venir.

Vos antécédents familiaux

En ce qui concerne la santé de votre famille en matière d'obésité, il importe surtout de savoir si un proche quelconque a jamais souffert de diabète de type 2. Les gènes jouent un rôle important dans le développement de l'insulinorésistance et de l'obésité tronculaire. Plus de 80 % des patients qui finissent par développer un diabète de type 2 ont un parent proche qui en a également souffert.

Le fait que l'un ou même plusieurs des membres de votre famille souffrent de diabète ne signifie pas que votre situation est désespérée. Au contraire ! Une prédisposition génétique à l'insulinorésistance et au diabète n'est qu'une partie du problème. Votre plus grand souci vient de votre milieu de vie, et non de votre génétique ; cela signifie que votre régime alimentaire et votre niveau d'activité sont les principaux facteurs du développement éventuel de l'insulinorésistance ou du diabète. C'est vous qui êtes maître de votre propre destinée. Toutefois, il est d'une importance capitale que vous compreniez bien que si vous êtes prédisposé génétiquement au diabète, le régime nord-américain type aura des effets désastreux sur votre santé.

Le moment est venu de bien regarder vos photos de famille. Sans émettre de jugement, demandez-vous si la majorité des membres de votre famille sont gros ou obèses. « Où portent-ils leurs kilos en trop ? Mon père a-t-il du ventre ? Ma mère présente-t-elle un excès de poids autour du tronc (plus de 86 cm) ? » Même si les membres de votre famille sont corpulents, portent-ils la plus grande partie de leur surpoids sur l'abdomen ? Certains se font-ils traiter pour l'hypertension ou des maladies du cœur ? Ces questions sont déterminantes si vous voulez trouver des réponses objectives qui reflètent votre tendance génétique à l'insulinorésistance.

Vos antécédents personnels

Maintenant, réfléchissez à vos antécédents personnels. Avez-vous toujours souffert de surpoids ? Essayez de vous rappeler comment et quand vous vous êtes surtout mis à prendre du poids. Était-ce lors d'une grossesse ou lorsque vous avez commencé à suivre un traitement hormonal de substitution ? Pensez aux médicaments que vous avez dû prendre au cours de votre vie et demandez-vous si vous pouvez établir un lien entre ceux-ci et une prise de poids importante. Si certains médicaments peuvent faire grossir, les antidépresseurs, les stéroïdes et les hormones sont certainement au premier rang. La plupart des antidépresseurs peuvent en fait provoquer une dépendance aux glucides et entraîner un excès de poids. Souffrez-vous d'hypertension, d'un niveau élevé de triglycérides, d'un faible taux de cholestérol HDL ou de taux de glycémie élevés ? Êtes-vous actuellement sous traitement pour l'un ou l'autre de ces problèmes ?

Et n'oubliez pas non plus de faire preuve de bonté. Il est inutile de lancer des reproches ou de vous fâcher, que ce soit contre vous-même ou quiconque pourrait être en cause dans votre prise de poids. Il importe seulement que vous compreniez pourquoi vous en êtes là et comment résoudre le problème. Pour une fois, ce n'est pas en vain que vous aurez répondu à ces questions difficiles. Cette fois, il y a vraiment de l'espoir à long terme.

La prise de mesures: *le poids corporel et la taille*

Comme vous le savez maintenant, le poids corporel est le pire des systèmes de mesure. En fait, j'encourage mes patients à se peser au tout début, lors de leur évaluation, mais plus par la suite. Cette première pesée est nécessaire car il faut connaître votre taille et votre poids initiaux afin de déterminer votre indice de masse corporelle ou IMC. Il est néanmoins essentiel que *vous ne vous repesiez pas* ensuite.

L'indice de masse corporelle (IMC)

Les anciens tableaux taille / poids sont lamentablement inadéquats pour ce qui est de déterminer si vous êtes en surpoids ou obèse. Toutefois, l'indice de masse corporelle (IMC) indique avec bien plus de précision les risques que vous courez en matière de santé. Consultez le tableau au chapitre 6 afin de déterminer votre IMC approximatif: celui-ci représente la mesure de votre poids excédentaire. Et servez-vous des indications qui suivent pour évaluer votre niveau de risque.

Un indice de masse corporelle égal ou inférieur à 24,9 est l'idéal. Plus élevé, il peut indiquer un risque accru de maladie. Si votre IMC se situe entre 25 et 27, vous êtes en surpoids et déjà considéré trop gros. Il se peut que vous soyez en phase initiale d'insulinorésistance ou simplement encore en phase d'abus d'insuline. Un IMC situé entre 27 et 29,9 signifie que vous souffrez d'une sérieuse surcharge pondérale et que votre vie est en danger.

Selon toute probabilité, vous avez déjà développé une insulinorésistance et votre santé est sérieusement compromise. Selon la plupart des autorités dans ce domaine, un indice de masse corporelle supérieur à 30 est synonyme d'obésité et de risques sérieux de syndrome métabolique clinique. Cela signifie un risque considérablement accru de diabète de type 2.

La plupart des gens conçoivent que le corps des femmes a tendance à comporter une plus grande part de graisse que celui des hommes. La différence n'est cependant que légère et les chiffres de l'IMC sont aussi révélateurs pour un sexe que pour l'autre. Il existe toutefois des mesures encore plus efficaces pour vous aider à déterminer si vous souffrez d'insulinorésistance.

Le tour de taille

Je préfère mesurer le tour de taille en centimètres, plutôt qu'au moyen du rapport taille / hanche que nous avons vu au chapitre 6. On mesure ainsi directement la graisse abdominale, que j'ai qualifiée précédemment de « graisse qui tue ». Pour ce qui est des hommes, un tour de taille supérieur à 102 cm révèle, selon toute probabilité, un syndrome métabolique clinique. Dans le cas des femmes, un tour de taille supérieur à 88 cm est le signe, selon toute probabilité, de l'insulinorésistance et du syndrome métabolique clinique.

Comme l'insulinorésistance n'apparaît pas du jour au lendemain, il se peut que vous n'en soyez pas encore arrivé là. Toutefois, si votre tour de taille ne cesse de s'épaissir, c'est que vous commencez à faire de l'obésité troncale, signe distinctif du syndrome métabolique. Votre tour de taille est la façon la plus simple de mesurer si vous êtes en voie de développer une insulinorésistance et d'évaluer vos progrès quant à sa mise en échec.

Lorsque je faisais de la course à pied pour l'équipe de l'université du Dakota du Sud, j'avais le ventre très plat. Toutefois, dans les deux ou trois premières années de ma pratique médicale, j'ai perdu ma taille fine. Ce que je prenais pour les conséquences de l'âge et d'une vie sédentaire était tout simplement le début d'une insensibilité à l'insuline. Maintenant que je repense à mes antécédents médicaux, il est bien évident que j'ai lutté contre l'insulinorésistance pendant la plus grande partie de ma vie d'adulte. Cependant, depuis que j'applique les principes de ce livre, j'ai retrouvé un corps sain et en bonne forme physique.

La pression artérielle

Il importe de surveiller sa pression artérielle. Cela peut se faire aisément dans la plupart des cliniques de quartier. Les membres du corps médical sont de plus en plus à l'affût de toute hausse, si petite soit-elle, de la pression artérielle. Idéalement, votre pression systolique (premier chiffre) devrait être inférieure à 135 et votre pression diastolique (second chiffre) inférieure à 85.

Je demande à mes patients de mesurer leur pression artérielle deux fois par semaine pendant environ deux semaines, simplement pour m'assurer qu'elle se trouve toujours en deçà de ces chiffres. Si vos résultats augmentent au-delà de 135/85, il se peut que vous présentiez des signes d'insulinorésistance.

Certains chercheurs sont maintenant d'avis que la plus grande part de ce que l'on appelait «hypertension artérielle essentielle» est en fait provoquée par l'insulinorésistance et le syndrome métabolique. Parce qu'elle est l'une des principales conséquences de ces affections, l'hypertension artérielle doit être surveillée de près. Les personnes en surpoids courent également davantage le risque de souffrir d'hypertension.

Les examens en laboratoire

J'accorde énormément d'importance aux examens en laboratoire, non seulement pour établir un diagnostic d'insulinorésistance, mais pour assurer le suivi de mes patients dans leurs nouvelles habitudes de vie. Je commence toujours par demander le profil biochimique général ainsi que le profil lipidique et un test de la fonction thyroïdienne. Certains aspects importants de ces tests sanguins méritent qu'on les examine de près, bien que la plupart des médecins ne s'en préoccupent pas.

- *La glycémie à jeun* – Bien qu'un taux normal de glycémie à jeun se situe entre 3,6 et 6,1 mmol/l, je commence déjà à m'inquiéter lorsque ce chiffre s'approche de 5,3 à 5,5 mmol/l. S'il se situe entre 6,1 et 6,9 mmol/l, c'est la preuve de ce que l'on appelle l'intolérance au glucose ou diabète sucré préclinique. Lorsqu'il dépasse les 6,9 mmol/l, le patient est d'habitude atteint de diabète sucré déclaré et il devient absolument nécessaire d'effectuer des examens plus poussés.

- *L'acide urique* – L'acide urique a tendance à être élevé chez les patients qui sont en train de développer une insulinorésistance ou qui en sont déjà atteints. Un niveau élevé d'acide urique peut également provoquer la goutte.

- *Le profil lipidique* – Le profil lipidique consiste en un examen des taux de cholestérol total, de cholestérol LDL et HDL et de triglycérides. Il comporte souvent aussi une évaluation des VLDL (lipoprotéines de très basse densité) qui augmentent de façon importante chez les patients qui sont en train de développer une insulinorésistance ou qui en sont déjà atteints.

- *Le rapport triglycérides / cholestérol HDL* – Comme les taux de triglycérides augmentent et que ceux de cholestérol HDL diminuent chez les patients au seuil d'une insulinorésistance, je prête une attention particulière à ces chiffres, même s'ils se situent dans les limites normales. Je divise le taux de triglycérides par celui de cholestérol HDL et, si le résultat obtenu est supérieur à deux, j'ai la preuve indirecte d'une hyperinsulinémie. La plupart des médecins ne demandent pas systématiquement les taux d'insuline à jeun parce qu'ils sont assez coûteux et insuffisamment normalisés. Je préfère, pour ma part, avoir recours à ce rapport triglycérides / cholestérol HDL parce que, comme il augmente en même temps que les taux d'insuline, il est le meilleur indicateur qu'un patient n'a pas d'insulinorésistance ou que, au contraire, il a mis en échec son insensibilité fondamentale à l'insuline.

- *La thyréostimuline* (TSH) – Cet examen de la fonction thyroïdienne m'aide à déterminer si un patient souffre d'hypothyroïdie. Il s'agit de l'examen le plus précis de la fonction thyroïdienne. Lorsque le cerveau sent que la glande thyroïde produit une quantité insuffisante d'hormones, il lui envoie l'hormone de stimulation de la thyroïde (thyréostimuline ou TSH) afin de l'encourager à produire davantage d'hormones. Par conséquent, lorsque la glande thyroïde se met à produire les hormones thyroïdiennes en quantité insuffisante, la TSH présente dans le sang augmente. Les valeurs de référence de la plupart des laboratoires se situent entre 0,350 et 5,500. Toutefois, la plupart des médecins et moi-même sommes maintenant d'avis que la limite supérieure « normale » devrait être de 4,5. Il est évident qu'un très grand nombre de cas d'hypothyroïdie (insuffisance de la glande thyroïde) ne sont pas diagnostiqués chez les patients. Et c'est là une autre raison pour laquelle certaines personnes ne peuvent absolument pas perdre de poids.

Les examens en laboratoire sont essentiels pour quiconque essaie de déterminer sa sensibilité à l'insuline. Il s'agit d'un impératif du programme sur Internet *Toute la vie en bonne santé* (voir au chapitre 15 les conditions de participation). Si vous avez subi récemment des analyses de sang (dans les six derniers mois), vous pouvez demander à votre médecin de vous en donner une photocopie, regarder celles qui ont été faites et faire vos propres calculs. Toutefois, il est simple et assez bon marché de faire évaluer votre condition actuelle ; il suffit de demander à votre médecin de vous prescrire ces examens en laboratoire ou de les faire faire dans le cadre de mon programme sur Internet, *Toute la vie en bonne santé*, à l'adresse suivante : www.releasingfat.com. Si vous présentez quelque signe ou symptôme d'insulinorésistance, il vous faudra savoir comment corriger ce problème.

Le secret

Êtes-vous prêt à découvrir le vrai secret d'une vie en bonne santé accompagnée d'une libération permanente des graisses ? Le secret, cher lecteur, se trouve tout simplement dans la *Triade d'habitudes de vie saines* : un choix judicieux de bons aliments, un programme d'exercice qui mène à la liberté et le recours à la nutrition cellulaire. J'ai consacré les trois prochains chapitres à vous donner des conseils détaillés, afin que vous puissiez apporter ces changements sans plus tarder. J'ai également rendu disponible par Internet un programme *Toute la vie en bonne santé* de douze semaines dans lequel l'encadrement et la formation sont adaptés aux besoins de chaque personne qui s'y inscrit.

La Triade d'habitudes de vie saines

La réussite de ce programme *Toute la vie en bonne santé* dépend d'un régime alimentaire sain qui ne provoque pas de pic glycémique, d'un programme d'exercice modéré et de la prise de suppléments nutritifs afin de nourrir les cellules. Je suis sûr que vous avez déjà essayé certains des volets de ce programme dans un tout autre cadre, peut-être un régime d'amaigrissement similaire, un programme d'exercice génial ou même des quantités optimales de suppléments nutritifs de bonne qualité. Je vais maintenant vous expliquer pourquoi ces mesures n'ont pas donné de résultats durables. Le secret se trouve en fait dans la combinaison de ces trois conditions, mais appliquées selon un équilibre précis.

LE SECRET RÉSIDE DANS LA COMBINAISON DE CES TROIS CONDITIONS, APPLIQUÉES SELON UN ÉQUILIBRE BIEN ÉTUDIÉ.

Au cours des huit dernières années, j'ai travaillé auprès de centaines de patients qui ont obtenu des résultats mirobolants en matière de perte de poids permanente. J'ai observé un fait irréfutable pendant cette même période : si mes patients n'apportent qu'une seule de ces trois modifications à leurs habitudes de vie, que ce soit une saine alimentation, le programme d'exercice ou les suppléments nutritifs de bonne qualité, ils font des progrès certains. Déjà, les résultats sont probants. S'ils apportent à leurs habitudes de vie deux des trois modifications, les résultats sont encore un peu meilleurs, mais si, par contre, ils sont disposés à intégrer à leurs habitudes de vie les trois d'un seul coup, alors les résultats sont tout simplement fabuleux.

L'histoire de Daniel

Daniel est un bon exemple des résultats que l'on peut obtenir en appliquant les principes énoncés dans ce livre. Daniel, qui est un génie en musique, s'était présenté à mon bureau, très inquiet parce qu'il était atteint d'une maladie du cœur sérieuse depuis le jeune âge de 45 ans. Ayant passé les vingt dernières années sur la route en tournée, il s'était récemment établi avec sa famille à Rapid City afin de profiter d'une partie des droits d'auteur qu'il avait accumulés ces derniers temps. Ses rêves s'étaient néanmoins vite écroulés parce que, dans les deux dernières années, sa santé s'était mise à décliner. Ayant décidé qu'il n'était pas indispensable après tout, il s'était mis à suivre les conseils traditionnels de ses médecins. Toutefois, Daniel ne voyait pas grande amélioration. Lorsque je lui ai fait passer un examen de santé, son taux de cholestérol était de 8, son cholestérol HDL de 1,5 et son taux de triglycérides de 4,6.

Son cardiologue lui avait prescrit, dans le but de faire baisser son taux de cholestérol, une statine qui non seulement n'était pas très efficace mais qui provoquait chez lui une augmentation importante des enzymes hépatiques (enzymes du foie). Le cardiologue avait conclu que Daniel réagissait mal à ce médicament et lui avait fait cesser le traitement, à la suite de quoi ses enzymes étaient revenues à la normale.

Daniel était petit et corpulent et plus je le voyais, plus il me semblait évident qu'il avait passé la majeure partie des trente dernières années en tournée, à manger et à boire à l'excès dans les bars et les brasseries où il donnait des représentations. Mais cela était du passé et il avait depuis commencé à suivre un régime faible en matières grasses. Il faisait en sorte d'être plus actif mais avait nettement besoin d'améliorer son programme d'exercice physique. Il était clair que le déclin rapide de sa santé le préoccupait. Il était à la recherche de quelqu'un en qui il aurait confiance, car jusque-là rien ne semblait fonctionner. En dépit des modifications qu'il avait apportées à ses habitudes de vie, il continuait de se sentir fatigué, apathique et déprimé.

Daniel a accepté de suivre mes conseils et d'apporter à ses habitudes de vie les modifications aptes à améliorer son état de santé. Après lui avoir fait suivre le programme *Toute la vie en bonne santé* pendant douze semaines, j'ai fait une nouvelle évaluation de son état physique. Il était en pleine forme et avait plus d'énergie qu'il n'en avait eu pendant des années. Il était fier de lui parce qu'il avait réussi, pour la première fois depuis des années, à perdre du poids, soit plus de neuf kilos. Il était ravi d'apprendre que son taux de cholestérol était passé de 8 à 6. Fait encore plus incroyable, son cholestérol HDL avait grimpé de 1,5 à 2. Ces résultats étaient exceptionnels.

Les médecins calculent généralement ce que l'on appelle le rapport cholestérol / cholestérol HDL pour évaluer les risques de maladies du cœur. Celui de Daniel était passé de 5,8 à 3,1 au bout des douze semaines. J'étais encore plus emballé par le fait que son taux de triglycérides avait chuté de 4,6 à 0,01. Pendant ce temps, son rapport triglycérides / HDL était passé de 7,5 à 1,5 et il ne présentait plus de signes d'insulinorésistance.

C'est à ce genre de résultats que je m'attends désormais pour les avoir vus souvent chez les patients disposés à défier leurs vieilles habitudes et à les remplacer par des habitudes de vie saines. J'ai néanmoins signifié à Daniel que ces progrès ne n'arrêteraient pas là car ces douze premières semaines du programme ne font que lancer des habitudes de vie à long terme. Je l'ai vivement encouragé à continuer à participer à notre programme d'entretien continu. Je pense qu'il faut compter entre un an et demi et deux ans pour que ces changements soient complètement assimilés. Entre-temps, je continue à surveiller son taux de cholestérol LDL, qui selon moi, est encore trop élevé. Je pense que Daniel va continuer à prendre des décisions judicieuses et que ses taux sanguins reviendront à la normale.

Conclusion

Il est grand temps que vous cessiez d'être perdant et que vous retrouviez votre liberté ! Les concepts présentés dans ce livre ne sont apparus que dans les 10 ou 15 dernières années et sont encore très méconnus. Il reste que la littérature médicale avalise entièrement cette approche. Après avoir procédé à une évaluation honnête de vos antécédents, pris vos mesures et fait faire des analyses de sang en laboratoire, vous pouvez évaluer objectivement la phase d'insulinorésistance dans laquelle vous vous trouvez et comprendre ce qui a entravé la métabolisation de votre graisse et donc votre liberté pendant toutes ces années.

CHAPITRE 11

Comment bien choisir ses aliments
Première partie : les glucides nutritifs

Une cuisse d'alouette vaut mieux que tout un chat rôti.
— Proverbe

Pour adopter des habitudes de vie saines, il faut commencer par apprendre à manger de façon à éviter les pics glycémiques. Le programme à long terme que je vous propose est basé sur des recherches médicales, sur mon expérience clinique et sur la sagesse de personnes que je considère comme des autorités mondiales dans le domaine de la santé. Grâce aux preuves médicales que je présente dans ce livre, non seulement vous serez en mesure de vous libérer de vos graisses pour la première fois, mais vous améliorerez votre état de santé général sans avoir recours à des médicaments.

Nul besoin de vous procurer une balance, de peser vos aliments, ni même de mourir de faim pour maigrir et améliorer votre santé. Il vous suffit de comprendre qu'il existe de bons glucides, de bonnes protéines et de bonnes matières grasses qu'il faut combiner dans chaque collation et repas. Vous ne devez jamais quitter la table affamé ou au contraire gavé, mais plutôt avec le sentiment d'avoir assez mangé. Cela permet de réagir à la faim naturelle plutôt qu'à sa volonté. Toute habitude de vie qui repose sur la volonté finit toujours par se solder par un échec. Faites de votre faim naturelle votre alliée et non votre ennemie.

La pyramide du programme *Toute la vie en bonne santé*

Avez-vous récemment jeté un coup d'œil à la pyramide alimentaire (voir le schéma 1) ? On la trouve souvent dans les manuels scolaires, sur les boîtes de céréales et les sacs d'emballage du pain. Et savez-vous pourquoi ? C'est que, par le passé, le pain et les céréales constituaient la base de la pyramide dont le premier objectif était de favoriser une réduction de la consommation de matières grasses sous quelque forme que ce soit, et d'encourager celle des céréales. Maintenant nous allons nous demander qui en est l'auteur. Comme bon nombre de campagnes axées sur la santé dans notre pays, la pyramide alimentaire a été plus influencée par la politique que par la science.

FAITES DE VOTRE FAIM NATURELLE VOTRE ALLIÉE ET NON VOTRE ENNEMIE.

La pyramide du programme *Toute la vie en bonne santé*, par contre, repose sur des fondements scientifiques et met l'accent principalement sur la consommation de glucides, de protéines et de matières grasses de bonne qualité. On note, en la regardant (voir le schéma 2), que sa base est constituée de bons glucides tels que les fruits et les légumes. Il vous faut consommer entre huit et douze portions de fruits et de légumes frais tous les jours sans exception. C'est sans doute le principal changement que vous devrez apporter à votre choix d'aliments. Il vous faudra également réévaluer le nombre et la taille de vos portions et réorganiser votre garde-manger. Entre huit et douze portions peut vous sembler excessif, mais tenez compte du fait que beaucoup de nos portions habituelles en représentent en fait deux ou trois.

C'est là le changement le plus important qu'il faut apporter à vos habitudes de vie afin de vaincre toute insulinorésistance et de vous permettre de vous libérer de vos graisses. Rappelez-vous que les glucides en tant que tels ne sont pas mauvais pour vous, sauf ceux qui sont *transformés* ou qui *ont un indice glycémique élevé*, et qui sont donc le principal ennemi de vos objectifs. Toutefois, le fait d'éliminer ou de réduire considérablement tous les glucides de votre régime alimentaire peut être encore plus dommageable pour votre santé. Les bons glucides, par contre, sont une source essentielle de vitamines, d'antioxydants et de minéraux, ainsi que la source d'énergie préférée du corps (glucose).

Les protéines et les matières grasses figurent au deuxième niveau de la pyramide alimentaire proposée. Les protéines à privilégier, celles que l'on trouve dans les légumes, les légumineuses et les fruits à coque (amandes, pistaches, cachuètes, etc.) sont les meilleures parce qu'elles contiennent également tous les bons acides gras (oméga-3 et les graisses monoinsaturées). Ces aliments contiennent aussi les éléments phytochimiques et les oligoéléments dont le corps a besoin ; ils ont d'ailleurs l'avantage de contenir

SCHÉMA 1

La pyramide alimentaire, telle que nous la connaissons

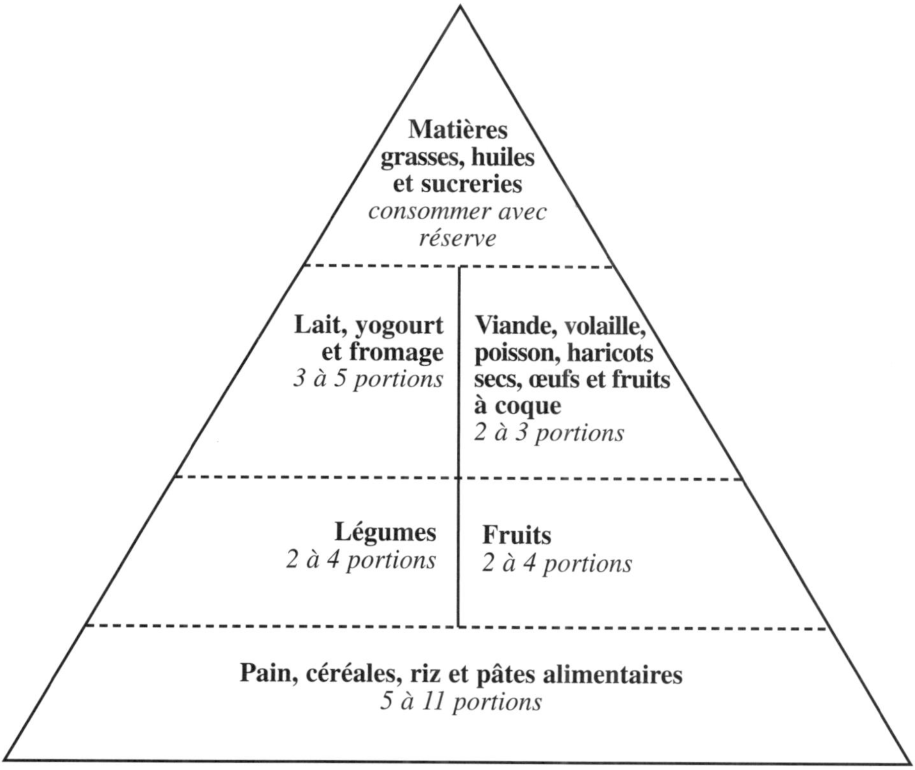

moins de toxines que les graisses animales et présentent également un faible indice glycémique. En deuxième place des meilleures protéines viennent les poissons d'eaux froides qui contiennent des niveaux élevés d'acides gras essentiels oméga-3. Puis viennent les sources de protéines telles que la volaille, le gibier, ainsi que la viande rouge et le porc maigres.

Au troisième niveau de la nouvelle pyramide se trouvent les céréales complètes. Il ne s'agit pas de glucides transformés mais bien de flocons d'avoine complets, de blé complet, d'avoine épointée, d'orge, de pain complet et ainsi de suite. Je les ai placées à ce niveau parce qu'en règle générale, il nous faut limiter notre consommation de ces glucides qui doivent à tout prix être faits à partir de céréales complètes et non de fleur de farine ou de farine blanche.

SCHÉMA 2

Pyramide du programme *Toute la vie en bonne santé*

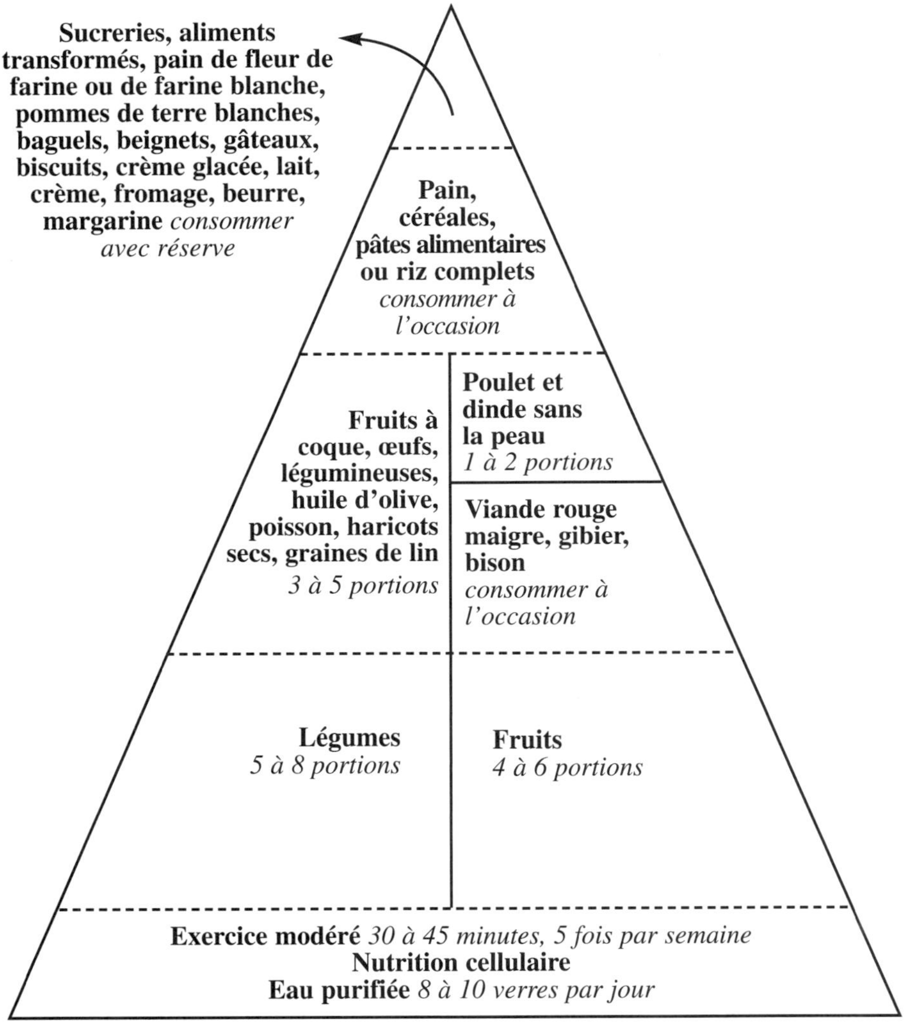

Au sommet de la pyramide, nous avons toutes les sucreries, les pâtisseries, les gâteaux, les beignets, le pain blanc, la fleur de farine, le riz précuit, les baguels, et ainsi de suite, ce qui est logique étant donné que tous ces aliments provoquent des pics glycémiques plus rapides que ceux provoqués par le sucre de table ou les bonbons. C'est la raison pour laquelle il faut les traiter comme tels.

Le bon équilibre entre les glucides, les matières grasses et les protéines

L'équilibre à respecter entre les trois principaux macronutriments, soit les glucides, les protéines et les matières grasses, est un sujet de débat entre de nombreux nutritionnistes et professionnels de la santé éminents depuis des années. Je vous recommande d'une façon générale d'absorber entre 40 à 50 % de vos calories sous forme de glucides, 30 % sous forme de matières grasses et 20 à 30 % sous forme de protéines.

L'ajustement de l'équilibre entre ces macronutriments a été la principale théorie à la base du travail des médecins Dean Ornish, Robert Atkins et Barry Sears au cours des 30 dernières années. Les prestataires des soins de santé font des recommandations par l'entremise des associations pour les maladies du cœur, le diabète, etc., et votre ministère de la Santé. Il va sans dire que les conseils en matière de diététique laissent souvent les consommateurs dans la confusion et dans l'incertitude de ce qu'il faut faire.

Comme plus d'un tiers de la population cherche actuellement à perdre du poids et qu'un autre tiers tente de ne pas en prendre, il est évident que la perte de poids est généralement le premier critère du choix d'un régime alimentaire. Soyez néanmoins assuré qu'en plus de vous permettre de vous débarrasser de vos kilos superflus efficacement, le programme *Toute la vie en bonne santé* n'a aucunement été influencé par la politique, des publicités tapageuses ou les plus récentes tendances.

Ce qui importe le plus dans ce régime alimentaire, ce n'est pas nécessairement l'équilibre entre ces nutriments mais plutôt la qualité des glucides, des protéines et des matières grasses que vous choisissez de consommer. Tout bon programme a pour objectif de fournir au corps les éléments de base nécessaires à la fabrication de cellules saines, à l'amélioration du système de défense antioxydant, du système immunitaire ainsi que du système de régénération naturelle, tout en assurant votre équilibre hormonal. Votre corps a besoin non seulement d'un bon équilibre entre ces macronutriments, mais aussi de glucides, de matières grasses et de protéines *de bonne qualité.*

Des portions « au pifomètre »

Je ne crois pas qu'il faille peser ou mesurer ses aliments. Ce n'est ni amusant, ni pratique, ni nécessaire. La nourriture est un plaisir et une forme de liberté qui nous vient de Dieu. Il faut faire preuve d'un peu de discipline, en effet, mais simplement pour établir les limites nécessaires à la célébration quotidienne des bons produits de la terre. Si vous vous compliquez la vie, vous perdrez avant longtemps la joie de choisir et de manger. J'ai toujours proposé à mes patients une méthode simple pour équilibrer les protéines, les matières grasses et les glucides qui composent leurs repas, la méthode du « pifomètre ».

Retenez bien les mesures approximatives suivantes. Votre portion de protéines devrait faire la moitié de la paume de votre main (environ 85 à 115 grammes). Si vos protéines sont constituées de poisson, cette portion peut être légèrement plus grande ; dans le cas de la viande de bœuf ou de bifteck, elle devrait être légèrement plus petite. Il est évident que les protéines que vous avez choisies contiendront également la plus grande partie des matières grasses de votre repas. Vous pouvez néanmoins y rajouter d'autres bonnes graisses ou d'autres bonnes huiles dont vous pourrez mesurer le volume d'après votre pouce (une ou deux cuillerées à soupe). Il pourra s'agir d'huile d'olive, de vinaigrette (huile et vinaigre), d'huile de noix, ou d'acides gras oméga-3 naturels à tartiner. Votre portion de glucides devrait être de la taille de deux ou trois poings. En fait, lorsque vous consommez de bons fruits et légumes, vous ne devriez pas vraiment vous inquiéter de la taille des portions. Vous pourriez manger par exemple une quantité égale à deux poings d'un ou deux légumes différents et une quantité égale à un poing de fruits frais pour le dessert.

Comme nous l'avons vu, il faut limiter le plus possible sa consommation de pain et de céréales au moment des repas. Même les céréales, les pâtes alimentaires et le pain complets ont un indice glycémique modéré mais un fort apport glycémique. Il *ne faut pas* en manger à tous les repas et l'on ne devrait les consommer qu'à l'occasion.

Aucun calcul de calories, aucune restriction alimentaire

Selon la conviction universelle qui sévit dans le monde médical et l'industrie des régimes depuis plus de dix ans, le nombre de calories ingérées doit être inférieur à celui des calories brûlées (voir le chapitre 6) et, si l'on désire perdre du poids, il faut consommer moins de calories que ce dont le corps a besoin. Cette théorie a marqué le début des régimes hypocaloriques et même très hypocaloriques qui ont envahi le marché actuel de la perte de poids. C'est la perte de poids *rapide* qui est à l'ordre du jour et que l'on obtient principalement en recommandant des programmes d'amaigrissement qui préconisent une restriction importante du nombre de calories. Les adeptes de ces programmes sont affamés la plupart du temps et leur volonté est mise à l'épreuve à toute heure du jour. L'expérience nous a démontré que les gens abandonnent vite ces régimes (il n'est pas possible de faire autrement !) et que le poids qu'ils perdent revient au galop. Par contre, dans mon programme *Toute la vie en bonne santé*, vous n'avez ni restriction alimentaire, ni calcul de calories. C'est là une démarche hardie pour un programme qui vise non seulement à améliorer la santé mais aussi à faire fondre la graisse.

Selon la littérature médicale, lorsqu'on enseigne aux enfants et aux adultes ce qu'il convient de manger dans le cadre d'un régime sain et continu, ils perdent du poids, même sans limiter leur consommation de calories[1]. Il semble donc évident que les gens vont rester fidèles à un régime alimentaire sain qui leur permette de manger à leur faim. Lorsque vous suivez un régime qui ne provoque pas de pic glycémique, le rapport insuline / glucagon qui en résulte est excellent et votre corps fonctionne comme il le doit et comme il l'entend. Les repas et les collations de ce régime sain rassasient pour un bon moment et lorsque la faim se fait de nouveau ressentir, il suffit de prendre un autre repas ou une autre collation à faible indice glycémique.

C'est toute une libération que de comprendre que lorsque nous mangeons nous ne ressentons pas les envies irrésistibles et la faim qui accompagnent les programmes d'amaigrissement traditionnels. On se sent par ailleurs dynamique, concentré et apte à fonctionner à son plein rendement parce que le corps dispose de la forme de combustible de son choix (le glucose) et dans des quantités adéquates ; par opposition, on éprouve un sentiment d'inconfort et de fatigue lorsqu'on vit de sources d'énergie de seconde qualité (telles que les cétones) qui résultent de régimes très faibles en glucides.

De saines portions

La quantité d'aliments consommés au cours d'un repas est un des principaux facteurs de l'épidémie de surpoids en Amérique du Nord et dans le monde occidental. L'abondance, surtout en matière de nourriture, est une partie intégrante des festivités de toute société. Toutefois, les excès que l'on commet aux repas sont devenus la norme plutôt que l'exception. Consommés avec exagération, même les aliments de bonne qualité obligent le corps à emmagasiner le surplus sous forme de graisse.

Nous sommes presque tous coupables de prendre de grosses portions et souvent même nous nous resservons. De nos jours, la plupart des restaurants misent davantage sur la *quantité* que sur la *qualité* des plats pour encourager les clients à revenir. Les restaurants chinois, mexicains et bon nombre d'autres sont renommés pour leurs généreuses portions ou leur ambiance familiale. Manger chez soi n'est pas nécessairement plus souhaitable à cet égard. La restauration à caractère familial encourage nettement la consommation de plus d'une portion de chaque aliment. Et ça, ça doit changer !

Tout repas copieux entraîne un apport significatif de sang au tube digestif, ce qui a pour fonction d'aider au transport de toutes les calories ingérées. La plupart d'entre nous connaissent ce sentiment écrasant de torpeur qui suit de tels repas et qui est causé principalement par le déplacement du sang vers les intestins. C'est le moment où la plupart d'entre nous préféreraient faire la sieste plutôt que de faire la vaisselle ou retourner au travail.

Lorsqu'on consomme la bonne quantité et le bon type d'aliments aux repas et aux collations, on ne se sent ni affamé ni farci, surtout si l'on apprend à manger lentement, ce qui permet au cerveau de se synchroniser avec l'estomac et de signaler au corps que l'on a assez mangé. Vous serez rassasié et noterez un regain d'énergie et de concentration pendant les trois ou quatre heures qui suivront un tel repas. Il a été démontré, en effet, que le fait de manger plus légèrement mais plus fréquemment, plutôt que de prendre un ou deux gros repas, encourageait la perte de poids[2]. Cette observation nous mène à la question de la fréquence idéale des repas.

La fréquence des repas

Selon un article du Dr David Jenkins et de ses collaborateurs paru dans le *New England Journal of Medicine*, les personnes qui grignotent à longueur de journée (17 goûters) ont des taux de cholestérol et de LDL inférieurs et des niveaux de cholestérol HDL supérieurs à celles qui prennent trois repas par jour, à calories égales. Elles présentent également des niveaux d'insuline inférieurs et une amélioration générale de tous les facteurs de risques cardiovasculaires[3]. Selon d'autres études, on ajouterait davantage à son poids en ne prenant qu'un ou deux repas par jour, et ce, même si le nombre total de calories reste le même[4]. En outre, d'après certaines recherches cliniques, les personnes qui ne mangent pas le matin grossissent davantage que celles qui prennent un petit-déjeuner.

Étant donné nos horaires chargés, il n'est pas possible de faire entre 8 et 17 goûters par jour; vous pouvez cependant obtenir les mêmes résultats en prenant au quotidien trois repas faibles en glucides entrecoupés d'une ou deux collations également hypoglycémiques. Il est important de ne jamais avoir trop faim en cours de journée, ce qui entraînerait des excès au repas suivant. Rappelez-vous que la nourriture compte parmi les meilleurs médicaments que vous puissiez ingérer. Des collations et des repas fréquents et bien équilibrés sont la clé d'une forme du tonnerre tout au long de la journée et de la mise en échec de l'insulinorésistance, ce qui mène à la libération des graisses.

RAPPELEZ-VOUS QUE LA NOURRITURE COMPTE PARMI LES MEILLEURS MÉDICAMENTS QUE VOUS PUISSIEZ INGÉRER.

Les bons glucides

Au cas où vous ne l'auriez pas encore compris, je suis d'avis que la pyramide alimentaire (du moins celle du ministère de l'Agriculture des États-Unis) ne représente pas un régime sain. J'irais même jusqu'à dire que je tiens ces mauvaises recommandations alimentaires en grande partie responsables des problèmes de santé que nous connaissons aujourd'hui. Walter Willett, directeur de la faculté de Santé publique de Harvard, a affirmé ce qui suit dans son livre intitulé *Eat, Drink and be Healthy* (Simon and Schuster, 2001): «La pyramide alimentaire du ministère de l'Agriculture des États-Unis est erronée. Elle repose sur des preuves scientifiques insuffisantes (…) à maintes reprises elle a été réfutée par de nouvelles recherches effectuées partout dans le monde.»

La base de cette pyramide alimentaire (voir le schéma 1) est constituée de 6 à 11 portions de pain, de céréales, de riz et de pâtes alimentaires, dont 85 à 90 % sont des produits très transformés à indice glycémique élevé, comme nous l'avons vu précédemment. Bien qu'ils aient tous un indice glycémique élevé, on les recommande comme base de votre régime, alors qu'ils provoquent des pics glycémiques pires que le sucre de table.

Comme notre principal souci est la vitesse à laquelle la glycémie grimpe à la suite d'un repas, il est important de déterminer la qualité d'un glucide. C'est la raison pour laquelle bon nombre de médecins et de patients ne s'y retrouvent plus, les spécialistes (les nutritionnistes, les diététiciens, les médecins et les experts en perte de poids) fondant encore et toujours leurs recommandations diététiques sur la théorie des sucres simples et des glucides complexes. Toutefois, selon la littérature médicale, les concepts d'indice glycémique et d'apport glycémique constituent le meilleur moyen d'évaluer l'effet d'un glucide sur la glycémie. Souvenez-vous que l'indice glycémique d'un aliment ou d'un repas est déterminé principalement par la nature du ou des glucides ingérés et par d'autres facteurs qui affectent la digestion de ce repas en particulier, surtout le contenu en matières grasses et en protéines de celui-ci (voir la table 1 au chapitre 3).

Le deuxième facteur important concerne la qualité des éléments nutritifs contenus dans un glucide. Dans un monde d'aliments très transformés, la qualité nutritionnelle d'un glucide varie énormément. Par exemple, tous nos fruits frais ou à coque (les noix, les cacahuètes, etc.), nos céréales et nos légumes sont de la catégorie des glucides. Les aliments complets contiennent les vitamines, les antioxydants et les minéraux dont le corps a besoin pour survivre. Il n'est ni logique ni sage de les «remplacer» par d'autres glucides qui ont peu ou pas de valeur alimentaire, comme certains régimes l'autorisent. Pour discerner les bons glucides des mauvais, il faut donc regarder leur indice et leur apport glycémiques, ainsi que la qualité des éléments nutritifs qu'ils contiennent.

Les aliments complets

Lorsqu'on considère les aliments complets (tout aliment auquel l'homme n'a fait subir aucune transformation), on constate qu'à quelques exceptions près, ils constituent ce que je définis comme de «bons glucides». Cette catégorie comporte les pommes, les oranges, les poires, le raisin, les haricots secs, les choux de Bruxelles, le chou-fleur, le maïs, les fruits à coque, les carottes et les céréales complètes. Non seulement ces glucides sont chargés d'éléments dont notre corps a besoin, mais ils ont un indice et un apport glycémiques faibles. Bien sûr, il existe quelques exceptions à cette règle de base, comme par exemple les pommes de terre blanches (indice glycémique de 85 et apport glycémique de 26). Toutefois, d'une façon générale, si l'homme n'y a pas apporté de transformation, il s'agit d'un bon glucide.

À l'inverse, si un aliment a été le moindrement transformé, on ne peut plus, généralement, parler de bon glucide. Par exemple, si l'on compare les flocons d'avoine à cuisson lente (indice glycémique de 42 et apport glycémique de 9) aux flocons instantanés (indice glycémique de 66 et apport glycémique de 17), il existe une différence marquée dans la capacité de ce même « bon » aliment à provoquer des pics glycémiques et la réponse insulinique qui s'ensuit.

J'ai recours à un guide tout simple, grâce auquel il est facile pour quiconque de voir d'un simple coup d'œil les aliments à consommer et ceux à éviter. J'ai divisé les principaux glucides en trois catégories, soit :

1. Les glucides vivement recommandés.
2. Les glucides moyennement recommandés à consommer à l'occasion.
3. Les glucides peu recommandés à ne consommer que rarement.

Consultez la liste d'évaluation des aliments qui se trouve dans la section *Ressources* de ce livre. Vous y trouverez une liste détaillée des glucides les plus couramment consommés aux États-Unis et au Canada. Il est toutefois essentiel que nous analysions ensemble les différentes catégories de glucides, cela afin que vous compreniez mieux les facteurs que vous devrez prendre en considération lorsque vous commencerez à modifier votre régime alimentaire.

Les légumes

Presque tous les légumes frais font partie de la catégorie des glucides recommandés. En effet, ils contiennent des éléments nutritifs vitaux et ont un indice et un apport glycémiques faibles. Vous devriez consommer chaque jour entre 8 et 12 portions de légumes et de fruits qui devraient constituer la plus grande partie de votre alimentation. Même ceux qui ont un indice glycémique légèrement plus élevé ont généralement un faible apport glycémique et ne provoquent pas de pic glycémique. Par exemple, malgré leur indice glycémique élevé, les carottes (47) et les betteraves (64) ont un faible apport glycémique (3 et 5 respectivement). Il est toujours recommandé de manger des légumes frais, quels qu'ils soient, à l'exception des pommes de terre blanches qu'il vous faut mettre dans une catégorie à part lorsque vous commencez à modifier vos habitudes alimentaires.

Les pommes de terre

La pomme de terre est sans aucun doute un aliment complet, mais qui présente un indice et un apport glycémique élevés. Il faut y prêter une attention particulière parce qu'il s'agit du légume préféré de la plupart des Nord-Américains. Nous l'aimons cuite au four, bouillie, frite, instantanée, en purée et sous n'importe quelle forme. Votre consommation de pommes de terre, tout comme celle de pain, sera sans doute l'un des plus grands ajustements que vous devrez faire dans votre choix de bons aliments.

Une pomme de terre normale cuite au four a un indice glycémique de 85 et un apport glycémique de 26. Les frites ont un indice glycémique de 75 et un apport glycémique de 22. Cuites dans du lard, du suif de bœuf ou de l'huile végétale à température élevée, elles deviennent un aliment riche en glucides et bourré de graisse saturée ou d'acides gras trans rancis. Cuites à la vapeur, bouillies ou grillées, les pommes de terre nouvelles (rouges) présentent au moins l'avantage d'un indice et d'un apport glycémiques moyens et peuvent être consommées à l'occasion. Je vous recommande également les ignames ou les patates douces qui sont une bonne alternative.

L'indice et l'apport glycémiques des pommes de terre et des ignames

	INDICE GLYCÉMIQUE	APPORT GLYCÉMIQUE
Pommes de terre blanche	85	26
Pommes de terre nouvelles (rouges)	57	12
Ignames	37	13
Patates douces : moyennes	61	17

Note :

Faible indice glycémique – gén. inférieur à 40	Faible apport glycémique – inférieur à 10
Indice glycémique moyen – entre 40 et 60	Apport glycémique moyen – entre 10 et 20
Indice glycémique élevé – supérieur à 60	Apport glycémique élevé – supérieur à 20

Les fruits

Les fruits sont un merveilleux don sucré de la nature à l'humanité. C'est une merveille que le parfum suave d'un arbre en fleurs et que le goût succulent du fruit qui en résulte. Il est facile d'oublier tant de beauté lorsque nous nous trouvons devant des fruits qui ont été transformés ou qui proviennent de l'épicerie. Avez-vous déjà prêté attention à l'emballage naturel fascinant de la grenade par exemple ? Ou à l'emballage multiple des quartiers d'une orange ? Et aux toutes petites graines d'une fraise qui servent de décoration à ce petit fruit ? Encore une fois, presque tous les fruits frais sont d'excellents glucides à consommer. Ils contiennent des vitamines, des antioxydants et des minéraux qui sont essentiels à notre existence.

Même s'ils sont sucrés, les fruits frais contiennent du fructose à indice (19) et à apport (2) glycémiques faibles. Bien que les additifs riches en fructose du sirop de maïs (que nous aborderons dans le paragraphe sur les sucres) soient une source de grande préoccupation, je tiens à préciser que le fructose qui se trouve à l'état naturel dans nos fruits frais est sain et qu'il ne provoque pas de pic glycémique. Les fruits tels que la pastèque ou le melon d'eau (72) et le cantaloup (65) ont un faible apport glycémique (4). Même les bananes qui ont un indice (51) et un apport (13) glycémiques moyens sont considérées comme d'excellentes sources de glucides, tout comme les papayes, les mangues et les kiwis. La plupart des fruits font d'excellents goûters. Il faut toutefois faire preuve de prudence lorsqu'on consomme seuls des fruits à indice glycémique élevé en goûter. Tous par contre peuvent être servis en dessert à la suite d'un merveilleux repas à faible indice glycémique.

Les fruits transformés, néanmoins, sont tout aussi dangereux que les glucides transformés en matière de pics glycémiques. Et les jus de fruits et les fruits en boîte sont aussi des ennemis camouflés dans la guerre que nous menons à l'obésité et au diabète. Tout est la faute du mode de transformation. La plupart des jus de fruits en vente sur le marché ne sont pas naturels à 100 % ou surgelés frais, mais dilués et sucrés, ce qui augmente considérablement leur indice et leur apport glycémiques. En voici une comparaison.

	INDICE GLYCÉMIQUE	APPORT GLYCÉMIQUE
Orange à l'état naturel	48	5
Jus d'orange fait à partir de concentré	57	15
Pomme à l'état naturel	40	6
Jus de pomme non sucré	40	12
Pêche à l'état naturel	28	4
Pêches en boîte dans un sirop épais	58	9

Principe de base : plus l'aliment est naturel et plus son indice et son apport glycémiques sont bas, meilleur il est pour vous.

Les céréales du matin

Vous savez maintenant que la plupart de ces céréales sont des aliments très transformés. Presque toutes nos céréales en boîte ont un indice et un apport glycémiques élevés. Ce n'est vraiment pas la bonne façon de commencer sa journée, surtout lorsqu'on sait que la plupart des gens y rajoutent du sucre et complètent leur petit-déjeuner par une ou deux tranches de pain (blanc ou complet) grillé et un verre de jus d'orange !

Les *All-Bran* de Kellogg's remportent la palme des céréales très transformées qui ont malgré tout un indice et un apport glycémiques faibles. Si vous en avez déjà mangé, vous comprendrez facilement pourquoi : on a l'impression de manger du carton. Pour donner du goût à leurs céréales, les fabricants doivent y ajouter des tonnes de sucre, ce qui peut sembler accorder aux produits un indice et un apport glycémiques modérés, mais où est alors leur valeur nutritionnelle ? Les céréales hautement transformées qui sont à la base de ces produits ont perdu la majeure partie de leur valeur alimentaire. Et c'est là la raison principale pour laquelle la plupart des céréales doivent être enrichies.

Les meilleures sont les céréales « à l'ancienne », à cuisson lente, comme les flocons d'avoine (le porridge) et l'avoine épointée. Elles sont peut-être un peu plus longues à préparer mais leur qualité nutritive est bien supérieure parce que leur indice et leur apport glycémiques sont faibles. La céréale y est encore intacte et n'a subi que très peu de transformation. Si vous aimez manger des céréales au petit-déjeuner, tournez-vous donc vers ces bons aliments que préparait votre grand-mère et vous verrez combien vous serez rassasié. Je vous recommande d'ailleurs d'y rajouter de la protéine de soja ou de petit-lait, juste avant la fin de la cuisson. Cela comblera les besoins en protéines de votre repas et ajoutera du goût à votre petit-déjeuner qui ne manquera pas de vous rassasier.

Le pain

Il est possible que le changement le plus difficile que vous ayez à apporter à votre alimentation soit l'abstention de pain blanc, de fleur de farine ou de farine de blé et de pratiquement tout pain transformé fabriqué aux États-Unis ou au Canada. Le pain blanc, qui a un indice glycémique de 70 et un apport glycémique de 10, sert de norme dans bon nombre d'études sur l'indice glycémique. Le pain complet (fait à partir de la farine de blé) a un indice glycémique de 77 et un apport glycémique de 9. Comparez ces chiffres et vous verrez qu'il est complètement erroné de préférer le pain complet au pain blanc. Le pain complet peut sembler meilleur pour la santé, mais ce n'est qu'un leurre. Le pain complet et le pain blanc très transformés entraînent tous deux des hausses de la glycémie plus rapides que le sucre de table.

Indice et apport glycémiques de quelques types de pains

	INDICE GLYCÉMIQUE	APPORT GLYCÉMIQUE
Pain de blé brut (grains complets à 75 % au Canada)	48	10
Pain blanc (enrichi)	73	10
Baguels	72	25

Le pain et les pommes de terre sous toutes leurs formes constituent les principaux obstacles lorsqu'il est question d'adopter le programme *Toute la vie en bonne santé*. C'est la raison pour laquelle j'ai consacré tout un chapitre à la dépendance aux glucides et au sucre. Il est pratiquement impossible d'éviter le pain blanc, la fleur de farine, les pâtes alimentaires, le riz et les pommes de terre lorsqu'on mange ailleurs que chez soi. Vous devez choisir délibérément de prendre en main votre santé et votre poids plutôt que de rester à la merci de l'industrie alimentaire. C'est à vous de décider.

LE PAIN COMPLET PEUT SEMBLER MEILLEUR POUR LA SANTÉ, MAIS CE N'EST QU'UN LEURRE.

Il est clair que vous devez commencer à manger des types de pains fabriqués à l'ancienne, comme en mangeaient les paysans au cours des siècles derniers. Ce que vous cherchez, c'est du pain fait à partir de céréales complètes aux grains intacts, et non de farine de blé ou de fleur de farine. Ces céréales doivent être moulues à la meule plutôt que par des broyeurs à grand débit. Mes recherches à l'échelle du pays m'ont démontré la difficulté d'en trouver où que l'on habite. La plupart des entreprises qui utilisent de la farine de blé complète la combinent à du blé finement moulu ou à de la fleur de farine dans le but de produire un pain aéré et léger. Les céréales entières font un pain plus sec et plus grossier qui, pour dire la vérité, se vend moins bien. Le pain de céréales complètes (dont les grains sont encore intacts) est en fait d'un indice glycémique encore plus faible que le pain fait de farine complète moulue sur pierre.

La consommation de pain de seigle broyé (pumpernickel) est déjà préférable parce qu'il a un indice glycémique de 41 et un apport glycémique de 5. Le pain de son d'avoine complet, par exemple, a un indice glycémique de 44 et un apport glycémique de 8. Le pain au levain est un autre bon choix parce que l'acide lactique qu'il contient entraîne une diminution du taux d'absorption des glucides dans le sang et fait baisser l'indice glycémique du pain de blé à 53 et son apport glycémique à 10. Si vous trouvez dans votre région du pain de céréales germées (sans farine), vous pourriez songer à l'inclure à votre régime alimentaire, car il a aussi un faible indice glycémique.

Le plus grand changement qu'il vous faut apporter à votre consommation de glucides, c'est le rationnement de pain. Comme les pains et les céréales sont à la base de la pyramide alimentaire « traditionnelle » depuis des années, il vous faudra quelque temps pour vous y faire. Même le pain à indice et à apport glycémiques faibles ne devrait être consommé qu'à l'occasion ; le pain de blé ordinaire, à la farine blanche ou complète, doit être traité, lui, comme du bonbon ou du sucre. Évitez-le. Mais si toutefois vous en mangez, grignotez-le comme s'il s'agissait d'un vrai bonbon.

Les biscuits, les gâteaux, les beignets, les craquelins, les amuse-gueule et les bonbons

Je vous entends déjà d'ici : « Vous n'allez quand même pas m'obliger à abandonner mes aliments préférés, n'est-ce pas ? » Demandez-vous donc ceci alors : « Si les aliments de cette catégorie sont ceux que je préfère, pourquoi en est-il ainsi ? » Notre société est terriblement accro aux sucres et aux bonbons. D'après les statistiques, cette dépendance est aussi tenace qu'une dépendance à la drogue, à l'alcool ou à la nicotine. Vous devinerez donc sans difficulté où je classe ces glucides.

Conclusion

La terre nous procure un tel éventail d'aliments naturellement délicieux ! Oui, effectivement, les aliments complets sont plus longs à préparer mais les avantages que l'on retire d'une alimentation constituée de produits frais tirés de la nature sont trop nombreux pour que l'on puisse les énumérer. D'abord, soyez bien conscient du fait que tous les glucides ne sont pas égaux ; ensuite modifiez votre régime progressivement et adoptez la pyramide du programme *Toute la vie en bonne santé*. Faites votre marché, mangez avec attention et soyez reconnaissant pour ces aliments dont votre corps a besoin. Les glucides assurant actuellement la plus grande part de notre subsistance, chacun de nos choix a donc son importance. Le jeu en vaut bien la chandelle !

En règle générale*, si l'aliment est transformé,* ***n'en mangez PAS****! Les glucides transformés sont responsables du déclin de la santé en Amérique du Nord. Si c'est blanc, n'en achetez pas.*

CHAPITRE 12

Comment bien choisir ses aliments
Deuxième partie : les lipides et les protéines

Celui qui connaît le véritable goût de ses aliments ne sera jamais coupable de gourmandise ; celui qui ne le connaît pas, ne peut faire autrement. (traduction libre)
— H. D. Thoreau

Comment choisir des lipides et des protéines de choix

J'espère qu'une fois que vous aurez lu ce chapitre, vous saurez distinguer les bons lipides (aussi nommés couramment *matières grasses, acides gras, corps gras et graisses*) de ceux qui sont en fait nocifs. Vous trouverez également dans ce livre une liste de bonnes et de mauvaises sources de protéines. Il est essentiel de bien comprendre les divers types de lipides présents dans notre alimentation et la façon dont ils peuvent affecter notre santé.

Les types de lipides

Jamais un message transmis par le corps médical n'a semé autant de confusion chez les consommateurs que celui qui concerne le cholestérol et les lipides présents dans notre alimentation. Depuis près de 40 ans, nous entendons surtout parler des méfaits d'une consommation excessive de matières grasses. Selon les sciences médicales, plus on présente des taux de cholestérol total et LDL (mauvais cholestérol) élevés, plus on court le risque de développer des maladies cardiovasculaires. Cette mise en garde concernant les effets néfastes des matières grasses de la part des médecins et des médias nous a incités à nous méfier des lipides. Au cours de mes trente années d'expérience à titre de clinicien, je crois ne jamais avoir vu de question de santé aussi mal documentée. La vérité, c'est que non seulement les matières grasses ne sont pas toutes mauvaises pour la santé, mais elles sont même essentielles. Le corps a besoin, pour survivre, de glucides, de protéines *et de lipides.* Ces derniers servent à reconstruire nos membranes cellulaires, les cellules de notre cerveau, nos nerfs et bon nombre de nos hormones. Le problème, ce ne sont pas les matières grasses, mais bien *les types* de lipides que nous consommons. La biochimie va nous aider à discerner les bons des mauvais.

LA VÉRITÉ, C'EST QUE NON SEULEMENT LES MATIÈRES GRASSES NE SONT PAS TOUTES MAUVAISES POUR LA SANTÉ, MAIS ELLES SONT MÊME ESSENTIELLES. LE CORPS A BESOIN, POUR SURVIVRE, DE GLUCIDES, DE PROTÉINES ET DE LIPIDES.

Le cholestérol

Le cholestérol est une substance grasse essentielle à notre santé, et ce, à différents points de vue. Il s'agit d'un type de graisse solide et cireuse qui se trouve dans bon nombre de produits d'origine animale (particulièrement la viande, les jaunes d'œufs et certains produits laitiers comme le lait) et que produit également notre foie. Le cholestérol est essentiel à la production des hormones telles que la testostérone, l'estrogène et le cortisol, ainsi que des acides biliaires et des membranes cellulaires. Le corps se sert du cholestérol pour l'aider à contrôler la flexibilité de la membrane cellulaire : il lui en envoie davantage si celle-ci est trop souple et lui en retire au contraire si ses parois deviennent trop rigides. Le problème lié à ce processus est particulièrement marqué chez les personnes qui souffrent de carence en bons acides gras polyinsaturés et qui consomment une quantité excessive d'acides gras trans. Mais nous allons revenir sur ce sujet plus loin.

Le cholestérol tire sa mauvaise réputation du fait que c'est le type de graisse que l'on trouve dans la plaque durcie des artères. C'est la raison pour laquelle on a cru que des taux élevés de cholestérol étaient la cause du durcissement des artères, et donc des crises cardiaques et des accidents vasculaires cérébraux. Depuis la dernière décennie, nous essayons tous de réduire les matières grasses et le cholestérol dans notre alimentation. Cela est paradoxal car une consommation insuffisante de cholestérol poussera le foie à en produire selon les besoins du corps. Par conséquent, la quantité de cholestérol qui nous vient de notre alimentation a peu d'effet, si elle en a, sur celle qu'on trouve dans le sang. Nos taux de cholestérol sont plutôt principalement liés à notre consommation de graisses saturées et de glucides à indice glycémique élevé.

On ne trouve que très peu d'acides gras libres dans le sang. Avez-vous déjà tenté de mélanger de l'huile ou de la graisse et de l'eau ? Le mélange se fait mal. Il en est de même des graisses présentes dans le sang. Presque tous les types de graisses sont véhiculés au moyen de transporteurs appelés lipoprotéines. Les lipoprotéines de basse densité (LDL) se chargent de transporter ces graisses du foie vers les autres cellules du corps. Les lipoprotéines de haute densité (HDL), quant à elles, recueillent le cholestérol et les triglycérides excédentaires du sang et les transportent jusqu'au foie qui est alors en mesure de les renvoyer aux autres cellules où elles seront utilisées, ou, dans le cas d'un taux de cholestérol trop élevé, de les rejeter dans la bile.

Vous êtes nombreux à avoir entendu dire que le cholestérol HDL est bénéfique et que le LDL, par contre, est mauvais. Néanmoins, tous deux sont de simples transporteurs de triglycérides et de cholestérol et sont nécessaires à l'approvisionnement de l'ensemble du corps en graisse. Les parois de toutes nos cellules sont munies de récepteurs spéciaux de LDL qui permettent à ce type de cholestérol de s'y poser et d'y déverser sa cargaison de matière grasse. C'est ainsi que les cellules peuvent se procurer la graisse dont elles ont besoin pour fonctionner et survivre. Toutefois, lorsque les « débarcadères » sont encombrés, les triglycérides et le cholestérol excédentaires continuent de circuler dans le sang sous forme de LDL, jusqu'à ce que leur contenu soit absorbé par les cellules adipeuses ou par le cholestérol HDL, et redirigé vers le foie.

C'est parce qu'il cherche toujours à évacuer les graisses excédentaires des repas ou du cholestérol LDL et d'en débarrasser le sang que le cholestérol HDL est considéré comme un bon cholestérol. On considère le LDL, quant à lui, comme un mauvais cholestérol parce que c'est celui que l'on trouve dans les plaques de nos artères. On associe des niveaux élevés de cholestérol LDL à un risque accru de durcissement des artères, alors que des niveaux élevés de HDL sont signe d'une diminution du risque de maladie cardiovasculaire. Cette constatation a pour corollaire le fait qu'un faible taux de cholestérol HDL, comme c'est le cas en présence d'insulinorésistance, est associé à un risque nettement accru de maladies du cœur.

Rares sont les patients venus me voir pour un examen de santé qui ne sont pas « possédés » du désir de savoir exactement où en est leur taux de cholestérol. C'est l'examen par excellence de notre époque. Le cholestérol est devenu l'ennemi public et tout le monde (y compris les sociétés pharmaceutiques) tient à tout prix à le faire baisser, surtout si cela peut justifier la création d'un nouvel hypocholestérolémiant (médicament destiné à faire baisser le taux de cholestérol).

Les graisses saturées

L'immense majorité des matières grasses consommées aux États-Unis et au Canada actuellement sont saturées. Ce sont les graisses préférées du corps qui, lorsqu'elles sont brûlées comme combustible, se décomposent en ce qu'on appelle des fragments d'acétate que le foie peut transformer en cholestérol.

Ce que bon nombre de médecins ne savent pas, c'est que lorsqu'on brûle comme combustible des glucides à indice glycémique élevé, ceux-ci produisent également des fragments d'acétate comme produits intermédiaires du métabolisme, avant d'être complètement transformés en dioxyde de carbone et en eau. Par conséquent, la combinaison de régimes riches en graisses saturées et en glucides à indice glycémique élevé entraîne une surproduction de fragments d'acétate, et donc une hausse des taux de cholestérol total et LDL. Certaines personnes privilégiées, je vous l'accorde, ont hérité de gènes qui les protègent de toute hausse de cholestérol, quelle que soit la quantité de graisses saturées et de glucides à indice glycémique élevé qu'elles consomment. Vous ne faites sans doute pas partie de ces bienheureux, et moi non plus d'ailleurs.

Notre alimentation nous apporte également une quantité importante de cholestérol, surtout lorsque nous consommons beaucoup de viande et de produits laitiers. Malgré cela, la quantité de cholestérol ingérée semble n'avoir que très peu d'effet sur les taux de cholestérol contenus dans le sang. Le corollaire de cette constatation est le fait que les gens n'ont pas de succès, ou très peu, lorsqu'ils cherchent à faire baisser leurs taux de cholestérol en diminuant le cholestérol qu'ils ingèrent. Pendant des années j'ai recommandé un régime faible en graisse et en cholestérol à mes patients qui avaient des taux de cholestérol élevés. Même chez les plus motivés, je n'ai jamais pu faire baisser ces taux de plus de 5 à 10 %. Ce fait a été observé par l'ensemble du monde médical qui s'est donc mis à douter de la capacité d'un régime complété par un programme d'exercice de faire baisser le taux de cholestérol suffisamment pour éviter les médicaments. En conséquence, la plupart des médecins prescrivent des hypocholestérolémiants sans même avoir proposé à leurs patients d'essayer un régime accompagné d'un programme d'exercice.

Néanmoins, depuis que je recommande le programme *Toute la vie en bonne santé* à mes patients qui souffrent d'un taux de cholestérol élevé, je suis très étonné par les résultats. Non seulement leurs taux de triglycérides baissent de façon considérable, mais aussi leur cholestérol total et LDL. Le secret réside d'abord dans le remplacement des graisses saturées de leur alimentation par des acides gras oméga-3 et des graisses monoinsaturées, et ensuite dans l'élimination du sucre et des glucides à indice glycémique élevé.

Les patients que je traite voient fondre leur graisse abdominale et changer de manière remarquable leur profil lipidique, pas parce qu'ils suivent un régime faible en graisses (ce qui a en réalité très peu d'effet sur leurs taux de cholestérol), mais parce qu'ils corrigent le problème fondamental de l'insulinorésistance. Une fois cela réglé, leurs taux de glycémie retombent à la normale et le glucagon, hormone qui brûle la graisse, s'accroît, permettant ainsi au corps d'être finalement en mesure de se libérer des graisses et en même temps de corriger tous les problèmes métaboliques liés à l'insulinorésistance. Les résultats que j'observe ont complètement changé mon approche en matière de traitement. J'offre donc maintenant à mes patients la chance de corriger leurs niveaux élevés de cholestérol et de triglycérides grâce au programme *Toute la vie en bonne santé* avant d'envisager de leur prescrire un médicament.

Les graisses monoinsaturées

Les chercheurs en médecine continuent d'effectuer des recherches approfondies sur les avantages reconnus pour la santé des graisses monoinsaturées et ils estiment de plus en plus que celles-ci devraient remplacer une grande partie des graisses saturées de notre alimentation[1]. L'acide gras monoinsaturé le plus bénéfique est l'acide oléique. Ce type de matière grasse se trouve dans les olives, l'huile d'olive, les amandes, les arachides, les pistaches, les pacanes, l'huile de colza, les avocats, les noisettes, les noix de cajou et de macadamia. L'acide oléique est très sain et nous avons besoin de ses propriétés, par exemple, pour entretenir la souplesse de nos artères et empêcher l'oxydation de notre cholestérol LDL ; souvenez-vous que c'est vraiment le cholestérol LDL oxydé qui est le mauvais cholestérol[2]. Les graisses monoinsaturées font également baisser le taux de cholestérol LDL sans déranger le bon cholestérol HDL[3].

Le régime alimentaire méditerranéen a fait l'objet d'une attention soutenue de la part du monde médical au cours des dernières années. Les peuples méditerranéens consomment 40 % de leurs calories en matières grasses (principalement en graisses monoinsaturées sous forme d'huile d'olive) et connaissent malgré tout une très faible incidence de maladies cardiovasculaires. L'huile d'olive est riche en acide oléique et l'on reconnaît le rôle qu'elle (et les phénols qu'elle contient) joue dans la faible incidence de maladies du cœur et de plusieurs types de cancer du sein dans la population méditerranéenne[4]. On a d'ailleurs constaté que la consommation d'huile d'olive entraîne une nette diminution des risques du cancer du sein[5].

Comme je l'ai dit déjà, les acides gras monoinsaturés font baisser le cholestérol LDL sans affecter le HDL. Les bienfaits sur la santé associés à une forte consommation d'huile d'olive semblent être liés au fait que cette huile, et en particulier l'huile d'olive extra vierge, est riche en phénols qui lui procurent une grande stabilité en raison de leur puissant effet antioxydant. Les antioxydants ont le pouvoir de protéger le cholestérol LDL de l'oxydation et aussi de diminuer l'inflammation de l'ensemble des artères.

Les acides gras essentiels

Les acides gras polyinsaturés, appelés acides gras essentiels (AGE), sont exactement ce que leur nom indique : essentiels au corps humain. Les acides gras oméga-6 et oméga-3 jouent un rôle vital dans notre alimentation. Si vous êtes privé de l'un ou de l'autre, vous pourriez faire courir de sérieux risques à votre santé. On trouve les acides gras oméga-6, aussi appelés *acide linolénique*, en abondance dans le régime alimentaire nord-américain : dans la viande, le poulet, les produits laitiers, les glucides transformés, l'huile de maïs, l'huile de coton, l'huile d'arachide et l'huile de carthame, pour n'en nommer que quelques sources. Comme vous pouvez le voir grâce à cette liste, il est fort probable que votre alimentation comporte bon nombre de ces aliments.

Les acides gras oméga-3, également appelés *acide linolénique*, sont moins courants dans notre régime alimentaire occidental. Les sources d'acides gras oméga-3 sont les poissons d'eaux froides, les graines de lin, l'huile de lin, les graines de chanvre, l'huile de soja, les noix de Grenoble et les œufs de poules élevées en liberté et nourries au grain. Il nous faut ingérer ces deux types de graisses à raison d'au moins un acide gras oméga-3 pour deux acides gras oméga-6. On estime toutefois qu'en Amérique du Nord, la plupart des gens les consomment suivant un rapport de 20 pour 1 ou même de 40 pour 1[6]. Il est indispensable de bien comprendre pourquoi le déséquilibre de ces acides gras essentiels (AGE) mine notre santé.

Le corps a besoin des AGE pour produire des hormones importantes que l'on appelle les *eicosanoïdes* et que l'on qualifie de superhormones de l'organisme. À la différence de l'insuline ou du glucagon qui sont fabriqués et stockés dans l'organe spécialisé qu'est le pancréas, les eicosanoïdes sont *des hormones* puissantes dites *de fuite* fabriquées par chacune des cellules du corps. Le glucagon est l'hormone opposée à l'insuline ; les eicosanoïdes augmentent ou réduisent l'inflammation, ces deux fonctions étant essentielles à une santé optimale.

LES EICOSANOÏDES AUGMENTENT OU RÉDUISENT L'INFLAMMATION, CES DEUX FONCTIONS ÉTANT ESSENTIELLES À UNE SANTÉ OPTIMALE.

En règle générale, les acides gras oméga-3 deviennent des eicosanoïdes qui réduisent l'inflammation du corps (anti-inflammatoires naturels) et les acides gras oméga-6 deviennent des eicosanoïdes qui, au contraire, la causent. Si vous êtes blessé ou que vous vous coupez, cette réaction inflammatoire est souhaitable afin que la blessure puisse guérir. Toutefois, une fois la blessure ou la plaie cicatrisée, ce processus d'inflammation doit s'arrêter. Nous devons donc maintenir un bon équilibre de nos eicosanoïdes pour rester en parfaite santé.

Le Dr Barry Sears étudie ces questions en détail dans ses livres intitulés *Le régime des stars* et *The Omega Zone.* Il considère les eicosanoïdes dérivés d'acides gras oméga-3 comme de « bons » eicosanoïdes, et ceux dérivés d'acides gras oméga-6 comme de « mauvais » eicosanoïdes. Il importe néanmoins de comprendre que ces derniers ne deviennent néfastes que dans de mauvaises proportions. En fait, même en présence de quelques acides gras oméga-3 dans notre alimentation, un rapport élevé oméga-6 / oméga-3 bloque la production des hormones anti-inflammatoires nécessaires. Notre corps est, sans l'ombre d'un doute, dans un état d'inflammation trop élevé, ce qui contribue aux allergies, à l'asthme, à l'arthrite, aux maladies du cœur et autres. Nous devons faire des efforts concertés afin d'augmenter notre consommation d'acides gras oméga-3 et de diminuer celle d'acides gras oméga-6.

Le fait de consommer de l'huile de lin ou de l'huile de poisson filtrée et transformée avec soin constitue un très bon départ. Notez cependant que ces corps gras polyinsaturés sont particulièrement sensibles à la chaleur, à la lumière et à l'air. Les molécules d'oxygène ont tôt fait de s'attaquer aux liaisons doubles de ces corps gras et d'entraîner leur oxydation, ce qui les fait rancir très rapidement. En fait, l'huile de lin complètement rancie devient l'huile de lin à usage domestique qui sert à donner un beau fini solide aux meubles.

N'achetez que de l'huile de lin qui a été pressée à froid et conservée à l'abri de la chaleur (elle doit être réfrigérée) ou non exposée à l'air (elle doit être conservée dans une bouteille hermétique). Vous pouvez également acheter des graines de lin biologiques complètes. Un moulin à café réservé à cet effet est l'outil idéal pour les moudre. Ajoutez deux cuillerées à soupe par jour de graines de lin moulues sur vos céréales, dans vos vinaigrettes, parsemez-en vos aliments, ou faites-en une poudre. Conservez-les toujours également au réfrigérateur.

Les amandes crues sont une autre excellente source d'acides gras oméga-3. Elles constituent un goûter idéal et sont vivement conseillées par le programme *Toute la vie en bonne santé*. Mais ne les achetez surtout pas grillées parce que les acides gras qu'elles contiennent sont sensibles à la chaleur qui les détruirait. Si vous aimez les amandes grillées, faites-en revenir quelques-unes à feu doux et mangez-les sans tarder. Les acides gras oméga-3 ont aussi l'avantage de faire baisser les taux de cholestérol total et de cholestérol LDL, ce qui prouve une fois de plus que tous les acides gras ne sont pas mauvais. En fait, selon certaines études, une consommation quotidienne modérée (une ou deux petites poignées) d'amandes diminuerait considérablement les taux de cholestérol LDL et de cholestérol total[7].

Étant donné que nous avons tendance à mal équilibrer notre consommation d'acides gras oméga-3 et oméga-6, bon nombre de gens choisissent de consommer une plus grande quantité de poissons d'eaux froides tels que le saumon, le maquereau, le thon, les sardines et la truite. Ils peuvent ainsi facilement et rapidement corriger ce déséquilibre en apportant directement de l'acide eicosapentanoïque (AEP) et de l'acide docosahexanoïque (DHA) à leur alimentation. Comme nous le verrons plus loin dans ce chapitre, les poissons d'eaux froides sont également une excellente source de protéines.

Il serait peut-être souhaitable que vous complétiez votre alimentation par des gélules d'huile de poisson filtrée de qualité pharmaceutique, riche en AEP et en DHA. Non seulement ces acides gras oméga-3 essentiels aident à réduire l'inflammation du corps, mais ils ont des effets bénéfiques sur le fonctionnement du cerveau, les taux de cholestérol et les membranes cellulaires. En fait, selon plusieurs études, les gélules d'huile de poisson pharmaceutiques d'excellente qualité amélioreraient les cas de dépression et de troubles bipolaires, et elles protégeraient même contre la maladie d'Alzheimer[8].

Les acides gras cis par opposition aux acides gras trans

Presque toutes les graisses naturelles sont de configuration « cis ». Une petite charge électrique à l'intérieur de celles-ci entraîne une légère courbe de leur structure. Cette configuration est importante parce que notre corps se sert de ces graisses comme de pièces de puzzle qui s'encastrent exactement dans l'espace qui leur est réservé. Toutefois, dans notre monde moderne d'aliments transformés, cette structure délicate est modifiée de façon significative par la chaleur, l'hydrogénation, la décoloration et la production en série des huiles (principalement des huiles végétales). Ces transformations changent la structure de base de ces acides gras naturels en bouleversant la disposition des atomes d'hydrogène et en redressant littéralement la courbe de ces molécules. Ces acides gras cis autrement sains deviennent ainsi de mauvais acides gras trans.

Le corps à besoin de graisse pour fortifier ses membranes cellulaires. S'il ne dispose pas des acides gras cis dont il a besoin, il passe à la solution de rechange qui consiste à forcer de purs acides gras trans dans les membranes cellulaires. C'est comme si l'on essayait de placer une pièce du puzzle dans un espace qui n'est pas le sien. En conséquence, nos membranes cellulaires deviennent moins flexibles, d'où un mauvais fonctionnement de nos cellules. Tout le monde sait que les acides gras trans sont mauvais pour nos artères et font augmenter les taux de cholestérol total et de cholestérol LDL de la même façon que les acides gras saturés[9].

Des artères ni trop flexibles ni trop rigides sont essentielles au fonctionnement optimal de nos cellules et donc à une parfaite santé. Le foie fabrique du cholestérol pour alimenter nos hormones et aussi pour raffermir nos membranes cellulaires si elles deviennent trop flexibles. Toutefois, comme la plupart d'entre nous manquons d'acides gras essentiels en raison d'une alimentation riche en acides gras trans, la plupart de nos membranes cellulaires ont un excès de cholestérol et sont par conséquent devenues trop rigides pour bien fonctionner. C'est là une situation préoccupante, étant donné que c'est la flexibilité et la perméabilité des membranes cellulaires qui permettent le transport efficace des éléments nutritifs vers les cellules et le retour des déchets hors de celles-ci.

Il est paradoxal de penser que la margarine (riche en acides gras trans) a été mise sur le marché comme remplacement sain du beurre. Lorsque des huiles végétales saines sont soit hydrogénées, soit partiellement hydrogénées pour qu'on puisse les tartiner comme du beurre, elles deviennent de la margarine. Au cours du processus d'hydrogénation, ces huiles sont principalement converties en acides gras trans et tout effet bénéfique qu'elles pouvaient avoir est perdu au cours de la transformation. Je crois fermement que ces graisses sont bien plus nocives que le beurre. Je vous recommande donc de commencer à manger de l'huile d'olive avec votre pain, comme le font les Italiens. Il est aussi essentiel que vous vous mettiez à lire les étiquettes sur tous les aliments que vous consommez afin de vous assurer de *ne pas y trouver* les mots « hydrogéné » ou « partiellement hydrogéné ». Ces graisses sont rances et dangereuses pour la santé. Vous vous demandez d'ailleurs peut-être pourquoi notre gouvernement autorise leur emploi dans nos aliments. C'est là une excellente question, d'autant plus que la plupart des pays européens ont interdit ces types de graisses voilà des années[10].

On trouve des matières grasses mauvaises et carrément dangereuses dans certaines huiles tropicales. Vous devriez éliminer ou diminuer de beaucoup votre consommation d'huiles de noix de coco et de palme car elles sont très riches en graisses saturées. Il serait donc très souhaitable que vous passiez à l'huile d'olive vierge. Par contre, assurez-vous de ne jamais surchauffer aucune de ces huiles en cours de cuisson car elles peuvent être facilement altérées. Comme point de repère, jamais elles ne doivent produire de fumée. L'huile d'olive est toutefois l'huile de cuisson la plus stable.

La consommation de matières grasses améliore la sensibilité à l'insuline

Maintenant que nous savons que la maladie des artères coronaires n'est pas une maladie liée au cholestérol mais bien une maladie inflammatoire des artères, nous devons revoir notre attitude face à notre consommation de matières grasses. Lorsque nous consommons des acides gras monoinsaturés et des acides gras essentiels (en particulier des acides gras oméga-3), nous pouvons véritablement faire baisser nos taux de cholestérol total et LDL. De plus, lorsqu'on lui fournit un bon équilibre d'acides gras, le corps retient moins les acides gras saturés et trans qui rigidifient les membranes cellulaires ayant tendance à présenter des fissures et à mal fonctionner. Avant tout, l'ingestion d'un bon acide gras lors d'un repas ou d'un goûter ralentit également la vidange gastrique. Autrement dit, la nourriture reste dans l'estomac plus longtemps à la suite d'un repas comportant de bons acides gras, ce qui signifie que les éléments nutritifs du repas sont absorbés plus lentement. Cela est important parce que la plus grande partie de l'absorption des substances nutritives a lieu dans l'intestin grêle. Par conséquent, le taux de glycémie a tendance à monter encore plus lentement lorsque le repas ou la collation comporte des matières grasses.

Me croirez-vous si je vous dis que vous devez consommer de bons acides gras si vous voulez perdre de la graisse ? Quoique pareille affirmation aille à l'encontre des idées reçues ces 40 dernières années, il y a maintenant d'excellentes preuves médicales qui viennent à l'appui de cette nouvelle thèse. La solution, c'est de consommer de bonnes matières grasses qui diminuent effectivement les taux de cholestérol total et LDL, tout en procurant au corps la graisse dont il a besoin pour fabriquer des membranes cellulaires, des cellules cérébrales et nerveuses, ainsi que des hormones en bonne santé. La consommation de graisses n'encourage pas la production d'insuline ou de glucagon ; toutefois, parce qu'elle ralentit la vidange gastrique, elle améliore la résistance à l'insuline en réduisant les pics glycémiques qui suivent un repas ou une collation. Le fait de combiner de bonnes matières grasses et des glucides à faible indice glycémique constitue une étape majeure de votre libération de la graisse. Nous allons maintenant examiner le rôle des protéines dans l'alimentation.

Les protéines

Les protéines sont essentielles à notre existence. En fait, après l'eau, c'est la substance la plus importante de notre corps. Les muscles, la peau, les cheveux, les yeux et les ongles sont principalement faits de protéines. C'est la principale composante de la plupart de nos enzymes et des cellules qui constituent notre système immunitaire. Toutes les protéines sont fabriquées à partir d'éléments constitutifs appelés aminoacides et constituées de vingt aminoacides très importants, dont dix sont considérés comme essentiels. Cela signifie que le corps n'est pas en mesure de fabriquer ces dix éléments constitutifs et que si nous voulons survivre, nous devons les lui fournir grâce à notre alimentation.

Peut-être vous demandez-vous pourquoi les protéines, si elles sont si importantes en matière d'alimentation, sont si critiquées ? Comme les graisses, les protéines ont fait l'objet de critiques presque aussi virulentes et constantes que celles-ci. Il se peut que cela soit dû, en partie, au fait que la plus grande source des protéines ingérées sur ce continent provient de la viande rouge et des produits laitiers, qui sont des aliments pleins de graisses saturées.

Malgré leur faible apport en graisses, bon nombre de nutritionnistes et de chercheurs dévalorisent les protéines végétales parce qu'elles sont incomplètes et ne contiennent pas les dix aminoacides essentiels. La carence en protéines est très rare sur ce continent et bon nombre de végétariens ont appris à utiliser une variété de protéines végétales telles que les haricots secs, le soja, les lentilles et les fruits à coque pour assurer l'apport nécessaire en aminoacides essentiels à leur alimentation quotidienne. Selon des études comparatives effectuées sur l'espérance de vie des végétariens et sur celle des gros consommateurs de viande et de produits laitiers, les végétariens vivraient plus longtemps, et en meilleure santé.

Je suis sûr que cela est dû à une consommation réduite de graisses saturées d'une part, et à une exposition réduite aux produits toxiques (hormones, toxines, antibiotiques) contenus dans la viande et les produits laitiers d'autre part. Toutefois, les végétariens ne sont pas pour autant à l'abri de l'insulinorésistance. Si vous êtes végétarien ou pensez le devenir, vous devez soigneusement éliminer les glucides transformés de votre alimentation, car un végétarien moyen consomme 80 % de ses calories sous forme de glucides[11]. L'incidence de l'insulinorésistance chez les végétariens est assez élevée d'ailleurs, tout comme chez les amateurs de viande.

Combien de protéines suffisent?

De nombreux nutritionnistes et experts en soins de santé sont d'avis que l'on ne devrait consommer que de 10 à 20 % de calories sous forme de protéines[12]. D'autres n'hésitent pas à affirmer que les hommes ont besoin de 56 grammes de protéines chaque jour et les femmes, de 45 grammes[13]. Toutefois, les besoins en protéines varient en fonction de la taille, des réserves lipidiques et du niveau d'activité physique de chacun . Dans son livre intitulé *Le régime des stars*, le Dr Sears affirme que l'on devrait consommer 30 % de ses calories sous forme de protéines. Selon lui, pour quatre grammes de glucides consommés, il faudrait consommer trois grammes de protéines[14]. D'autres régimes préconisent de manger peu de glucides, mais beaucoup de matières grasses et de protéines, les matières grasses et les protéines pouvant être consommées à volonté tant que l'on élimine pratiquement tous les glucides (voir le chapitre 9).

Bon nombre de nutritionnistes ajoutent d'ailleurs que si l'on est atteint d'une maladie sérieuse du foie ou des reins, il faut prendre soin de limiter sa consommation de protéines pour ne pas empirer son état de santé. Ces restrictions ne s'appliquent pas toutefois aux personnes normales et en bonne santé. Je suis personnellement plus soucieux du tiers de la population qui cherche actuellement à perdre du poids au moyen de régimes. La plupart de ces personnes suivent un régime faible en matières grasses et riche en glucides *qui est par définition également faible en protéines.* La plus grande part des aliments éliminés de ces régimes sont des graisses très saturées, mais celles-ci représentent leur principale source de protéines (viande et produits laitiers). Je m'inquiète tout autant à propos de très populaires régimes faibles en glucides qui mettent les cellules littéralement au jeûne et mènent à l'acétose. Il faut savoir en effet que, tout comme il existe de bons et de mauvais glucides et de bons et mauvais lipides, il existe aussi de bonnes et de mauvaises protéines.

Je ne suis pas un grand partisan de la quantité énorme de produits laitiers consommés actuellement aux États-Unis et au Canada. L'industrie laitière a bien réussi à nous convaincre que le lait, la crème, le beurre et le fromage sont des aliments bénis. La vérité est pourtant tout autre. Ces aliments sont bourrés de graisses saturées, en particulier la graisse butyrique (celle du beurre). La graisse du lait entier qu'on trouve sous forme concentrée dans la crème, la crème glacée, le fromage et le beurre est la source la plus dense de graisses animales saturées (54 %) qui soit[15]. Je suis d'accord avec le Dr Andrew Weil qui affirme dans son livre intitulé *Eating for Optimal Health* que, dans notre alimentation occidentale, la graisse butyrique, particulièrement sous forme de fromage, est sans doute le facteur le plus important d'excès de graisses saturées expliquant les pourcentages élevés de maladies cardiovasculaires dans nos sociétés[16]. Il poursuit en disant que la graisse butyrique est l'une des seules sources naturelles d'acides gras trans. En outre, les protéines du lait sont depuis longtemps considérées comme un allergène et un irritant majeurs de notre système immunitaire. Les allergies au lait sont parmi les plus courantes dans ma pratique, chez les enfants comme chez les adultes. En effet, la plupart d'entre nous n'ont pas l'enzyme nécessaire, la lactase, pour métaboliser le lactose, principal sucre du lait. C'est d'ailleurs la première chose qui me vient à l'esprit lorsqu'un patient se plaint de gaz intestinaux excessifs ou de crampes abdominales.

Les sources de protéines en qualité

Premières sources en qualité : les fruits à coque, les avocats, les olives, les haricots, le soja et les légumineuses.

Deuxièmes sources en qualité : les poissons d'eaux froides tels que le saumon, le maquereau, la truite, les sardines et certains types de thon (contiennent des protéines de bonne qualité et sont riches en oméga-3).

Troisièmes sources en qualité : la volaille. Bien que cette forme de protéine contienne des graisses saturées, la graisse de l'oiseau se trouve principalement à l'extérieur de la chair dans laquelle elle n'est pas incrustée et peut donc être facilement enlevée.

Les sources de protéines qui laissent à désirer : la viande rouge et les produits laitiers. Lorsque vous consommez de la viande rouge, achetez les coupes les plus maigres possible. Choix recommandés : le gibier sauvage, le bison, les bovins engraissés à l'herbe, le bétail élevé biologiquement et le hachis de dinde.

Les protéines et l'insulinorésistance

Je pense que le manque de bonnes protéines dans notre alimentation est la principale raison pour laquelle tant de Nord-Américains développent une insulinorésistance et prennent en conséquence trop de poids. Nous avons vu dans leurs grandes lignes les raisons pour lesquelles nous avons tous besoin de protéines dans notre alimentation. Il est impératif d'en consommer, quand c'est possible, à chaque repas et goûter. Toutefois, je suis convaincu qu'il est également excellent de manger, en goûter, un aliment à faible indice glycémique, un fruit entier par exemple, qu'il soit accompagné ou non de protéines. Ce qui importe ici, c'est que le goûter ait un faible indice glycémique et ne provoque pas de pic glycémique. Il est néanmoins essentiel de consommer de bonnes protéines à chaque repas.

Le fait de faire des repas de protéines le plus souvent possible améliore considérablement le rapport insuline / glucagon. Les protéines sont métabolisées et absorbées bien plus lentement que la plupart des glucides, ce qui permet au taux de glycémie de grimper progressivement. De faibles taux de glycémie et les protéines stimulent la production d'une hormone appelée cholécystokinine (CCK) qui régit le transit intestinal, les contractions de la vésicule biliaire et la sécrétion des enzymes du pancréas. Cette hormone ralentit la vidange gastrique et améliore la digestion des repas. On a d'ailleurs pu déterminer que la CCK joue un rôle important de régulateur de la satiété après un repas. Les matières grasses et les acides aminés des protéines sont les plus puissants stimulateurs de CCK à la suite des repas. Nous mangeons donc moins et nous nous sentons plus rapidement rassasiés lorsque nous combinons de bonnes protéines et de bonnes matières grasses dans un repas ou un goûter[17]. Tous les effets hormonaux et métaboliques des lipides et des protéines améliorent la sensibilité à l'insuline, le sentiment de satiété et le rapport insuline / glucagon.

Conclusion

Les graisses, comme les protéines, ne sont donc pas dans l'ensemble mauvaises. Notre corps a besoin de ces macronutriments pour fonctionner à plein rendement. Le problème vient donc des types de graisses et de protéines que nous consommons. Or, les bonnes graisses et protéines recommandées dans ce chapitre contribuent largement à l'amélioration de notre santé et de notre insulinorésistance. La joie et le plaisir de manger peuvent être décuplés une fois que nous commençons à réintroduire ces aliments dans notre alimentation. Les hommes en particulier apprécient le fait qu'ils vont dorénavant manger plus de protéines et de graisses de bonne qualité. Il est néanmoins essentiel de savoir quels sont les aliments riches en bonnes protéines et en bonnes graisses. Pour cela, il vous faut consulter les pages de ressources à la fin du livre.

CHAPITRE 13

L'exercice qui mène à la liberté

Regardez donc votre chien : s'il est trop gros,
c'est que vous ne bougez pas assez.
— Evan Esar

Avez-vous déjà pris le temps de réfléchir à la force et à la flexibilité incroyables du corps, ainsi qu'aux exploits de la force humaine à travers l'histoire de l'homme ? On est d'ailleurs époustouflé lorsqu'on considère les difficultés que le corps peut endurer ! Pensez aux défis auxquels faisaient face les anciens peuples nomades qui avaient à traverser de grandes étendues de terre, ou même aux exploits de nos ancêtres qui avaient immigré, bravant la sécheresse, les eaux vives, la famine, les blizzards, les températures glaciales, de dangereux animaux, les tempêtes de sable, les mers impitoyables et les cimes de montagnes austères. Le corps survit à tout cela ; miraculeusement, il s'en tire et en ressort toujours plus fort. Il existe pourtant un avatar que le corps humain ne peut pas vaincre : l'inactivité.

Selon une étude publiée en 2003 dans *The New England Journal of Medicine*, l'inactivité physique pourrait être plus néfaste à la santé que d'autres facteurs de risque bien connus tels que la cigarette, l'hypertension et la maladie cardiovasculaire. L'auteur principal de cette étude, Jonathan Myers a affirmé la chose suivante dans l'édition de juillet 2003 du magazine *Prevention :* « Selon notre étude, la capacité d'exercice d'une personne, mesurée par ses capacités au tapis roulant, représente la meilleure façon de prédire son espérance de vie. Elle démontre également qu'en dépit de tous nos autres facteurs de risque, une bonne forme physique peut réduire de moitié le risque de mourir prématurément !

Ce qui nuit le plus à la merveilleuse création qu'est notre corps, c'est l'immobilité. De par sa conception, en plus de posséder une force et une endurance formidables, notre corps *a besoin* d'efforts physiques. Nous avons été conçus pour travailler et jouer avec ardeur. J'ai entendu dire un jour qu'au cours d'une période couvrant 90 % de l'histoire de l'humanité, 90 % des humains ont passé 90 % de leur temps à transporter de l'eau et à se construire un toit. Voilà de quoi remettre la vie en perspective, n'est-ce pas ? Notre corps a bien été conçu pour supporter des situations physiques difficiles.

Par contre, nous ne sommes pas en mesure de supporter une grande quantité de stress mental et émotionnel tout en restant pratiquement immobiles. Étant donné les progrès de la technologie, il nous serait facile de sceller notre propre sort. Le corps humain n'est pas en mesure de supporter la vie sédentaire que nous sommes nombreux à mener. Nous nous réveillons le matin, prenons une douche, montons dans notre voiture et la conduisons jusqu'au bureau où nous la garons tout près, prenons l'ascenseur, nous dirigeons vers notre poste de travail modulaire situé trois portes plus loin, restons assis toute la journée à résoudre des conflits pénibles et, à midi, grignotons notre sandwich tout en travaillant ; puis, avec une heure d'avance pour éviter les embouteillages, nous reprenons l'ascenseur situé trois portes plus loin, reprenons notre voiture et rentrons à la maison pour nous installer devant la télévision…

Le fait de dire « J'ai besoin d'exercice », c'est passer à côté de la question, n'est-ce pas ? Après tout, il nous faut manger, dormir… et bouger. Il est tellement décevant de découvrir que le mot *exercice* a pris, dans notre culture, le même sens minable et erroné que le mot *régime*. L'alimentation, ce n'est tout de même pas comme si on entreprenait un régime de 21 jours de torture, pas plus que notre besoin d'exercice n'est une activité de 30 minutes prévue à notre agenda. Manger des aliments délicieux et bouger sans douleur sont deux des plus grands plaisirs de la vie. Non seulement nous sommes nés avec la capacité de choisir ce que nous mangeons et où nous voulons aller, mais notre corps peut faire tout cela avec force, agilité, rapidité et créativité. Nous sommes en vie, c'est notre nature ! Même le corps de mon ami quadriplégique a besoin de bouger grâce à une thérapie spéciale.

L'exercice n'est pas qu'affaire de discipline, c'est aussi une forme de liberté qui nous vient de Dieu. La vie doit être vécue à pleine capacité, par tous nos sens, dans tout notre espace conscient, et dans tout notre corps. Observez un petit enfant. Il s'efforce d'atteindre les objets et étire le bras. Regardez comment les petites filles dansent, sautent à la corde et courent. C'est notre nature. C'est donc notre façon de voir les choses que nous devons changer. À combien évaluez-vous votre liberté physique ? Si vous en abusez, vous en serez privé en moins de deux. Et pourtant, lorsque je demande à mes patients combien ils marchent ou bougent chaque jour, ils me répondent ce que dit Garfield, le gros chat des dessins animés : « Lorsque l'idée de bouger me vient à l'esprit, je m'allonge en attendant qu'elle disparaisse. »

Même si elle nous fait sourire, cette mentalité n'est visiblement pas aussi rare qu'on le pense. Selon des sondages d'envergure, on estime que 22 à 30 % des adultes nord-américains ne font *aucune* activité physique pendant leur temps de loisir (même pas de la marche[1]). Bien que la plupart d'entre nous soient conscients des bienfaits importants de l'exercice – si modéré soit-il – sur notre santé, presque un tiers de notre population choisit malgré tout de ne pas en faire de façon constante ! J'irais même jusqu'à dire que beaucoup d'autres personnes qui disent s'y adonner n'en font, au mieux, que peu, elles aussi.

Notre Directeur général de la santé a publié, au début des années 1980, un communiqué selon lequel un programme d'exercice léger avait les effets bénéfiques suivants sur la santé :

- Perte de poids
- Diminution de la pression artérielle
- Renforcement de l'ossature et diminution du risque d'ostéoporose
- Diminution des taux de cholestérol total
- Diminution des taux de « mauvais » cholestérol LDL
- Augmentation des taux de « bon » cholestérol HDL
- Diminution des taux de triglycérides – l'autre graisse présente dans le sang
- Accroissement de la force et de la concentration, donc diminution des chutes et des blessures
- Renforcement du système immunitaire
- Amélioration générale du sentiment de bien-être
- Sensibilité accrue à l'insuline

En tant que médecin en contact quotidien avec des patients immobilisés et souffrant des effets d'un excès de poids, j'accorde une extrême importance à tous ces effets positifs. Je suis d'ailleurs terriblement découragé par le fait que bon nombre de mes patients sont affaiblis au point de ne pouvoir effectuer des tâches journalières simples à cause de leur inactivité chronique. Dans ce chapitre, nous allons donc nous intéresser non seulement aux effets bénéfiques que l'exercice a sur le poids, mais avant tout à ceux qu'il a sur la sensibilité à l'insuline. En effet, parce qu'il porte sur la santé en général, c'est de loin son effet le plus crucial en matière de libération des graisses.

L'exercice améliore la sensibilité à l'insuline

Maintenant que vous avez compris que l'insulinorésistance est la souche du problème de la majorité écrasante des personnes aux prises avec des problèmes de poids, nous poursuivrons notre étude sur la façon dont vous aussi pouvez contrer ce fléau grandissant. L'activité physique (autrement dit l'exercice) est l'une des trois composantes nécessaires à l'atteinte de cet objectif. Nul besoin ici d'être coureur de marathon; non, tout simplement, la marche rythmée effectuée de façon régulière est l'un des principaux moyens de se libérer de sa graisse corporelle. Selon les données de plusieurs études scientifiques, même l'exercice modéré a des effets positifs sur l'insulinorésistance. Il est donc important que nous examinions ces études, afin que vous appreniez à choisir plus efficacement les exercices qui vous conviennent le mieux.

L'exercice physique et la sensibilité à l'insuline

Les athlètes bien entraînés ont une caractéristique commune : tous ont de faibles taux d'insuline dans le sang et sont extrêmement sensibles à l'insuline[2]. Cela ne semble pas dépendre de l'activité ou du sport qu'ils pratiquent, mais plutôt du fait qu'une excellente forme physique est réellement bénéfique à la santé.

Les haltérophiles et les athlètes qui font principalement de l'exercice non aérobique (exercice de musculation) métabolisent le glucose passablement rapidement en raison de leur masse musculaire accrue. Comme 80 à 90 % de la glycémie est absorbée par les cellules musculaires, les muscles de ces athlètes ont de quoi suffire. En fait, selon la plupart des études, ces personnes ont une masse musculaire de 35 % supérieure à celle de la population témoin de personnes sédentaires. Il importe de se rappeler qu'en début d'insulinorésistance, le muscle commence par devenir résistant à l'insuline et, par conséquent, détourne le sucre vers les cellules adipeuses où il est transformé en graisse. Par conséquent, *plus* on a de muscles aptes à absorber et à utiliser le sucre, moins ce dernier sera transformé en graisse[3].

Les coureurs et les athlètes qui font surtout de l'exercice *aérobique*, par contre, métabolisent le glucose encore *mieux* que les haltérophiles parce qu'ils ont une sensibilité à l'insuline généralement supérieure. Par conséquent, il semblerait que l'exercice aérobique soit plus important pour inverser les effets de l'insulinorésistance que les exercices de musculation. Comme vous le verrez plus loin dans ce chapitre, il y a cependant beaucoup de bonnes raisons d'inclure à la fois des exercices aérobiques et de musculation dans votre programme d'exercice.

La puissance de l'activité physique

Certaines études ont assuré le suivi de personnes sédentaires et en mauvaise forme physique peu après qu'elles se sont mises à faire de l'exercice. Or, selon ces recherches cliniques, l'amélioration de la sensibilité à l'insuline serait directement proportionnelle à celle de la forme physique[4]. Il s'agit là d'une observation importante, car la plupart des personnes qui souhaitent perdre du poids sont en mauvaise condition physique depuis assez longtemps. Vous verrez lorsque vous adopterez ces nouvelles habitudes de vie que le corps a une capacité de changer remarquable ; en effet, la plus grande part des problèmes médicaux et de surpoids dus à de mauvaises habitudes alimentaires et à une vie sédentaire peuvent être inversés. Il faut aussi savoir que même si une activité intense peut nettement améliorer la sensibilité à l'insuline[5], une activité physique modérée à long terme (comme la marche) est également extrêmement efficace pour vaincre l'insulinorésistance[6].

LA PLUS GRANDE PART DES PROBLÈMES MÉDICAUX ET DE SURPOIDS DUS À DE MAUVAISES HABITUDES ALIMENTAIRES ET À UNE VIE SÉDENTAIRE PEUVENT ÊTRE INVERSÉS.

Quel que soit votre âge ou votre forme physique, il existe des preuves médicales convaincantes montrant que l'activité physique modérée peut améliorer la sensibilité à l'insuline[7]. Cette amélioration est directement liée à l'exercice aérobique et n'est pas le résultat de la perte de poids, comme le pensent bien des médecins[8].

Un programme d'exercice modéré pour les personnes en surpoids

Les preuves d'insulinorésistance chez les personnes obèses, recueillies lors d'essais cliniques, sont surtout dues au manque de sensibilité à l'insuline du *tissu musculaire*[9]. Une fois que celui-ci a été stimulé par l'exercice, les personnes en surpoids deviennent nettement plus réceptives à l'insuline au niveau de leurs muscles et leur corps est de nouveau en mesure d'absorber le glucose du sang et de l'utiliser dans les muscles, plutôt que de le détourner vers le tissu adipeux.

Le Dr A. S. Leon et ses collaborateurs ont étudié l'effet d'un programme d'exercice modéré (marche rythmée pendant 15 à 90 minutes, cinq fois par semaine) chez des personnes auparavant sédentaires et en surpoids. Au bout de la 16e semaine du programme, on a observé chez tous les participants une augmentation significative (de presque 50 %) de leur sensibilité à l'insuline. Cet essai clinique avait entraîné une perte de graisse moyenne de six kilos[10].

Comment l'exercice affecte la sensibilité à l'insuline

L'EXERCICE A PLUSIEURS EFFETS POSITIFS SUR LA SENSIBILITÉ À L'INSULINE, CE QUI FACILITE LE RÉTABLISSEMENT D'UNE RÉPONSE INSULINIQUE NORMALE.

1. Le lit capillaire (les petits vaisseaux sanguins) du muscle se dilate réellement et augmente considérablement la circulation du sang vers le muscle. Rappelez-vous que l'une des principales causes de l'insulinorésistance, c'est la vasoconstriction (rétrécissement des artères) du lit capillaire, qui réduit l'afflux sanguin au muscle.

2. L'exercice physique est essentiel à une bonne circulation du tissu musculaire et permet un apport bien supérieur d'insuline à la cellule musculaire. L'approvisionnement de celle-ci en glucose est considérablement accru, grâce à la multiplication des sites récepteurs sur la cellule musculaire et à l'amélioration de l'approvisionnement en glucose du site postrécepteur[11].

3. On a démontré que l'exercice physique augmente la sensibilité à l'insuline du tissu musculaire proportionnellement à l'amélioration de la bonne condition physique[12].

Le maintien des effets bénéfiques de l'exercice sur la santé

« Salut, Jean. Je t'ai vu marcher pendant ta pause de midi. Bravo ! »

« Ouais, mais j'ai maintenant un peu abandonné. Après l'avoir fait pendant trois semaines, je n'avais pas l'impression de perdre beaucoup de poids, tu sais ! Je crois que ce bon vieux corps a besoin d'une remise en état complète, pas seulement d'une balade dans le quartier pendant ma pause du midi. »

Cela m'attriste toujours de surprendre des conversations de ce genre parce que, ce que Jean ne comprend pas, c'est que le plus longtemps une personne suit son programme d'exercice, le plus longtemps elle sera en mesure de rester sensible à l'insuline de son corps. Même un programme d'exercice aérobique modéré prévient l'apparition du diabète de type 2, particulièrement chez les patients souffrant de surpoids[13]. Étant donné que 80 % des gens qui développent un diabète de type 2 souffrent d'un excès de poids, la mise en forme et l'exercice sont pour eux primordiaux. En fait, l'effet protecteur qu'apporte un programme d'exercice profite particulièrement aux personnes en surpoids[14].

Le Dr Mayer-Davis et ses collaborateurs ont affirmé dans le *Journal of American Medical Association* qu'une activité physique régulière et *constante* était plus efficace pour améliorer l'insulinorésistance que des épisodes intensifs d'activité physique[15]. Autrement dit, faire de l'exercice de façon vigoureuse pendant un ou deux jours et puis plus rien pendant une ou deux semaines n'est pas très utile. Le secret, c'est de pratiquer une activité régulière tout au long de sa vie.

Les athlètes de haut niveau arrivent à maintenir leur sensibilité accrue à l'insuline pendant des années, même après qu'ils ont cessé leur entraînement[16]. Par contre, les personnes auparavant inactives ou les personnes diabétiques qui interrompent leur programme d'exercice observeront, elles, un déclin rapide de leur sensibilité à l'insuline en moins d'une semaine ou deux[17]. Il faut aussi choisir une activité qui corresponde à ses propres moyens physiques afin de ne pas se décourager en cours de route. Il faudrait commencer par une activité familière puis augmenter la difficulté de l'exercice.

Combien d'exercice faut-il?

On me pose fréquemment la question suivante : « Quel type d'exercice faut-il que je fasse, et à quelle fréquence, pour accroître ma sensitivité à l'insuline ? » Il est essentiel de fournir une réponse à ces questions parce qu'il nous faut bien un point de départ. Toutefois, il est tout aussi important d'avoir une certaine vision de l'avenir. Autrement dit, nous avons tous besoin d'un objectif à court terme comme d'une vision à long terme. Quel est donc votre objectif ? Avez-vous perdu votre vision de vue ? Pourquoi ne pas commencer dès aujourd'hui à faire un premier pas, même modeste ?

Il a été démontré que tout type d'exercice *aérobique* contribuait à améliorer la sensibilité à l'insuline chez quiconque, particulièrement chez les personnes inactives, en surpoids ou qui sont atteintes d'un diabète de type 2. Plus l'activité sportive ou l'exercice aérobique est énergique et rigoureux, plus l'insulinorésistance s'en trouve améliorée[18]. Il n'en reste pas moins que l'exercice modéré est aussi très efficace[19, 20]. Les programmes d'amaigrissement et d'exercice autres que le mien reposent sur la prémisse que « le nombre de calories ingérées ne devrait pas dépasser le nombre de calories brûlées ». Selon moi, toutefois, la meilleure raison de faire de l'exercice est tout autre : c'est d'utiliser vos calories du mieux que votre corps le peut plutôt que de les stocker. Ce n'est pas parce que vous dépensez de l'énergie au cours de votre programme d'exercice que vous perdrez du poids ; non, c'est parce que vous devenez plus sensible à l'insuline et que votre « train de glucose » est de nouveau aiguillé vers le muscle où il peut être entièrement utilisé. Une fois l'insulinorésistance corrigée, le corps est en mesure, finalement, de se libérer de ses graisses. Le nombre de calories brûlées au cours de l'exercice est sans importance en comparaison de l'ensemble des changements métaboliques qui ont lieu grâce à la mise en échec de l'insulinorésistance. Avec cela en tête, je vais vous parler d'un programme d'exercice qui va vous servir d'entraînement quotidien et qui vous mènera à la liberté ultime. Vous y consacrerez un moment privilégié de la journée afin d'être sûr de pratiquer un niveau minimum d'activité nécessaire.

> *SELON MOI, LA MEILLEURE RAISON DE FAIRE DE L'EXERCICE EST TOUT AUTRE : C'EST D'UTILISER VOS CALORIES DU MIEUX QUE VOTRE CORPS LE PEUT PLUTÔT QUE DE LES STOCKER.*

Comment on vainc l'insulinorésistance

Lorsqu'on commence à mettre en échec l'insulinorésistance, la quantité de graisse libérée est déclenchée par un processus bien plus fondamental qu'une diminution des calories.

- Le tissu musculaire se met à absorber le glucose de façon plus normale (de 80 ou 90 % généralement) à la suite d'un repas.
- Les taux d'insuline (hormone de stockage des graisses) diminuent.
- Les taux de glucagon (hormone qui brûle les graisses) augmentent.
- Un bon équilibre s'installe entre ces deux hormones.
- Les changements métaboliques néfastes commencent à régresser.
- On commence à se libérer de la graisse de façon normale.

Programme personnel régulier et efficace de conditionnement physique

J'ai observé quelques vérités au cours de mes trente années de pratique clinique, particulièrement en ce qui concerne l'art de diriger mes patients et de les encourager à apporter de saines modifications à leurs habitudes de vie. Pour commencer, la démarche consiste à choisir un programme d'exercice pratique et réalisable. Ensuite, les patients doivent saisir l'importance d'adopter un programme régulier et efficace, ce qui est beaucoup plus facile qu'on ne le pense. Et enfin, il faut les encourager à prendre les mesures nécessaires à l'atteinte de leurs objectifs, soit une santé améliorée et une perte de poids permanente.

La démarche

Pour que l'exercice aérobique ait un effet bénéfique quelconque sur l'insulinorésistance, et donc sur la perte de graisse, une personne doit s'entraîner à faire de l'exercice vigoureux pendant 30 à 45 minutes, cinq fois par semaine. Je dis « cinq fois par semaine » parce que le corps a également besoin de se reposer et de se refaire, surtout si cela fait des mois que vous êtes pratiquement inactif. Pour améliorer votre force, votre résistance et votre endurance, vous devez accorder à vos muscles et à votre corps du repos salutaire au cours de la semaine d'exercice.

Régulier et efficace

Il est essentiel, néanmoins, de faire de l'exercice au moins trois fois par semaine, sinon cela ne sert pas à grand-chose. Vous devez absolument suivre un programme d'exercice aérobique si vous voulez avoir la moindre chance de perdre du poids d'une façon significative et permanente. Regardez les choses sous ce jour: le médecin vous a prescrit de sortir de votre vie banale et de vous amuser!

Votre programme d'exercice doit vous divertir autant que cela est humainement possible et se dérouler dans une atmosphère où vous êtes tout à fait à l'aise, pas nécessairement dans un gymnase, un centre de conditionnement physique ou un endroit public. Bon nombre de personnes ne sont pas à l'aise dans leur corps et ne veulent pas s'entraîner dans un environnement qu'elles jugent compétitif et inconfortable. Il y en a d'autres, par contre, à qui le centre de conditionnement physique ou le YMCA procure la satisfaction de s'entraîner avec d'autres, ou encore l'encouragement et le soutien d'un programme d'exercice en groupe. Ce qui importe c'est de choisir un programme d'exercice dans lequel vous vous sentez bien et qui vous plaît.

Atteignez tous vos objectifs

Je ne m'adresse pas à vous en tant que gourou du conditionnement physique, mais en tant que médecin qui ne préconise qu'un programme d'exercice sans risque et visant la santé dans son ensemble. Je recommande à la plupart de mes patients de commencer par un simple programme de marche parce que c'est un exercice facile et doux, et qui n'occasionne aucune dépense en équipement ou en adhésion à un club de santé. Certains patients préfèrent faire du vélo, du jogging, de la natation, jouer au tennis ou au racquetball ou participer à un groupe d'exercice aérobique dans un centre de conditionnement physique.

Pratiquer des activités combinées est encore mieux. Composez-vous un programme de deux ou de trois activités aérobiques différentes. Par exemple, vous pouvez jouer au tennis deux fois par semaine et marcher en jouant au golf trois fois par semaine. Personnellement, j'aime bien combiner les exercices de résistance et les exercices aérobiques plus rigoureux, soit pendant la même séance, soit en les répartissant entre les jours de la semaine.

Pourquoi les programmes d'exercice échouent lamentablement

Le corps jouit d'une capacité incroyable de développement et d'adaptation à des activités et à des efforts accrus. Mais il faut lui laisser le temps. Une fois que vous aurez atteint un certain niveau de bonne condition physique, vous n'en reviendrez pas à quel point vous vous sentirez mieux et combien vous aurez hâte de vous remettre à faire de l'exercice. Cela deviendra en fait une saine accoutumance. La triste vérité, néanmoins, c'est qu'un nombre accablant de ces programmes d'exercice échouent lamentablement. Pourquoi ?

Nous pensons que ce n'est pas « notre truc »

Il est possible que vous ayez choisi consciemment d'éviter l'effort physique à tout prix. On pourrait trouver bon nombre de raisons pour expliquer votre décision, mais je me risquerais à dire que la plupart ont à voir avec le fait que vous ne vous voyez pas en sportif. Vous n'allez tout de même pas vous joindre à un centre de conditionnement physique et vous retrouver « au beau milieu de tous ces "fanas" de la gym qui, de toutes façons, sont trop minces ! ». Si vous vous reconnaissez dans ce portrait, je me permets de vous rappeler que Dieu vous a conçu pour bouger et vous amuser dans toute activité où vous êtes à l'aise.

Nous pensons que l'exercice est une activité qu'il faut insérer dans une vie déjà active

L'une des principales raisons pour lesquelles les programmes d'exercice échouent rapidement, c'est que les gens croient qu'ils peuvent simplement les « coincer » dans un petit créneau de leur agenda surchargé. Même si cela semble évident, je peux vous assurer qu'on abandonne bon nombre d'habitudes pour une seule raison : c'est toujours notre emploi du temps qui prend le dessus ! Selon mon expérience, la seule façon de réussir à suivre un programme de façon régulière, c'est de programmer un moment pour chaque activité. Bon nombre de mes patients programment effectivement une séance d'exercice pour tous les jours de la semaine, tout en sachant qu'il y a de fortes chances qu'ils manquent deux ou trois séances chaque semaine en raison d'imprévus.

Si vous avez pour objectif personnel de perdre du poids et de rester mince de façon permanente, sachez que vous n'y arriverez pas sans un programme régulier et efficace d'exercice. Par conséquent, vous devez en faire une priorité dans vos nouvelles habitudes de vie. Avant longtemps vous verrez que vous vous sentirez si bien que vous ne serez plus obligé de programmer chacune de vos séances. Vous voudrez tout simplement jouer, parce que c'est amusant.

Nous anticipons une mise en forme «accélérée»

N'en faites pas trop au tout début ! La plupart des gens qui ont des problèmes de poids ou qui souffrent d'une insensibilité à l'insuline ne sont pas en bonne condition physique depuis des années. Il est facile de s'enthousiasmer et d'être si déterminé à retrouver sa forme que l'on voudrait y arriver rapidement. Mais ce n'est pas une course contre la montre.

Nous savons tous qu'«il faut casser le noyau pour avoir l'amande»

Une autre raison pour laquelle les programmes d'exercice échouent, c'est que certaines personnes appliquent littéralement le proverbe «Il faut casser le noyau pour avoir l'amande» à leur entraînement. Invariablement, elles se blessent et doivent cesser tout programme d'exercice pendant un certain temps. Une fois rétablies, elles essaient de rattraper le temps perdu, se blessent ailleurs et doivent de nouveau s'arrêter.

C'est exactement l'opposé qu'il vous faut faire pour vous lancer dans un programme d'exercice efficace : commencez lentement et prudemment. Soyez bon pour votre corps. Votre physique vous fait peut-être honte à l'heure actuelle, et vous vous sentez peut-être même trahi par lui ; pourtant, c'est celui que vous aurez toute votre vie durant. Cessez donc de lui résister et acceptez ce que vous pouvez en faire aujourd'hui.

Un bon choix

Si vous avez opté pour un programme de marche, procurez-vous de bonnes chaussures et portez des vêtements confortables. Choisissez si possible un endroit sûr, agréable et serein. Équipez-vous d'un casque d'écoute si vous devez marcher près d'une rue passante. Ayez pour but de marcher confortablement et d'améliorer votre endurance afin de pouvoir marcher trente minutes sur du plat, et sans vous préoccuper de votre vitesse. Ne manquez pas non plus de profiter de la beauté du ciel et de ce qui vous entoure.

Je vous encourage à ne vous entraîner que trois fois par semaine le premier mois, puis à augmenter progressivement ces sorties jusqu'à cinq. Une fois que vous pourrez marcher confortablement pendant 30 minutes cinq fois par semaine, accélérez un peu et marchez d'un bon pas (marche rapide). Une fois que vous serez à l'aise à cette nouvelle vitesse, entraînez-vous à faire de la marche rapide pendant 45 minutes, cinq fois par semaine, soit environ cinq kilomètres ou au moins un en 10 minutes.

Évaluez soigneusement vos limites

Vous devez prendre en compte toute limite imposée par votre physique lorsque vous envisagez un type de programme d'exercice. Si vous avez plus de 40 ans ou que vous courez des risques sérieux de maladies du cœur (hypertension artérielle, taux de cholestérol élevé, diabète), vous devrez consulter votre médecin avant de vous lancer dans quelque programme d'exercice que ce soit. Si vous souffrez de troubles musculosquelettiques (maux de dos, de genoux et autres), vous devriez demander à votre médecin de vous recommander un physiothérapeute qui serait en mesure de vous initier à un programme d'exercice qui n'aggraverait pas votre problème de base. Même si vous pensez que vos contraintes sont mineures, tenez-en compte, cela est important. Si vous avez mal aux pieds et que le fait de marcher aggrave votre douleur, optez plutôt pour une activité douce telle que le vélo ou la natation.

Prévoyez d'autres choix

Selon qu'il s'agisse d'une activité extérieure ou intérieure constitue un autre facteur important dans le choix d'un programme d'exercice. Si vous vivez dans un climat froid et que vous aimez énormément marcher dehors, il vous faut avoir une solution de rechange pour l'intérieur, comme par exemple un tapis roulant. Il est essentiel que vous ayez une activité qui soit réalisable à longueur d'année, quel que soit le temps qu'il fait dehors.

Les avantages des exercices de musculation

Il est effectivement essentiel de faire de l'exercice aérobique si l'on veut améliorer sa sensibilité à l'insuline. Toutefois, chacun doit envisager d'inclure dans son programme un type quelconque d'exercices de musculation. Les gens sont encore nombreux à réagir de façon négative face à l'entraînement musculaire ou contre résistance, car, selon eux, la musculation s'adresse uniquement aux athlètes. Et pourtant la musculation présente des bienfaits réels en matière de condition physique et de santé pour la moyenne des adultes de tous les âges.

Si les programmes aérobiques mettent généralement l'accent sur les extrémités inférieures du corps, un programme de musculation bien conçu fait travailler les extrémités supérieures ; il peut les rendre plus fortes et stimuler la croissance de leurs os allongés, tout comme pour l'épine dorsale, le bassin et les côtes. Les résultats sont parfois excellents chez les gens qui souffrent ou ont tendance à souffrir d'ostéoporose.

Lorsqu'elles perdent du poids, bien des personnes ne sont pas préoccupées par le fait qu'elles perdent de la masse musculaire en même temps que de la graisse ; elles veulent simplement « perdre du poids ». Or, il ne faut pas oublier que le muscle est notre « moteur » et qu'il est donc essentiel à la métabolisation du glucose contenu dans les repas, qui serait autrement transformé en graisse.

Tout le monde sait que l'on commence à perdre de la masse musculaire dès l'âge de 35 ans, à moins de pratiquer de l'entraînement musculaire. On croyait autrefois que la perte de masse musculaire, particulièrement dans la partie supérieure du corps, faisait partie du processus de vieillissement. Cela est loin d'être vrai. La musculation aide non seulement à contrecarrer la perte de muscle associée à l'âge, mais elle peut aussi faire augmenter la masse musculaire, même chez des personnes âgées de quatre-vingts ou quatre-vingt-dix ans. La musculation peut prévenir la perte de masse musculaire et même développer le muscle, tout en contribuant à votre perte de poids.

Selon certaines études, les personnes âgées et en bonne santé ont tendance à tomber moins souvent si elles sont plus fortes. Un programme de musculation bien élaboré peut également contribuer au maintien de la souplesse et d'un bon équilibre. Ces bienfaits peuvent être intensifiés par des exercices d'étirement. Un programme d'entraînement adéquatement conçu peut également avoir des effets cardiovasculaires significatifs. La musculation joue un rôle majeur dans la prévention des crises cardiaques en préparant le système cardiovasculaire à gérer plus efficacement les changements brusques de pression artérielle et de fréquence cardiaque.

Un programme de musculation peut être assez facile à intégrer dans les habitudes de vie de quiconque, qu'il s'agisse de poids et haltères, d'appareils ou de callisthénie, c'est-à-dire d'exercices sans équipement tels que les redressements assis, les «pompes», les flexions de jambes et autres. Tous ces moyens sont très efficaces pour renforcer le corps. Personnellement, je me suis acheté un appareil *Bowflex* que j'utilise pendant 20 minutes, trois fois par semaine. Quelle que soit la méthode choisie, assurez-vous qu'elle est abordable et sûre, et que vous y aurez recours de façon régulière. Recherchez un bon équilibre entre l'aérobique, la musculation et les étirements. N'oubliez pas, néanmoins, que l'exercice aérobique est celui qui compte le plus en matière d'insulinorésistance.

Des habitudes de vie sédentaire

La plupart des gens croient que s'ils suivent un bon programme d'exercice, ils n'ont pas à se soucier des moments d'inactivité de la journée. Or cela est faux. Le Dr Frank Hu et ses collaborateurs ont affirmé dans le *Journal of American Medical Association (JAMA)* que les personnes qui avaient des comportements sédentaires, qu'elles participent ou non à un programme d'exercice, voyaient leur taux métabolique baisser considérablement et la plupart des bienfaits tirés d'un éventuel programme d'exercice s'annihiler. Ces résultats de l'étude ont été mis en évidence par le fait que les personnes qui avaient un comportement sédentaire, particulièrement celles qui passaient beaucoup de temps devant la télévision, couraient également un risque considérablement accru d'obésité et de diabète de type 2[21].

Dans un sondage effectué en 1997, on a observé qu'un homme adulte passait environ 29 heures par semaine devant la télévision, et une femme, 34. En comparaison d'autres activités sédentaires telles que la couture, les jeux de société, la lecture, l'écriture et la conduite automobile, c'est la télévision qui avait l'effet le plus néfaste sur le taux métabolique[22]. Le fait d'être constamment exposé à des annonces publicitaires d'aliments et de bière, ainsi que l'habitude de manger devant la télévision, mènent à une consommation accrue de nourriture et donc de calories, ainsi qu'à de mauvaises habitudes alimentaires. On a aussi établi un lien direct entre les longues heures passées devant la télévision et l'obésité chez les enfants[23]. Donc, ce que vous faites pendant votre temps de loisir est aussi important que votre programme d'exercice. Il est bien dommage que certains d'entre nous nous adonnions à des activités physiques amusantes et efficaces, seulement pour en neutraliser les effets bienfaisants en nous avachissant devant la télévision pendant quatre à cinq heures par jour.

En établissant des habitudes de vie plus actives chez vous et en suivant un programme d'exercice modéré, vous pouvez réduire votre risque d'obésité de 30 % et celui de diabète de type 2 de 43 %[24]. Je vous conseille donc de ne pas accorder à la télévision plus de dix heures par semaine. Par le fait même, vous trouverez le temps de suivre un excellent programme d'entraînement !

Conclusion

Notre objectif ultime, c'est la liberté, la libération de l'emprise de l'insulinorésistance ou de l'abus d'insuline qui s'est développé au cours des années. Je vous répète que l'exercice ne sert pas à brûler un nombre de calories égal à celui des calories que vous avez ingérées dans une journée. Ce ne sont donc pas les calories que vous brûlerez chaque jour qui vous feront perdre le poids souhaité, mais la mise en échec de votre insuline qui, libérée, assumera sa fonction et mènera à de remarquables changements. Une fois votre insulinorésistance corrigée, vous vous mettrez à vous libérer de la graisse et pourrez maintenir votre perte de poids en restant fidèle à vos habitudes de vie simples. Nous allons maintenant nous tourner vers le troisième volet de cette triade des habitudes de vie saines, les suppléments nutritionnels.

CHAPITRE 14

Il faut faire confiance à la nutrition cellulaire

À cœur joyeux, fête éternelle.
— Proverbe (adapté)

Le dernier et principal changement que tout homme, femme et enfant doit apporter à ses nouvelles habitudes de vie est en fait le plus simple. Vous devez commencer à assurer ce que j'appelle votre « nutrition cellulaire ». J'entends par là que vous devez prendre des suppléments nutritionnels qui procurent à la cellule des niveaux optimaux d'éléments nutritifs (niveaux qui, selon notre littérature médicale, sont bénéfiques pour la santé) et qui lui permettent de décider ce dont elle a besoin et ce dont elle n'a pas besoin. Ce régime de supplémentation nutritionnelle permet non seulement de corriger toute déficience nutritionnelle, mais de porter à des niveaux optimaux tous les micronutriments essentiels (vitamines, minéraux et antioxydants) dont la cellule a besoin.

Dans mon livre intitulé *Ce que votre médecin ignore de la médecine nutritionnelle pourrait vous être fatal*, j'explique en détail le phénomène du stress oxydatif et la solution que constitue la nutrition cellulaire. Ici, je ne peux qu'en donner les grandes lignes et je vous encourage donc à vous en procurer un exemplaire, afin de voir vous aussi en détail les incroyables bienfaits pour la santé des suppléments nutritionnels. Au cours de ce chapitre, je mettrai l'accent sur l'amélioration de l'insulinorésistance et la raison pour laquelle les suppléments nutritionnels doivent faire partie intégrante de vos nouvelles habitudes de vie saines.

Le stress oxydatif

La littérature médicale commence à considérer le stress oxydatif comme la racine et la cause fondamentale de plus de 70 maladies dégénératives chroniques telles que les maladies du cœur, les accidents vasculaires cérébraux, le cancer, le diabète, l'arthrite, la maladie d'Alzheimer et même l'insulinorésistance. Le stress oxydatif commence par attaquer le lit capillaire du muscle, ce qui cause une vasoconstriction (rétrécissement des artères) et nuit au passage de l'insuline du sang vers la cellule où elle est en mesure d'assurer ses fonctions.

Qu'appelle-t-on stress oxydatif? Alors que le corps utilise l'oxygène dont il a besoin pour survivre, il arrive qu'il se forme des molécules d'oxygène chargées, appelées radicaux libres. Ces molécules d'oxygène présentent dans leur orbite externe au moins un électron non apparié, ce qui lui donne une charge électrique. Les molécules d'oxygène très réactives créées par la charge électrique se déplacent rapidement à la recherche d'un électron supplémentaire d'une source avoisinante quelconque. Si ces radicaux libres ne sont pas neutralisés par des antioxydants (qui ont la capacité de fournir des électrons supplémentaires à ces radicaux libres et donc de les rendre inoffensifs), ils peuvent continuer de créer d'autres radicaux libres encore plus volatiles. Au fur et à mesure que ceux-ci se multiplient, les parois cellulaires et vasculaires, les protéines, les graisses et même le noyau d'ADN de la cellule sont endommagés.

Nous ne sommes pas sans défense face à cette agression des radicaux libres. Toutefois, il nous faut un nombre d'antioxydants suffisant pour gérer celui des radicaux libres que nous produisons, faute de quoi le stress oxydatif s'installe et le corps devient vulnérable à la dégénérescence, tout comme une voiture qui se met à rouiller. Le corps, lui, produit des antioxydants, en plus de ceux que nous assimilons dans nos aliments, en particulier dans les fruits et les légumes. Lorsque le corps a assez d'antioxydants « à bord », il est protégé. Tout devient donc une question d'équilibre.

Le nombre de radicaux libres que nous produisons n'est jamais constant; les situations et les conditions responsables de leur augmentation sont nombreuses. Un excès de stress émotionnel ou d'exercice, les polluants dans l'atmosphère, les aliments et l'eau, la fumée de cigarette, les médicaments, la lumière du soleil et la radiation sont autant de sources de production excessive de radicaux libres par le corps. À cause de notre mode de vie chargé de stress, de notre environnement pollué et de nos mauvaises habitudes alimentaires, selon la littérature médicale il faudrait supplémenter notre alimentation par une grande variété d'antioxydants, de minéraux complémentaires et de cofacteurs de vitamine B.

Bienfaits des suppléments nutritionnels pour la santé

- Ils renforcent le système immunitaire
- Ils renforcent le système antioxydant de défense
- Ils réduisent les risques de crises cardiaques, d'accidents vasculaires cérébraux et de cancer
- Ils réduisent les risques d'arthrite, de dégénérescence maculaire et de cataractes
- Ils réduisent les risques d'asthme et de rhume des foins
- Ils réduisent les risques de maladie d'Alzheimer, de maladie de Parkinson et de bon nombre de maladies dégénératives chroniques
- Ils améliorent la sensibilité à l'insuline et nous aident à nous libérer de la graisse

Notre alimentation: amie ou ennemie?

On ne peut en douter, ce que nous mangeons a des effets puissants et prolongés sur notre santé. Notre alimentation devient donc notre plus grande alliée ou notre plus grande ennemie: à nous de choisir. En fait, les chercheurs en médecine ont observé que la période qui suit immédiatement le repas, que l'on appelle l'état postprandial, est sans contredit la plus importante pour ce qui est du bien-être du corps. Qu'ils soient en bonne santé, diabétiques, en surpoids ou minces, les adultes tout comme les enfants doivent savoir que ce qu'ils mangent est le fondement de la maladie ou de la santé. Dans les chapitres précédents, j'ai décrit ce qui se passe à la suite d'un repas à indice glycémique élevé. Ici, je vais vous remettre dans le contexte afin que vous puissiez voir combien les suppléments nutritionnels sont efficaces pour mettre fin au stress oxydatif causé par nos vieilles habitudes alimentaires.

Taux de glycémie et radicaux libres élevés

Vous savez que lorsque vous prenez un repas à indice glycémique élevé, votre glycémie grimpe rapidement, entraînant ainsi un taux de glycémie élevé que la littérature médicale qualifie d'*hyperglycémie*. Ce que je ne vous ai pas dit jusqu'ici, c'est que le Dr Antonio Ceriello et son équipe de chercheurs ont établi, d'après des preuves concluantes, que ce taux de glycémie élevé dans le sang engendre en fait une augmentation considérable du nombre de radicaux libres[1]. Ces excès de radicaux libres génèrent un stress oxydatif important et entraînent la détérioration de la fine paroi unicellulaire de nos artères (endothélium).

Non seulement nous possédons la preuve de l'augmentation du stress oxydatif à la suite d'un tel repas, mais aussi celle d'un épuisement marqué des antioxydants qui cherchent à combattre l'assaut des radicaux libres excédentaires. On n'enregistre pas ces résultats seulement chez les patients diabétiques, mais aussi chez les personnes normales et en bonne santé dont le taux de glycémie est élevé, quoique encore dans l'échelle normale[2].

Vous savez également que les maladies cardiovasculaires (coronaropathies, accidents vasculaires cérébraux et maladies vasculaires périphériques) sont le résultat d'une légère inflammation des artères[3]. Rappelez-vous que le cholestérol endogène LDL n'est pas un « mauvais » cholestérol au départ, mais qu'il le devient une fois qu'il s'est « oxydé » ou « altéré », après avoir été endommagé par un excès de radicaux libres. Par conséquent, ces derniers, qui apparaissent à la suite de repas à indice glycémique élevé, non seulement endommagent la paroi endothéliale mais causent l'oxydation de ce cholestérol endogène LDL[4]. Le cholestérol LDL ainsi oxydé ou altéré produit encore davantage de radicaux libres et de lésions de l'endothélium, ce qui entraîne un état de dysfonctionnement endothélial.

Le dysfonctionnement endothélial mène non seulement au durcissement des artères, mais aussi à la diminution de l'oxyde nitrique de source endothéliale. L'oxyde nitrique est une substance produite par l'endothélium même qui permet aux artères de se détendre et de se dilater naturellement afin de faciliter le flux sanguin. Un taux de glycémie élevé à la suite d'un repas malsain entraîne une perte transitoire d'oxyde nitrique et donc littéralement un spasme des artères (vasoconstriction). Comme nous l'avons vu au chapitre 4, c'est le début de l'insulinorésistance.

Lorsqu'il y a pic glycémique à la suite d'un repas à indice glycémique élevé, les radicaux libres produits en excès 1) causent l'oxydation du cholestérol LDL ; 2) endommagent l'endothélium ; et 3) réduisent la production d'oxyde nitrique. Les petites artères du lit capillaire des muscles entrent en spasme, ce qui entrave le passage de l'insuline du vaisseau sanguin à la cellule qui en a besoin pour faire baisser le taux de glycémie. L'insuline est un stimulant de la production d'oxyde nitrique qui, dans des conditions normales, cause la dilatation du lit capillaire et la stimulation du flux sanguin vers le muscle. Un taux de glycémie élevé neutralise cet effet normal de l'insuline et mène à l'insulinorésistance. Bien sûr, les cellules bêta du pancréas doivent alors produire davantage d'insuline pour compenser cette nouvelle insulinorésistance.

Repas à forte teneur lipidique (en graisse)

Le Dr Gary D. Plotnick et ses collaborateurs ont présenté une étude dans le *Journal of American Medicine Association (JAMA)* concernant les effets sur les artères d'un repas à forte teneur en graisse. Au cours de cette étude, les membres de l'équipe de chercheurs avaient donné à leurs sujets un œuf McMuffin, une saucisse McMuffin et deux fricadelles de pommes de terre rissolées (soit 900 calories et 50 grammes de matières grasses, composées surtout de graisses saturées ou partiellement hydrogénées). Ils avaient ensuite vérifié les artères (fonction endothéliale) des sujets au moyen d'un appareil à ultrasons placé sur leur avant-bras. Les résultats avaient été fascinants. Les artères de ces patients avaient subi un spasme d'une durée moyenne de quatre heures à la suite de ce seul repas très gras[5].

Le degré de spasme observé au cours de cette étude a été imputé au niveau de triglycérides présents dans le sang après et non avant le repas. Les chercheurs ont documenté la cause du spasme des artères et du dysfonctionnement endothélial et conclu, sans l'ombre d'un doute, qu'ils étaient le résultat du stress oxydatif provoqué par le repas à forte teneur en graisse. Par contraste, ce spasme artériel n'avait pas eu lieu chez les personnes à qui l'on avait donné un repas faible en matières grasses. Les données de cette recherche confirment donc ma thèse selon laquelle les repas à indice glycémique élevé et les repas cétogènes (à forte teneur en graisse) entraînent une production accrue des radicaux libres et de stress oxydatif. En plus d'être fascinantes, ces observations apportent l'espoir d'une solution que voici: les antioxydants que procurent les suppléments nutritionnels peuvent contribuer à guérir les lésions que nous avons causées dans notre organisme.

Les suppléments antioxydants: la réponse

Il est vrai que le fait de combiner des glucides à faible indice glycémique, des matières grasses et des protéines de bonne qualité à chaque repas est l'une des clés du succès. Il importe de comprendre, de surcroît, qu'en plus de protéger vos artères, la consommation de suppléments antioxydants (autre clé) à chaque repas est essentielle pour jouir d'une santé durable et pour être plein de vitalité (et bien sûr pour perdre de la graisse). Et les bonnes nouvelles ne s'arrêtent pas là. D'après le Dr Plotnick, quand on accompagne un repas riche en graisse de niveaux optimaux de vitamines C et E, on évite le dysfonctionnement endothélial[6]. On a depuis lors mené plusieurs études convaincantes montrant que des suppléments de vitamines C et E permettaient d'inverser le dysfonctionnement endothélial provoqué par les taux de glycémie élevés des patients diabétiques ou atteints de maladies du cœur[7] !

La vitamine C

La vitamine C est le meilleur antioxydant présent dans le plasma sanguin. Elle a le pouvoir de neutraliser aisément les radicaux libres dépourvus de superoxyde, résultat de l'hyperglycémie et d'un taux élevé de triglycérides. Lorsqu'on donne des suppléments de vitamine C à des patients diabétiques qui souffrent sérieusement de dysfonctionnement endothélial, on observe une amélioration marquée de la fonction de l'endothélium et de l'oxyde nitrique[8]. Le Dr Levine a démontré que lorsqu'on donnait de la vitamine C à des patients atteints de maladies du cœur, leur dysfonctionnement était corrigé. Il a donc conclu que la vitamine C rétablit efficacement la production et la fonction normales de l'oxyde nitrique et prévient également l'oxydation du cholestérol LDL[9].

De plus, la vitamine C a le pouvoir de régénérer la vitamine E. Le Dr Antonio Ceriello insiste sur le fait que les antioxydants travaillent conjointement dans le corps et qu'il est donc difficile de les séparer pour tenter de les étudier individuellement. Il affirme que ces antioxydants fonctionnent de façon synergétique *in vivo* (à l'intérieur du corps) afin d'apporter à l'organisme une protection bien supérieure à celle que lui apporterait séparément chacun des ces antioxydants[10]. Il devient également important de ne pas oublier que toutes ces études ne présentent qu'un aperçu de tout ce qui se passe réellement dans le corps.

La vitamine E

La vitamine E est l'antioxydant le plus puissant de la membrane cellulaire. En fait, selon plusieurs études, la vitamine E serait capable de s'insérer d'elle-même dans la paroi du cholestérol LDL et de l'aider à éviter d'être altérée ou oxydée[11]. Le Dr Paolisso et ses collaborateurs ont également affirmé qu'en plus de favoriser la diminution du stress oxydatif provoqué par l'hyperglycémie et les taux de triglycérides élevés dans le sang, des niveaux optimaux de vitamine E amélioraient la fonction insulinique[12]. La vitamine E favorise le transport du glucose et encourage la réponse des cellules bêta du pancréas ainsi que la production d'insuline qui s'ensuit.

La supplémentation en chrome

Les niveaux de ce macronutriment sont essentiels au bon fonctionnement de l'insuline, ainsi qu'à la métabolisation des matières grasses et du glucose. Presque tous les patients diabétiques présentent une déficience en chrome et les auteurs de plusieurs études recommandent une supplémentation en chrome à ces personnes. D'ailleurs c'est pour cette raison qu'on en ajoute maintenant de façon systématique aux solutés intraveineux de nutrition que l'on donne aux diabétiques graves[13]. Selon leur degré d'insulinorésistance ou de diabète, les personnes qui souffrent d'insulinorésistance tendent à perdre leur capacité de transformer ce macronutriment en une forme utilisable par le corps. Ce problème, aggravé par une déficience relative en chrome, semble s'intensifier dans les cas graves d'insensibilité à l'insuline ou de diabète sucré[14]. Tout indique que la consommation de glucides à indice glycémique élevé aggrave le déficit en chrome[15].

Il n'existe pour ainsi dire aucune méthode pratique pour déterminer la quantité de chrome dans le corps. Par conséquent, ce nutriment devrait faire l'objet d'une supplémentation optimale (soit d'au moins 300 µg par jour) chez toute personne aux prises avec une insulinorésistance ou un diabète sucré. Le Dr Richard Anderson et ses collaborateurs ont signalé une chute rapide des niveaux d'hémoglobine A1C, une diminution importante des triglycérides accompagnée d'une augmentation du cholestérol HDL et, bien évidemment, de la glycémie grâce à une supplémentation en chrome[16]. Je trouve intéressant que ces mêmes améliorations aient été notées chez les sujets témoins non diabétiques, ce qui me porte à croire que bon nombre d'entre eux devaient déjà souffrir d'insulinorésistance.

La supplémentation en chrome favorise la fixation de l'insuline sur les sites récepteurs de la cellule. De plus, tout semble indiquer que le chrome accroît l'activité et l'efficacité de l'insuline[17]. Il s'avère aussi que le chrome sensibilise les cellules bêta du pancréas en vue d'une production efficace d'insuline. Le Dr Anderson conclut en disant qu'une supplémentation en chrome a pour effet général d'améliorer la sensibilité à l'insuline, ce qui aide à maîtriser le syndrome métabolique[18].

La supplémentation en magnésium

Le magnésium joue un rôle primordial dans la métabolisation du glucose par le corps parce que, tout comme le chrome, il affecte la sécrétion d'insuline et son action[19]. Bon nombre d'études ont révélé qu'au fur et à mesure que l'on vieillit, le niveau de magnésium présent dans le corps diminue. Ce phénomène concerne les patients qui souffrent également d'insulinorésistance croissante, qu'ils soient diabétiques ou non. Le Dr Paolisso et son groupe ont étudié la façon dont la supplémentation en magnésium favorise la sécrétion de l'insuline et son action[20]. Ils ont pu confirmer qu'une supplémentation quotidienne en magnésium renforçait la membrane de la paroi cellulaire et améliorait les niveaux de potassium intercellulaires, ainsi que l'insulinorésistance et tous ses effets sur la santé[21].

Les autres micronutriments

Plusieurs autres micronutriments ont fait l'objet d'études chez les patients atteints non seulement d'insulinorésistance, mais aussi de diabète. Les Drs Thompson et Godin ont analysé la littérature médicale et découvert des preuves sérieuses qu'une supplémentation en zinc, en manganèse, en glutathion, en sélénium et en vanadium améliorait la sensibilité à l'insuline[22]. Ils soulignent que les études portant sur le vanadium ont soulevé un intérêt croissant au cours des dernières années en raison de sa capacité, à doses optimales, d'améliorer la sensibilité à l'insuline[23, 24]. De plus, le Dr Marfella et ses collaborateurs ont constaté que la supplémentation en glutathion (antioxydant intracellulaire très puissant) annulait littéralement certains des effets négatifs des taux de glycémie élevés sur les artères[25].

La nutrition cellulaire

La dernière section de mon livre *Ce que votre médecin ignore de la médecine nutritionnelle pourrait vous être fatal* était très technique, mais je tiens à ce que vous ayez des preuves à l'appui de la réponse à la question suivante: faut-il prendre des suppléments nutritionnels? La nutrition cellulaire renforce notre système de défense antioxydant, notre système immunitaire et le système de régénération de notre corps, ce qui offre la meilleure garantie d'une reprise de contrôle du stress oxydatif et d'une protection de nos cellules, de la paroi cellulaire, de la paroi vasculaire, de l'ADN, des protéines et des matières grasses face aux attaques des radicaux libres d'oxygène chargés. Nulle part la nutrition cellulaire n'est-elle aussi essentielle que lorsqu'il s'agit d'aider à prévenir ou à vaincre l'insulinorésistance et l'obésité.

Dans un éditorial du journal *Nutrition*, le Dr Das relève un trait commun entre l'obésité, le syndrome métabolique et l'inflammation. D'après lui, le syndrome métabolique est causé par une faible inflammation systémique qui mène à l'insulinorésistance, aux changements métaboliques néfastes et à l'obésité qui leur est apparentée. Il existe des preuves cliniques convaincantes montrant que les personnes qui souffrent du syndrome métabolique (y compris d'obésité tronculaire) ont dans le sang des niveaux élevés de protéines C-réactives (CRP), de facteurs de nécrose tumorale alpha (TNF alpha) et d'interleukine 6 (IL-6), tous marqueurs d'inflammation du corps[26], ce sur quoi je suis tout à fait d'accord. En effet, le stress oxydatif est bien la cause fondamentale de cette inflammation.

Je constate que je vous ai présenté des tas de données scientifiques dans l'espoir de vous donner une vue d'ensemble complète, mais on peut résumer tout cela à ceci: un régime sain exempt de pics glycémiques constitué de matières grasses et de protéines de bonne qualité, et accompagné d'un programme d'exercice aérobique modéré, contribue déjà énormément à l'amélioration de l'insulinorésistance et à la lutte contre l'obésité; mais si on complète ce programme par la nutrition cellulaire, alors les résultats sont faramineux. Cela fait plus de dix ans que j'applique ces principes à ma pratique et je suis encore surpris des résultats que j'arrive à obtenir lorsque mes patients appliquent simultanément toutes les trois habitudes de vie, soit un régime sain, un programme d'exercice modéré et la nutrition cellulaire. Quand on prend en considération toutes les conséquences de l'insulinorésistance – l'hyperinsulinémie, l'hypertension, un taux élevé de triglycérides, un faible niveau de cholestérol HDL, l'obésité tronculaire, des taux élevés de fibrinogène – on commence à comprendre que toutes ces complications provoquent une inflammation accrue du corps. L'insulinorésistance entraîne par ailleurs une baisse des niveaux d'antioxydants et rend notre cholestérol LDL plus susceptible de s'oxyder et donc bien plus dangereux[27]. Nos artères se mettent à vieillir beaucoup plus rapidement qu'elles ne le devraient, et non seulement nous conservons notre surpoids, mais nous commençons aussi à comprendre pourquoi l'obésité nous coûte tant d'années de vie. Afin de protéger notre santé et en même temps perdre de la graisse, il nous faut donc nous concentrer sur le problème fondamental de l'insulinorésistance.

On a observé que la supplémentation nutritionnelle non seulement améliore un système de défense antioxydant affaibli, mais renforce également l'action de l'insuline, ce qui mène à ma recommandation personnelle quant à la réalisation des effets synergétiques de la nutrition cellulaire. En consultant la liste des nutriments que je conseille au tableau 1 (qui résume mes recommandations en matière de nutrition cellulaire), vous vous inquièterez peut-être du nombre de vitamines qu'il vous faudra ingérer pour assurer votre nutrition cellulaire. Cependant, quelques entreprises spécialisées en nutrition ont découvert la science du stress oxydatif et l'importance de réunir à des doses optimales tous les antioxydants, leurs cofacteurs complémentaires de vitamine B ainsi que les minéraux, et à les rendre disponibles sous une forme pratique.

Les bonnes pratiques de fabrication (BPF) de qualité pharmaceutique

Lorsque vous choisissez vos suppléments nutritionnels, vous devez tenir compte de certains critères importants avant d'opter pour une marque précise, afin d'acheter des produits de qualité.

L'industrie des suppléments nutritionnels n'est à peu près pas réglementée. Aux États-Unis, la FDA classe les suppléments nutritionnels dans la catégorie des aliments, ce qui signifie qu'il n'y a aucune garantie que ce qui est écrit sur l'étiquette corresponde effectivement au contenu du comprimé. Il faut donc choisir une entreprise qui fabrique ses produits avec le même soin que les fabricants de médicaments en vente libre. De telles entreprises suivent ce qui s'appelle les *Bonnes pratiques de fabrication (BPF) de qualité pharmaceutique*; cela veut dire qu'elles achètent des produits bruts de qualité pharmaceutique à partir desquels elles fabriquent leurs suppléments en assurant un contrôle de la qualité digne des établissements pharmaceutiques. Elles n'y sont pas tenues, mais elles sont maintenant quelques-unes à suivre ces normes de près, et donc à offrir ainsi au client l'assurance que ce qui est indiqué sur l'étiquette correspond au contenu des comprimés.

Tableau 1
Recommandations en matière de suppléments nutritionnels de base

ANTIOXYDANTS	Plus vous en prenez et plus ils sont variés, mieux c'est.	
VITAMINE A	Je ne vous recommande pas de prendre de la vitamine A pure en raison de sa toxicité potentielle, mais plutôt un mélange de caroténoïdes qui se transforment en vitamine A selon les besoins du corps et ne présentent donc aucun danger de toxicité.	
CAROTÉNOÏDES	Il est essentiel de se procurer un bon mélange de caroténoïdes et pas seulement du bêta-carotène.	
	• Bêta-carotène	10 000 ou 15 000 UI
	• Lycopène	1 à 3 mg
	• Lutéine / zéaxanthine	1 à 6 mg
	• Alpha-carotène	500 à 800 µg
VITAMINE C	Il est important de se procurer un mélange de vitamines C, particulièrement des ascorbates de calcium, de potassium, de zinc et de magnésium qui sont très puissants pour combattre le stress oxydatif. • 1 000 à 2 000 mg	
VITAMINE E	Il est essentiel de prendre un mélange de vitamines E. Elles devraient toujours être d'origine naturelle, et un mélange est préférable : d-alpha tocophérol, d-gamma tocophérol et un mélange de tocotriénol. • 400 à 800 U I	
COMPLEXE BIOFLAVONOÏDES D'ANTIOXYDANTS	Les bioflavonoïdes offrent une grande variété d'antioxydants puissants. Leur diversité est un précieux atout en matière de suppléments nutritionnels. Les doses peuvent varier, mais il faudrait inclure la plupart des aliments et des nutriments qui suivent :	
	• Rutine	• Quercétine
	• Brocoli	• Thé vert
	• Crucifères	• Airelles des bois [(a)]
	• Extrait d'huile de pépins de raisin	• Broméline
ACIDE ALPHA-LIPOÏQUE	• 15 à 30 mg	
CoQ10	• 20 à 30 mg	
GLUTATHION	• 10 à 20 mg	
	• Précurseur : N-acetyl L-cystéine	50 à 75 mg
VITAMINES B (COFACTEURS)	• Acide folique	800 µg
	• Vitamine B1 (thiamine)	20 à 30 mg
	• Vitamine B2 (riboflavine)	25 à 50 mg
	• Vitamine B3 (niacine)	30 à 75 mg
	• Vitamine B5 (acide pantothénique)	80 à 200 mg
	• Vitamine B6 (pyridoxine)	25 à 50 mg
	• Vitamine B12 (cyanocobalamine)	100 à 250 µg
	• Biotine	300 à 1 000 µg

(a) Appelée *Myrtille* en Europe, *bleuet* au Canada.

Tableau 1
Recommandations en matière de suppléments nutritionnels de base

AUTRES VITAMINES ESSENTIELLES	• Vitamine D3 (cholécalciférol) • Vitamine K	450 à 800 UI 50 à 100 µg
MINÉRAUX	• Calcium • Magnésium • Zinc • Sélénium • Chrome • Cuivre • Manganèse • Vanadium • Iode • Molybdène • Mélange d'oligo minéraux	800 à 1 500 mg [(a)] 500 à 800 mg 20 à 30 mg 200 µg est l'idéal 200 à 300 µg 1 à 3 mg 3 à 6 mg 30 à 100 µg 100 à 200 µg 50 à 100 µg
NUTRIMENTS SUPPLÉMENTAIRES POUR LA SANTÉ DES OS	• Silicium • Bore	3 mg 2 à 3 mg
AUTRES NUTRIMENTS IMP. ET ESSENTIELS Amélioration des niveaux d'homocystéine et du fonctionnement du cerveau	• Choline • Bétaïne • Inositol	100 à 200 mg 200 à 500 mg 150 à 250 mg
SUPPLÉMENTATON ALIMENTAIRE		
GRAISSES ESSENTIELLES	• Huile de lin pressée à froid • Gélules d'huile de poisson	
SUPPLÉMENTATION EN FIBRES	• Mélange de fibres solubles et insolubles	10 à 30 mg[(b)]

** Certains fabricants de suppléments nutritionnels réunissent ces nutriments essentiels en un ou deux comprimés, à prendre 2 ou 3 fois par jour pour ce niveau de supplémentation. Recherchez les produits de bonne qualité qui se rapprochent le plus de ces recommandations. Si le fabricant respecte les BPF et les lignes directrices de la pharmacopée des États-Unis, vous serez assuré de la meilleure protection possible contre le stress oxydatif.

Les graisses essentielles et les fibres vous apporteront les nutriments supplémentaires qui manquent généralement à notre régime alimentaire occidental.

(a) Selon votre consommation alimentaire quotidienne de calcium.
(b) Selon votre consommation alimentaire de fibres (l'idéal se situe entre 35 et 50 grammes de l'ingestion totale quotidienne).

Des suppléments complets et équilibrés

Vos suppléments nutritionnels doivent être complets et équilibrés. J'entends par là qu'ils doivent vous apporter des niveaux optimaux (et pas seulement les rations alimentaires officiellement recommandées) de plusieurs antioxydants différents et leurs cofacteurs B (les vitamines B1, B2, B5, B6, B12 et l'acide folique) ainsi que ce qu'on appelle les minéraux antioxydants (le sélénium, le magnésium, le zinc, le cuivre, le manganèse, le chrome et le vanadium). Consultez le tableau 1 pour obtenir de plus amples détails sur les doses optimales nécessaires pour chacun des nutriments. Lorsqu'on commence à comprendre les bienfaits manifestes de la supplémentation nutritionnelle pour la santé, on commence également à saisir l'importance de consommer des suppléments alimentaires complets et équilibrés qui créent une synergie.

La synergie

Les études que l'on trouve dans la littérature médicale se concentrent généralement sur un ou deux nutriments à la fois. Il s'agit là d'une méthode de recherche usuelle et nécessaire pour jauger les effets des médicaments. Les suppléments nutritionnels, par contre, ne font pas partie de cette catégorie et doivent donc être considérés à part. Par exemple, les vitamines E et C ne sont pas des médicaments mais bien des nutriments qui devraient donc se trouver dans notre alimentation. Toutefois, grâce à la supplémentation, nous sommes maintenant en mesure de les obtenir à des niveaux optimaux qu'il serait impossible d'atteindre uniquement par l'alimentation.

Lorsqu'on évalue ces nutriments, il faut les examiner dans leur ensemble. La vitamine E est le meilleur antioxydant de la membrane cellulaire, et la vitamine C le plus puissant oxydant du plasma sanguin. Le glutathion, quant à lui, est le principal antioxydant intracellulaire. L'acide alpha-lipoïque est un formidable antioxydant du plasma sanguin et de la membrane cellulaire, qui régénère aussi la vitamine E et le glutathion intracellulaire afin que ces derniers puissent servir à répétition. La vitamine C régénère également la vitamine E. Tous ces antioxydants ont besoin de niveaux optimaux de cofacteurs B et de minéraux antioxydants afin d'assurer leur fonction de façon efficace. C'est son action combinée, que l'on nomme *synergie*, qui explique l'efficacité de la nutrition cellulaire.

Je suis sidéré de voir combien d'études révèlent que l'on peut déjà améliorer sa santé en prenant un seul de ces nutriments en supplément. La très grande majorité de ces analyses en montrent les bienfaits sur la santé. Toutefois, il arrive qu'une étude de l'un de ces antioxydants pris isolément donne des résultats négatifs. Cela s'explique par le fait que lorsqu'on ne supplémente qu'un seul nutriment à ces niveaux optimaux, il peut devenir prooxydant, ce qui signifie qu'il peut en fait provoquer un stress oxydatif. En ayant recours au concept de nutrition cellulaire et en fournissant tous ces nutriments à la cellule à des doses optimales, non seulement on renforce les systèmes immunitaire et antioxydant ainsi que le système de régénération naturels du corps, mais on peut également prévenir tout effet prooxydant causé par un nutriment pris isolément[28].

La pharmacopée des États-Unis (USP)

Vos comprimés doivent se dissoudre facilement, ou alors ce qu'ils contiennent importe peu. Lorsque les entreprises qui fabriquent des suppléments nutritionnels suivent les lignes directrices de l'USP, vous pouvez au moins être sûr que votre comprimé est bien soluble. Malheureusement, ces normes ne sont pas respectées par bon nombre d'entreprises. Sans le moindre doute, le gouvernement fait des efforts de plus en plus sérieux pour améliorer la qualité des suppléments nutritionnels dans notre pays, et il cherche donc à établir des normes plus strictes en matière de fabrication des suppléments nutritionnels. Cependant ces mesures ne seront pas mises en place avant de nombreuses années.

Comment choisir un produit de qualité?

Si vous voulez réellement perdre de la graisse tout en protégeant votre santé, je vous mets en garde contre les produits bon marché. Il est impossible de trouver tout ce dont vous avez besoin dans une préparation multivitaminique basée sur les niveaux de supplémentation des rations alimentaires quotidiennes officiellement recommandées. Celles-ci ont été établies vers la fin des années 1930 et 40 comme étant le minimum requis pour éviter les maladies de déficience aiguë telles la pellagre, le scorbut ou le rachitisme. Ces normes n'ont donc absolument rien à voir avec les maladies dégénératives chroniques ou l'insulinorésistance. Il vous faut vraiment les niveaux optimaux recommandés au tableau 1.

Il n'est pas facile de savoir quels sont les produits fabriqués suivant les Bonnes pratiques de fabrication (BPF) de qualité pharmaceutique ou les normes de l'USP. Il se peut que vous soyez obligé d'appeler les entreprises directement ou de consulter leur page Web. Généralement, ce sont les entreprises internationales de fabrication de suppléments nutritionnels qui tendent à avoir les produits de meilleure qualité. Celles qui suivent ces normes en sont généralement très fières et donc plus que disposées à le signifier. En revanche, si vous avez affaire à une entreprise qui vous répond en termes ambigus, vous pouvez vous attendre à ce qu'elle ne respecte pas ces normes.

Il est essentiel que les suppléments nutritionnels que vous choisissez soient complets et équilibrés. Je vous encourage à vérifier la quantité de nutriments qu'ils contiennent afin de vous assurer qu'elle est conforme aux recommandations énoncées dans le présent chapitre. C'est là un aspect essentiel du programme *Toute la vie en bonne santé*. Cela vaut la peine que vous y consacriez un peu de votre temps et que vous fassiez quelques efforts pour vous documenter au moins sommairement. Et surtout, il ne faut pas vous laisser influencer par la publicité tapageuse et les stratagèmes commerciaux qui foisonnent dans cette industrie.

Conclusion

Comme j'ai couvert pas mal de terrain dans ce chapitre, je crois important de résumer toutes les raisons pour lesquelles la nutrition cellulaire est une partie importante des habitudes de vie saines lorsqu'il est question d'insulinorésistance. Premièrement, le stress oxydatif et l'inflammation sont les sources du ravage initial subi par le lit capillaire du muscle ; le fait de renforcer le système de défense antioxydant naturel du corps permet donc de reprendre le dessus sur le stress oxydatif.

Deuxièmement, les antioxydants, en particulier les vitamines E et C, peuvent nous protéger du stress oxydatif provoqué par des taux élevés d'insuline et de glucose dans le sang, à la suite d'un repas riche en matières grasses ou en glucides à indice glycémique élevé. Les antioxydants, tout comme le chrome, le magnésium, le sélénium, le vanadium et bien d'autres micronutriments, améliorent la production d'insuline et son action, ce qui contribue à corriger le problème fondamental de l'insulinorésistance.

Lorsqu'on combine la nutrition cellulaire, un programme modéré d'exercices aérobiques et une alimentation saine, on met de son côté toutes les chances de vaincre réellement son insulinorésistance et non pas seulement de se libérer de sa graisse, mais aussi de faire baisser sa pression artérielle ainsi que ses taux de triglycérides et de cholestérol LDL et VLDL. La nutrition cellulaire entraîne également l'augmentation du taux de cholestérol HDL. Il est essentiel que vous compreniez bien ce que vous cherchez à accomplir et que vous avez la littérature scientifique et médicale de votre côté. Vous savez maintenant que c'est de façon permanente que vous devez apporter ces modifications à vos habitudes de vie ; il est quand même important de vous donner une stratégie qui vous permettra de faire la transition entre vos anciennes mauvaises habitudes de vie et les nouvelles, saines, qui vous permettront également de perdre de la graisse. Et c'est exactement ce dont se chargera le programme *Toute la vie en bonne santé*.

QUATRIÈME PARTIE

TOUTE LA VIE EN BONNE SANTÉ

CHAPITRE 15

Bonjour santé, adieu kilos !

Puissiez-vous vivre tous les jours de votre vie.
— Jonathan Swift

Tout au long de ce livre, je vous ai présenté des renseignements médicaux et scientifiques de pointe ; il est essentiel néanmoins que ces données vous soient d'une utilité pratique. En trente ans de pratique médicale familiale, j'ai appris que mes instructions doivent rester simples et réalisables. Il est donc impératif que je sois concret si je veux permettre à mes patients de comprendre les résultats et les objectifs auxquels ils aspirent. Tout au long du livre, je présente les principes fondamentaux à la base du programme *Toute la vie en bonne santé* ; toutefois, dans ce dernier chapitre, vous trouverez des instructions simples, étape par étape, qui vous permettront de changer pour toujours l'avenir de votre santé. Et rappelez-vous que ce n'est pas dans les médicaments que je prescris que vous trouverez les réponses que vous cherchez, mais bien dans les choix quotidiens de vos habitudes de vie.

L'approche de la médecine moderne

Nos médecins et le monde médical en général sont axés sur les maladies et les médicaments. En effet, depuis la création des sulfamides et de la pénicilline dans les années 1940, on a surtout mis l'accent sur la lutte aux maladies infectieuses grâce aux antibiotiques. Cette même philosophie basée sur l'allopathie (médecine traditionnelle) a également servi de fondement au traitement de l'obésité et des maladies dégénératives chroniques. La triste réalité, néanmoins, c'est qu'en dépit d'un recours jusqu'ici inégalé aux médicaments dans notre société, les taux d'obésité, d'hypertension, d'hypercholestérolémie, de maladie du cœur et de diabète sont à la hausse.

Pourquoi cela ? L'une des principales raisons en est que les médecins ne reconnaissent pas (ou s'ils la reconnaissent, ils ne la traitent pas) leur cause fondamentale : l'insulinorésistance. Nous n'hésitons pas à avancer que s'il existait un médicament approuvé par la FDA pour traiter l'insulinorésistance dès ses débuts, le contraire serait vrai. Plutôt que de s'attaquer au problème fondamental toutefois, les médecins se contentent de traiter les maladies causées par ce fléau (l'hypertension, les anomalies liées aux lipides, les maladies du cœur et le diabète) au moyen de médicaments, une fois qu'elles se sont déclarées.

Comme je vous l'ai expliqué au chapitre 5, il faut des années, sinon des décennies, pour développer une insulinorésistance. Une fois cet état installé, la plupart des gens mettent entre 10 et 20 ans pour développer une maladie du cœur ou un diabète. Le temps qu'un médecin établisse le premier diagnostic de diabète chez ses patients, plus de 60 % d'entre eux souffrent déjà d'une maladie cardiovasculaire grave[1], la raison en étant que leurs artères ont commencé à vieillir de façon accélérée le jour où ils sont devenus résistants à l'insuline. Ce *vieillissement accéléré* a généralement fait son chemin pendant 15 ou 20 ans avant que le patient ne devienne réellement diabétique. Nous, médecins, nous trouvons dans l'embarras avant même de traiter nos patients diabétiques (voir la figure 1). C'est la principale raison pour laquelle 80 % de ces derniers mourront d'une crise cardiaque, d'un accident vasculaire cérébral ou d'un anévrisme rupturé[2]. Cela était vrai dans les années 1970, avant l'existence de tous les nouveaux médicaments et traitements destinés aux diabétiques, et demeure vrai encore aujourd'hui.

L'accélération rapide du vieillissement des artères a lieu la minute où l'on devient résistant à l'insuline. Il faut donc que les médecins apprennent à reconnaître les signes de l'insulinorésistance dès son apparition, qu'ils en informent leurs patients et les encouragent à adopter un mode de vie sain afin de corriger leur insulinorésistance fondamentale. Non seulement ceux-ci seront alors en mesure de préserver leur santé, mais la plupart d'entre eux éviteront ainsi, de façon permanente, de devoir prendre des médicaments.

Thérapie de départ

Tout le monde sait que la plupart des dix principales causes de maladies de notre monde moderne proviennent de nos habitudes de vie malsaines.

Figure 1 – L'insulinodépendance mène au diabète

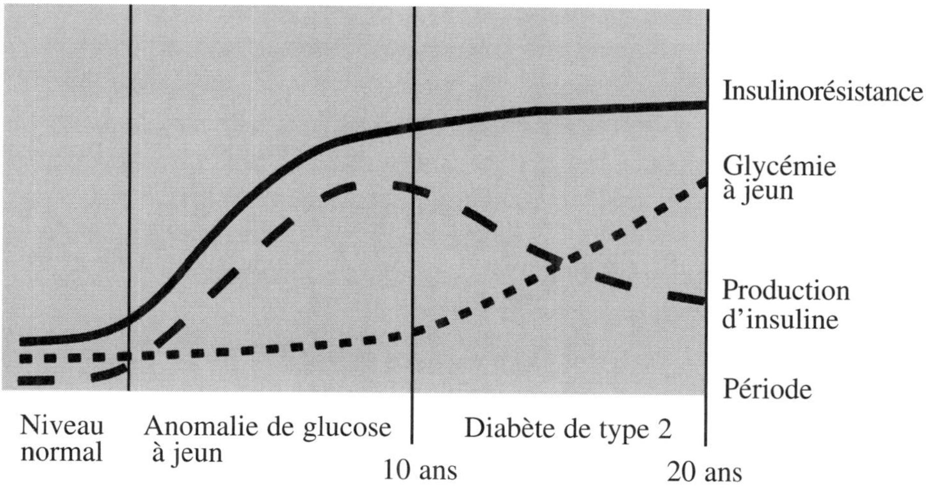

La ligne ininterrompue représente l'insulinorésistance. Pour répondre à l'insulinorésistance en hausse, le corps compense en produisant toujours davantage d'insuline (ligne à longs tirets). Cela permet au taux de glycémie de rester normal (ligne à courts tirets). Toutefois, au bout de plusieurs années, la plupart des patients ne sont plus en mesure de continuer à fabriquer ce niveau élevé d'insuline dont le taux finit par chuter, ce qui mène à une augmentation progressive des taux de glycémie et finalement au diabète.

Les crises cardiaques, le cancer, les accidents vasculaires cérébraux, le diabète, l'hypertension, l'obésité et l'ostéoporose sont parmi les principales affections à y être directement liées. C'est la raison pour laquelle on encourage les médecins à permettre à leurs patients d'essayer d'abord de changer leurs habitudes de vie avant d'entreprendre le traitement de l'une de ces maladies au moyen de médicaments. Lorsque je pose mon premier diagnostic d'hypertension chez un patient, je lui donne toujours la chance d'améliorer ses habitudes de vie pour faire baisser sa pression artérielle dans l'espoir qu'il pourra se passer de toute médication. Si un patient est au seuil du diabète, qu'il présente un taux de cholestérol élevé ou qu'il développe une maladie du cœur, le monde médical l'encourage à tenter de changer ses habitudes de vie avant de se lancer dans un traitement médicamenteux. C'est ce que l'on appelle dans le milieu la thérapie de départ. Cependant, de nos jours, la plupart des médecins ne font que la mentionner, au passage, aux patients à qui ils prescrivent des médicaments avant même qu'ils n'aient essayé l'autre solution. Selon moi, la raison en est qu'ils pensent, à tort, que leurs patients ne réussiront pas à apporter des modifications à leurs habitudes de vie. D'autres pensent néanmoins que même si les patients les adoptaient, cela ne règlerait en rien leur problème clinique.

Au cours des dix dernières années, j'ai compris des choses essentielles. Pour commencer, la plupart de mes patients (soit plus de 80 % selon mon expérience clinique) préféreraient changer leurs habitudes que de prendre des médicaments, et même s'ils n'ont que de très minces chances d'éviter la médication, ils veulent commencer par essayer cela. D'autre part, j'ai appris que lorsqu'ils appliquent la triade des habitudes de vie saines recommandées dans le programme *Toute la vie en bonne santé*, la plupart des gens font de tels progrès du point de vue clinique qu'ils réussissent à éviter complètement le besoin de médicaments. Et la raison en est assez simple : la cause fondamentale de leur problème médical, l'insulinorésistance, se révèle, dans la majorité des cas, déjà corrigée.

Si vous vous trouvez personnellement en situation de devoir prendre des médicaments ou si vous cherchez à abandonner votre traitement actuel (complètement ou en partie), il se peut donc que le programme *Toute la vie en bonne santé* soit exactement ce qu'il vous faut. Je tiens néanmoins à être très clair sur un point : *vous devez rester sous surveillance directe de votre médecin personnel.* Personne (et j'entends bien, personne !) ne doit cesser un traitement prescrit par un médecin sans son accord. Par conséquent, si vous êtes déjà sous traitement, vous ne devriez l'abandonner qu'une fois que votre médecin aura constaté que vos nouvelles habitudes de vie ont produit des résultats cliniques positifs, ce qui, dans la plupart des cas, peut prendre plusieurs mois et jusqu'à un an ou deux. Selon mon expérience, d'ailleurs, la plupart des médecins sont disposés à travailler de près avec leurs patients si ces derniers désirent éviter de commencer à suivre un traitement ou cherchent à l'abandonner. En fait, ils sont de plus en plus nombreux à recommander à leurs patients le programme sur Internet *Toute la vie en bonne santé* tout en assurant eux-mêmes leur suivi clinique.

Étude pilote du programme *Toute la vie en bonne santé*

L'automne dernier, j'ai participé à une étude pilote du programme *Toute la vie en bonne santé*. Cette étude portait sur 25 participants disséminés à travers les États-Unis, dont le seul critère de sélection était le fait qu'ils étaient assez motivés pour modifier leurs habitudes de vie pendant la durée de ce programme de douze semaines. On ne s'attendait pas à ce qu'ils soient parfaits, mais simplement honnêtes envers eux-mêmes. Ils inscrivaient tout ce qu'ils mangeaient, l'activité physique qu'ils pratiquaient et la constance avec laquelle ils prenaient leurs suppléments nutritionnels. On a pris leurs mesures et effectué une analyse approfondie de leur profil sanguin avant le début du programme et à la fin des douze semaines. La plupart des participants avaient déjà suivi d'autres régimes et programmes amaigrissants et étaient donc attirés par le programme *Toute la vie en bonne santé* en raison des échecs qu'ils avaient subis. Ils ne voulaient pas essayer encore un autre régime mais plutôt adopter des habitudes de vie qui, en plus d'améliorer leur pression artérielle et leur profil lipidique et de diminuer leur risque de maladie du cœur et de diabète, auraient pour effet permanent de leur faire perdre du poids. Et c'est exactement ce qu'ils ont réussi à faire grâce à ce programme.

Le profil lipidique

Au cours de cette étude, on a évalué la diminution moyenne du taux de cholestérol à 9,8 %, ce qui représente un résultat formidable étant donné que ce programme n'a duré que douze semaines. La plupart des médecins recommandent aux personnes qui souffrent d'un taux de cholestérol élevé un régime faible en matières grasses. Avec une telle recommandation, il est très rare de voir ces taux diminuer, même de 5 %. En revanche, depuis que j'encourage mes patients qui souffrent de taux manifestement élevés de cholestérol à suivre mon programme, je ne trouve pas inhabituel de voir diminuer ces taux de 1,56, de 2,08 et même de 2,6 points. La raison en est que les participants remplacent dans leur alimentation la plus grande partie de leurs mauvaises graisses par de bonnes graisses qui, elles, s'avèrent efficaces pour réduire le cholestérol total et le cholestérol LDL, ou mauvais cholestérol. Lorsqu'on sèvre le corps de glucides très transformés et à indice glycémique élevé, sa sensibilité à l'insuline augmente, ce qui l'aide à vaincre tous les changements métaboliques liés au syndrome métabolique (voir le chapitre 5). Lors de l'étude pilote, le cholestérol LDL avait chuté en moyenne de 10,2 %, le cholestérol VLDL de 17,8 % et celui de triglycérides de 22,4 %. Quant aux niveaux de cholestérol HDL, ils étaient restés assez stables. Selon mon expérience clinique, il faut compter un minimum de neuf à douze mois pour que ces taux de HDL soient rétablis par de nouvelles habitudes de vie saines. Inutile donc de vous dire que j'étais aux anges en voyant les résultats scientifiques des profils lipidiques de mes patients qui avaient suivi le programme.

La perte de poids

Les participants avaient perdu en moyenne 6,8 kilos et 7,5 centimètres de tour de taille, ce qui indique une perte de poids concentrée sur le milieu du corps. Leur indice de masse corporelle ou IMC avait baissé de 2,9 points en moyenne. Cette dernière donnée est particulièrement significative étant donné que l'étude n'a duré que douze semaines. Personne n'a éprouvé la faim. Les participants n'avaient pas à peser leurs aliments, ni à compter leurs calories ou les grammes de matières grasses ingérées, ni même les glucides. Ils se sentaient en pleine forme et si la faim se faisait sentir, ils prenaient simplement un repas ou une collation à faible indice glycémique qui ne faisait pas grimper leur taux de glycémie. On leur avait seulement précisé qu'ils devaient éprouver un sentiment de satisfaction à la suite d'un repas ou d'une collation sans toutefois rester sur leur faim ou au contraire avoir le ventre plein.

La pression artérielle

Au cours de l'étude pilote du programme *Toute la vie en bonne santé*, la tension artérielle systolique (premier chiffre) moyenne a chuté de douze points, et la tension artérielle diastolique (second chiffre) de six. La pression artérielle varie considérablement et il est nécessaire de la mesurer plusieurs fois au cours d'une période de six à huit semaines afin d'évaluer correctement le patient. Au cours de l'étude, la chute importante de la moyenne des pressions artérielles avait donc donné des résultats encourageants.

L'histoire de Jean

Jean était un participant type à notre étude. Il avait grossi de quelques kilos de plus qu'il ne l'aurait souhaité pendant les trois années qui avaient précédé sa participation à notre programme. En fait, il avait pris plus de 11 kilos pendant cette période et ses taux de cholestérol et de triglycérides avaient grimpé considérablement. Lors de son inscription, il avait un indice de masse corporelle ou IMC de 29,5 et un tour de taille de 90 centimètres.

Il avait éprouvé de la difficulté, au début, à se débarrasser de sa dépendance aux glucides et à se lancer dans un programme d'exercice de façon régulière ; toutefois, au cours des douze premières semaines du programme, il s'était mis à faire des progrès de ce point de vue. Il était inquiet pour l'avenir de sa santé en raison de ses problèmes physiques et de son manque total d'énergie.

Dans les 12 premières semaines du programme *Toute la vie en bonne santé*, Jean avait perdu plus de 12,6 kilos. Son IMC était descendu à 24,5, ce qui est un indice normal, et sa taille était passée de 90 à 77,5 centimètres. Son taux de cholestérol avait chuté de plus de 1,56 (soit 18 %) et celui de triglycérides de plus de 1,59 point. En seulement 12 semaines, il avait complètement vaincu l'insulinorésistance de phase 3 qu'il présentait au moment de son inscription. Ce qui le réjouissait le plus, c'était la forme dans laquelle il se sentait et l'énergie qu'il avait retrouvée. Il n'avait jamais eu faim, ne devait pas compter ses calories et se sentait mieux qu'il ne s'était senti depuis des années. Il lui faudra maintenant encore 12 mois dans le programme pour bien implanter ces saines modifications de ses habitudes de vie ; il va sans dire, néanmoins, qu'il reçoit beaucoup d'encouragement.

Pourquoi nos participants ont-ils été si enthousiasmés par cette étude ? Le programme *Toute la vie en bonne santé* est facile à suivre et les participants comme Jean ont réellement trouvé qu'ils se sentaient mieux, qu'ils avaient plus d'énergie et qu'ils n'éprouvaient jamais la faim. Qu'ont-ils fait exactement pour obtenir de tels résultats ? Poursuivez votre lecture et vous allez découvrir le secret de leur réussite. Le programme est divisé en deux phases. La première aide les participants à vaincre leur dépendance aux glucides et leur stress glycémique. Quant à la seconde, il s'agit, au fond, d'un programme d'entretien qui permet véritablement aux participants, dans la plupart des cas, de vaincre leur insulinorésistance à long terme.

La phase 1 du programme *Toute la vie en bonne santé* : Vaincre le stress glycémique et la dépendance aux glucides

Le premier aspect de la phase 1 est essentiel si l'on veut réussir. Rester cohérent avec l'objectif de la phase 1 du programme nous permet de réaliser notre mission fondamentale : fournir à notre corps ce dont il a besoin plutôt que de l'en priver.

Un régime alimentaire sain

En ce qui concerne le régime alimentaire de notre programme *Toute la vie en bonne santé*, il est agréable de pouvoir contempler la beauté et la saveur d'aliments sains, plutôt que de traverser des crises de faim douloureuses et de vertige. Le régime proposé dans la phase 1 préconise l'équilibre : il combine donc des matières grasses, des protéines et des glucides de bonne qualité. Il importe de se rappeler que le corps a besoin d'un apport équilibré de ces éléments pour fonctionner à son niveau optimal. En effet, le priver d'un quelconque de ces macronutriments essentiels n'est pas seulement imprudent mais dangereusement malsain (voir le chapitre 9). Les participants au programme *Toute la vie en bonne santé* de **www.healthyandleanforlife.com** apprennent donc à faire des repas et des collations **qui ne provoquent pas** de pic glycémique. Cela permet à la glycémie de s'élever très lentement, sans stimuler à l'excès la production d'insuline, qui à son tour entraîne la hausse du glucagon, hormone de libération des graisses. On évite par ailleurs de dégringoler au niveau de l'hypoglycémie, la production d'hormones de stress (cortisol, adrénaline) étant tenue en échec. Il s'ensuit que l'on ne ressent pas cette « faim incontrôlable » que l'on éprouve si souvent dans d'autres régimes d'amaigrissement (voir les chapitres 4 et 11[3]). On vous encourage à manger tous les fruits (pommes, oranges, bananes, poires, raisin), les légumes (maïs, pois, haricots verts, choux-fleurs, choux de Bruxelles) et les légumineuses (haricots et lentilles de toutes sortes) que vous désirez. Tant qu'ils en sont à la phase 1 du régime, les participants doivent éviter toute consommation de sucre, de farine (de blé ou blanche), de pain, de céréales, de pâtes alimentaires, de riz et de pommes de terre. Je les encourage à éviter toute boisson gazeuse et boisson pour sportifs, ainsi que tout jus de fruits additionné de sucre. Ces aliments affichent soit un indice ou un apport glycémique élevé, soit les deux. *Ce sont donc vos ennemis et vous devez les éviter complètement tant que vous cherchez à briser votre dépendance aux glucides et commencez à vaincre le stress glycémique.*

Pendant la phase 1, vous apprendrez également à diminuer la quantité de matières grasses et de protéines de mauvaise qualité dans votre alimentation et à les remplacer par de bonnes protéines et matières grasses (voir le chapitre 12), dont les meilleures sources sont les légumes et les fruits à coque. Ces aliments contiennent d'excellents acides gras oméga-3 et des graisses monoinsaturées, qui non seulement réduisent l'inflammation du corps mais diminuent le cholestérol LDL ou mauvais cholestérol. Pendant ce temps, votre cholestérol HLD ou bon cholestérol augmente. La deuxième source en qualité de matières grasses et de protéines, ce sont les poissons d'eaux froides tels le saumon, le thon, le maquereau, la truite et les sardines. En plus de contenir de bonnes protéines, ces aliments contiennent de bons acides gras oméga-3. La troisième source de matières grasses et de protéines, c'est la volaille, la viande rouge étant la moins indiquée de toutes les viandes. Recherchez donc les coupes de viande rouge les plus maigres possible, ou mieux encore, mangez du gibier sauvage ou du bison lorsque c'est possible. Je ne suis pas partisan des produits laitiers comme source de protéines parce qu'ils contiennent une concentration très élevée de graisses saturées. Si vous en consommez, je vous recommande d'opter pour du lait écrémé, du yogourt maigre, du fromage et d'autres produits faibles en matières grasses. Relisez bien le *Plan de base de repas* de la phase 1 que vous trouverez dans les pages ressources à la fin du livre.

Un programme d'exercice modéré

Lorsque vous débutez le programme *Toute la vie en bonne santé*, il est essentiel de commencer aussi un programme d'exercice. La nature de cette activité n'importe pas, tant que vous la pratiquez cinq fois par semaine. Rappelez-vous que la plupart des Nord-Américains ne sont pas en bonne forme physique depuis de nombreuses années, s'ils l'ont jamais été. D'ailleurs, si vous êtes un homme âgé de plus de 40 ans ou une femme de plus de 50 ans, vous devriez consulter votre médecin avant de vous lancer dans un programme d'exercice quel qu'il soit. Votre séance d'exercice doit être *programmée* dans votre emploi du temps et pas juste coincée ici et là, selon les jours. Commencez doucement et n'en faites pas trop au début. Pour la plupart des personnes en surpoids, marcher d'un bon pas pendant 30 minutes constitue tout un défi. Vous devez avoir une vision à long terme de tous ces changements apportés à vos habitudes de vie. Il se peut qu'au début vous ne puissiez marcher que pendant cinq ou dix minutes. Il importe bien plus d'être constant que d'essayer d'atteindre son objectif d'exercice aérobique de 30 à 45 minutes, cinq jours par semaine. Veuillez consulter le chapitre 13 afin de revoir en détail la façon de vous aménager un excellent programme d'exercice. Je tiens également à vous rappeler que votre corps a aussi besoin de repos. Ne vous entraînez donc jamais sept jours par semaine. Vous deviendrez d'ailleurs plus fort en accordant à votre corps des périodes de repos adéquates.

Tout au long du programme, vous augmenterez progressivement l'intensité et la durée de votre entraînement jusqu'à en faire pendant 45 minutes, cinq jours par semaine. Plus votre exercice sera intense, plus vous deviendrez sensible à votre propre insuline. Je recommande vivement le recours à un podomètre car il vous donne une indication mesurable de votre activité globale au cours d'une journée. J'encourage tous mes patients à faire un minimum de 10000 pas, au moins cinq jours par semaine. Ce nombre de pas correspondra généralement aux journées où vous vous entraînerez. Le podomètre vous sensibilisera à l'idée de marcher davantage pour vous rendre au travail, d'emprunter l'escalier au lieu de l'ascenseur et de vous entraîner plus régulièrement.

La supplémentation nutritionnelle

La supplémentation nutritionnelle est, selon toute probabilité, le changement le plus facile qu'il vous faudra apporter à vos habitudes de vie. Vous devez procurer à votre corps toute la gamme des nutriments cellulaires (voir le chapitre 14) dont vous avez la liste complète au chapitre précédent. Je vous ai donné des conseils sur la façon de choisir des suppléments nutritionnels de bonne qualité, complets et équilibrés. À vous donc de trouver une entreprise qui les fabrique sous forme de deux ou trois comprimés différents à prendre deux ou trois fois par jour pour vous assurer une nutrition cellulaire complète. Faites en sorte d'accompagner vos principaux repas de suppléments de bonne qualité qui en seront d'autant mieux absorbés et tolérés. Prenez soin de choisir des suppléments qui sont de qualité pharmaceutique et dont les fabricants respectent les normes de l'USP.

La plupart de mes patients demeureront à la phase 1 du programme jusqu'à ce qu'ils aient vaincu leur dépendance aux glucides et soient en bonne voie d'atteindre leur objectif ultime. Puisque vous aurez adopté des *habitudes de vie* saines, vous n'avez pas à craindre de priver votre corps de nutriments essentiels. Au contraire, vous commencerez à vous sentir mieux que vous ne vous êtes senti depuis des années. Ce programme vous offre donc la chance unique d'améliorer votre pression artérielle, vos niveaux de cholestérol, votre risque de maladie du cœur et votre diabète. Si vous cherchez à éviter de devoir prendre des médicaments, je vous recommande de rester à la phase 1 pendant douze semaines au moins. Vous devriez aussi vous faire suivre de près et être réévalué par votre médecin pendant cette période.

Une hydratation adéquate

Un aspect des habitudes de vie saines sur lequel je ne me suis pas arrêté jusqu'ici, c'est la consommation d'une quantité adéquate d'eau purifiée. On me pose fréquemment la question suivante: «Qu'est-ce que je suis autorisé à boire au cours du programme *Toute la vie en bonne santé*?» La réponse est évidente: «De l'eau.» La plupart d'entre nous ne boivent pas assez d'eau, ce qui fait que nous sommes en état de déshydratation chronique. Il n'y a rien à faire, notre corps ne fonctionne pas convenablement sans une grande quantité d'eau pure. Lorsqu'on est déshydraté, la force musculaire diminue, le transport des nutriments en direction et au retour de la cellule se fait mal et il en résulte donc une accumulation toxique de déchets dans les cellules. L'œdème, ou enflure des jambes, est habituellement un signe de déshydratation que l'on peut effectivement soulager en augmentant sa consommation d'eau. Vous devriez donc boire au moins huit à dix grands verres d'eau purifiée par jour.

Je ne plaiderai pas en faveur d'un type d'eau purifiée plutôt que d'un autre, tant qu'il n'est pas question de l'eau du robinet normale. Je recommande tout au moins de l'eau purifiée par osmose inverse au moyen d'un filtre de très bonne qualité, ou de l'eau distillée. Rappelez-vous que le café, le thé, l'alcool et les boissons gazeuses déshydratent en raison de leur effet diurétique. Il faut donc augmenter sa consommation d'eau si l'on consomme ces boissons de façon régulière.

Ne vous laissez jamais tenailler par la faim

L'un des principes fondamentaux du programme *Toute la vie en bonne santé*, c'est que personne ne doit jamais éprouver la faim. Lorsque celle-ci se fait sentir, vous devriez prendre encore un repas ou une collation à faible indice glycémique supplémentaire. Si vous évitez les pics glycémiques, votre appétit diminuera tranquillement et vous vous mettrez, sans effort, à consommer de moins en moins de calories. Vous devriez terminer une collation saine ou un repas sain avec une impression de satisfaction, en n'ayant donc plus faim, mais sans avoir le ventre plein. Faire des repas légers et fréquents constitue la meilleure façon de s'alimenter au cours de la journée. Je recommande par conséquent au moins trois repas et deux collations, et ce, tous les jours. Encore une fois, vous devez manger juste au point d'être satisfait. Vous perdrez ainsi plus de poids que si vous consommiez le même nombre de calories en un ou deux repas quotidiens.

Aux repas, les portions se sont accrues de façon constante dans nos foyers et dans les restaurants. Pour cette raison, j'enseigne aux participants du programme *Toute la vie en bonne santé* à prendre des portions réduites aux repas et à ne pas se resservir. Si vous désirez manger davantage, augmentez votre portion de légumes complets à faible indice glycémique. Lorsque vous allez au restaurant, essayez de partager un repas avec la personne qui vous accompagne. Cela vous reviendra moins cher et vous serez souvent surpris de voir combien vous vous sentirez mieux et plus satisfait de ne pas avoir trop mangé.

Les substituts de repas et de collation

Certains fabricants de produits de nutrition ont saisi l'importance de l'indice et de l'apport glycémiques et ont inventé des substituts de repas et de collation qui ne provoquent pas de pic glycémique : ils ont donc combiné des protéines, des matières grasses et des glucides de bonne qualité dans la poudre ajoutée aux boissons et aux barres nutritionnelles. Ces boissons et ces barres peuvent être commodes comme remplacement non pollué d'un repas dans notre société où tout va trop vite. Il importe toutefois, avant de les acheter, de se renseigner sur leur contenu, à savoir s'ils contiennent des glucides à faible indice glycémique, des acides gras essentiels oméga-3 et de la protéine de soja ou de la protéine lactosérique. Il y a de quoi être encore plus rassuré lorsque l'indice glycémique exact de ces substituts de repas et de collation a fait l'objet d'une analyse. Bon nombre de participants au programme *Toute la vie en bonne santé* ont obtenu de bons résultats en ayant recours à des substituts de repas et de collations à indice glycémique faible.

La Triade d'un mode de vie sain : un régime alimentaire sain, un programme d'exercice modéré et la supplémentation nutritionnelle

Au cours des dix dernières années, l'un des principes importants que j'ai établis en travaillant auprès de mes patients, c'est qu'ils doivent intégrer les trois composantes de ce mode de vie sain s'ils veulent réussir à vaincre leur dépendance aux glucides, leur stress glycémique et leur insulinorésistance. S'ils n'appliquent qu'une seule de ces modifications, ils verront déjà des progrès ; s'ils en appliquent deux des trois, ils en verront davantage. Par contre, s'ils sont déterminés à les introduire toutes les trois de front, ils connaîtront alors des résultats faramineux. Lorsque, après avoir accompli des progrès formidables, certains de mes patients donnent des signes de régression lors d'un examen de routine, je sais sans l'ombre d'un doute qu'ils ont laissé tomber au moins l'un des importants volets de la triade.

Il est très difficile de vaincre l'insulinorésistance parce qu'elle est le produit de plusieurs années d'abus de son corps. Vous ne réussirez donc pas à contrer ses effets nocifs en n'apportant que des modifications symboliques à votre quotidien. Par exemple, si vous subissez même un seul pic glycémique qui fait chuter votre glycémie dans la fourchette hypoglycémique (diminution du taux de glucose dans le sang) et que vous stimulez la production des hormones de stress, selon la littérature médicale, la « faim incontrôlable » qui en résulte peut durer de plusieurs heures à plusieurs jours. Chacune de ces modifications de vos habitudes de vie recommandées dans le programme *Toute la vie en bonne santé* améliorera donc considérablement votre sensibilité à l'insuline. En effet, toutes ces habitudes de vie agissent en synergie, en vue de corriger la cause fondamentale des mauvais effets de l'insulinorésistance. Voyons maintenant la phase 2 du programme *Toute la vie en bonne santé.*

Phase 2 : Comment vaincre l'insulinorésistance

La phase 2 du programme *Toute la vie en bonne santé* a pour objectif de vaincre l'insulinorésistance une bonne fois pour toutes. Comme il ne s'agit PAS d'un régime amaigrissant, les saines habitudes de vie que l'on préconise dans cette phase du programme deviennent tout simplement un mode de vie. Les régimes amaigrissants ne fonctionnent pas, comme on l'a vu au chapitre 9. Lorsqu'un de mes patients me dit qu'il va se mettre au régime, je sais d'avance qu'avant longtemps il l'abandonnera. Le programme *Toute la vie en bonne santé* est néanmoins différent du fait qu'on y acquiert de saines habitudes qu'on appliquera tout au long de sa vie.

Grâce à ma pratique clinique, j'ai appris qu'il vous faudra adopter ces habitudes de vie saines pendant environ 15 mois avant qu'elles ne deviennent partie intégrante de votre vie. Il est difficile de changer de vieilles habitudes et extrêmement facile, au contraire, pour la plupart d'entre nous de retomber dans la « dépendance aux glucides ». C'est la raison pour laquelle mon programme *Toute la vie en bonne santé*, que vous trouverez (en anglais) à l'adresse **www.healthyandleanforlife.com**, s'étend sur 15 mois.

En effet, il est rare que l'on retourne en arrière une fois que l'on a adopté de saines habitudes quotidiennes pendant cette période. On se sent en pleine forme, on redouble d'énergie et de vitalité, et on jouit d'une concentration accrue et d'une meilleure santé, tout en continuant de libérer des graisses jusqu'à atteindre son poids idéal. Pourquoi voudrait-on retourner en arrière après quinze merveilleux mois ?

La phase 2 du programme *Toute la vie en bonne santé* a pour objectif de vous faire profiter de ces nouveaux bienfaits pour la santé, tout en vous permettant de venir complètement à bout de votre insulinorésistance. Toutefois, comme nous l'avons vu au chapitre 5, vous pourriez vous situer à l'un ou l'autre des quatre niveaux différents d'insulinorésistance. (Revoyez la figure 1 du présent chapitre.) Il vous faut comprendre que plus vous êtes en phase avancée d'insulinorésistance, plus il vous faudra de temps pour la vaincre. Toutefois, même si vous êtes déjà diabétique, vous avez des chances de pouvoir vaincre non seulement votre insulinorésistance mais aussi votre diabète. Dans mon seul petit cabinet, j'ai documenté 18 cas de patients qui, en plus de commencer à mieux contrôler leur diabète, ont fini par le vaincre complètement. Cela ne s'est pas passé du jour au lendemain, je vous l'accorde. En fait, la plupart de ces patients n'ont vu aucun progrès du point de vue de leur diabète pendant plusieurs mois, et ce n'est en moyenne qu'au bout d'un an et demi ou de deux ans qu'ils ont vu leur glycémie et leur hémoglobine A1C revenir à la normale sans médicaments. Par contre, les patients qui n'étaient qu'en phase 1 d'abus d'insuline ont pu vaincre leur insulinorésistance en moins de douze semaines. C'est la raison pour laquelle la plupart de mes patients préfèrent rester en phase 1 du programme jusqu'à ce qu'ils aient complètement vaincu leur insulinorésistance ; ensuite, ils passent à la phase 2 où ils commencent à adopter ces nouvelles habitudes de vie de façon permanente.

Un régime alimentaire sain

Ce qui changera le plus dans votre régime de la phase 2, c'est que vous recommencerez à manger des céréales et des pommes de terre. Selon mon expérience clinique, les céréales représentent la catégorie d'aliments la plus difficile à manger correctement. En effet, étant donné la façon dont la plupart des céréales sont transformées de nos jours, leurs glucides sont absorbés par le corps extrêmement rapidement. Ces aliments sont donc très dangereux du fait qu'ils provoquent des pics glycémiques aussi rapides.

Rappelez-vous que la fleur de farine, le pain complet et le pain blanc, les céréales du matin, le riz et les pommes de terre peuvent faire grimper votre taux de glycémie plus rapidement que le sucre pur. Par conséquent, apprenez à consommer des céréales complètes à cuisson lente, des pains germés ou de farine complète, des pommes de terre rouges ou des pommes de terre nouvelles, des patates douces, des ignames, du riz sauvage (parfois appelé *zizanie*), du riz basmati et des pâtes alimentaires de céréales complètes. La plupart de ces aliments ont un indice glycémique modérément élevé et, combinés à des glucides de faible indice glycémique, ils ne provoquent pas de pic glycémique. Vous devez également vous familiariser avec la préparation et la consommation d'autres céréales à faible indice glycémique telles que l'orge, le couscous et l'avoine épointée. La plupart de ces céréales ont un riche goût de noisette qui vous plaira énormément. Je vous encourage donc à étudier le *Plan de base de repas*, *Phase 2*, décrit dans les pages ressources.

Un programme d'exercice plus intensif

Le programme d'exercice de la phase 2 diffère du précédent principalement du fait qu'il devrait devenir plus intensif. Je vous recommande toujours de ne pas vous entraîner plus de cinq jours par semaine à raison de 30 à 45 minutes, et ce, même lorsque vous vous serez entraîné de façon régulière pendant plusieurs mois. Toutefois, vous devriez augmenter l'intensité de votre programme d'exercice aérobique. Il y a des preuves médicales convaincantes selon lesquelles l'amélioration de la sensibilité à l'insuline serait en relation directe avec l'intensité de l'entraînement. En effet, plus vous êtes en forme, plus vous avez de chances de vaincre votre insulinorésistance complètement et pour de bon. Et plus cela fait longtemps que vous êtes en forme et que vous avez atteint une bonne condition physique, plus vous êtes protégé contre une rechute de l'insulinorésistance.

Je vous encourage également à faire de la musculation deux fois par semaine à la phase 2. En effet, nous nous mettons tous à perdre de la masse musculaire dès l'âge de 35 ans, mais les personnes qui font de la musculation toutes les semaines parviennent à préserver, et même à augmenter leur masse musculaire. Comme nous l'avons vu au chapitre 13, l'exercice aérobique est plus efficace que la musculation pour contrer l'insulinorésistance. Toutefois, lorsque vous combinez un programme de musculation et une activité aérobique, vous améliorez considérablement votre état de santé général. Un programme de musculation, si léger soit-il, a donc des effets extrêmement bénéfiques sur la santé. Qui plus est, les hommes et les femmes de tous les âges devraient compléter leur programme hebdomadaire par la musculation de la partie supérieure du corps, car cela stimule la croissance osseuse et aide à prévenir l'ostéoporose.

Le fait que nous devenions de moins en moins souples avec l'âge est aussi une source de préoccupation. Il est donc très bénéfique de compléter sa séance d'exercices par un programme d'étirements. L'activité aérobique, la musculation et les étirements sont vitaux au maintien et à la protection de sa santé.

Vous ne devriez rien changer à votre supplémentation nutritionnelle dans la phase 2, à moins que vous ne vous mettiez à vous entraîner de façon énergique, auquel cas vous devriez augmenter la quantité d'antioxydants que vous ingérez. En effet, l'excès d'exercice est l'une des causes de l'augmentation de la production de radicaux libres. Par conséquent, si vous continuez à vous entraîner de façon modérée, il n'y a pas lieu de vous inquiéter, mais si vous intensifiez votre entraînement, vous devrez apporter à votre corps une protection supplémentaire en augmentant, les jours d'entraînement, votre quantité d'antioxydants.

Toute la vie en bonne santé, un programme d'autoévaluation autogéré

Il est difficile de modifier ses habitudes de vie et de les maintenir. Pourtant, face à l'obligation de prendre un ou plusieurs médicaments pour traiter l'hypertension, le diabète, une maladie du cœur ou un taux élevé de cholestérol, il se peut que vous optiez pour cette solution, soit la thérapie de départ, dans l'espoir de pouvoir éviter complètement la prise de médicaments. Aussi, si vous avez de la difficulté à perdre du poids, c'est peut-être l'effet de l'insulinorésistance : votre corps retient votre surpoids, tout comme une éponge retient l'eau. Rappelez-vous que l'un des signes de l'insulinorésistance, c'est l'incapacité de maigrir, quoi que l'on fasse. Il nous faut comprendre que nous sommes tous victimes d'habitudes de vie qui ne sont pas faciles à modifier, même si c'est pour le mieux.

Le fait de lire le présent livre constitue, certes, un bon point de départ, mais ce n'est qu'un début. La plupart des gens ont besoin d'être encouragés et responsabilisés pendant qu'ils tentent d'adopter ces nouvelles habitudes de vie. C'est la raison pour laquelle j'ai conçu un programme en ligne (sur Internet), à la mesure de vos moyens, qui vous assurera la meilleure chance de succès au fur et à mesure que vous intégrerez ces nouvelles habitudes à votre vie quotidienne. Ce site Web est devenu mon cabinet médical « virtuel » en ligne. En fait, il est encore plus efficace que si vous veniez me trouver dans mon bureau chaque semaine. L'Internet me permet d'atteindre des milliers de personnes et de les aider à améliorer leur santé de façon notoire et à se libérer de leur excès de graisse pour la première fois de leur vie. Si vous avez été encouragé et inspiré par ce livre et souhaitez changer vos habitudes de vie, rendez-vous à l'adresse **www.healthyandleanforlife.com** et consultez ce site unique. Voici un échantillon de ce que ce site Web abordable peut faire pour votre santé.

L'autoévaluation de vos risques

En qualité de membre, vous avez accès à la *Grille d'évaluation des risques pour la santé* afin de déterminer si vous souffrez d'insulinorésistance, et à quel niveau se situe votre insuline. La plupart des médecins ne savent même pas reconnaître la résistance à l'insuline, mais cette évaluation automatisée des risques pour la santé vous permettra de savoir où vous en êtes dans tout ce processus.

La formation

J'ai conçu un programme de formation complète d'une durée de 15 mois qui fait partie intégrante de ce site Web. Vous recevrez tous les jours des courriels de motivation et de formation au cours des 12 premières semaines, puis toutes les semaines au cours de l'année qui suit. Également, pendant les 12 premières semaines, vous recevrez une formation hebdomadaire et, au cours des 12 derniers mois, une formation avancée mensuelle. Ces séances de formation sont disponibles en version écrite ou en présentation audio-visuelle (oralement et sur PowerPoint). Vous aurez également accès à des enregistrements de conférences téléphoniques au cours desquelles j'expose les principes à la base de ces saines habitudes de vie.

Le Journal de vos habitudes de vie

Vous aurez accès à un journal personnel où vous pourrez inscrire tous vos repas, vos séances d'exercice et la constance avec laquelle vous prenez vos suppléments nutritionnels. Ce journal de vos habitudes de vie vous fournit une rétroaction immédiate des progrès que vous faites grâce au programme. Lorsqu'on commence à consigner ses habitudes de vie, on transforme littéralement ses habitudes inconscientes en habitudes conscientes. Cela permet de commencer à voir où l'on éprouve de la difficulté afin de pouvoir aborder franchement les points qui nécessitent une attention particulière. Personne n'est parfait et ce programme n'exige pas qu'on le soit : il vous suffit d'être honnête. Prendre l'habitude de tenir un journal de vos habitudes de vie, ce qui ne demande que deux ou trois minutes chaque jour, est donc essentiel à votre réussite.

Les analyses de sang (facultatives)

Le site Web du programme *Toute la vie en bonne santé* vous donne également la chance de commander des analyses de sang afin de mieux déterminer la gravité de votre insulinorésistance. Ces analyses en laboratoire sont disponibles dans la plupart des régions du continent nord-américain. Étant donné que les analyses commandées par Internet ne sont pas couvertes par les assurances, il se pourrait que vous préfériez demander à votre médecin personnel de vous les prescrire. Vous pourriez ainsi intégrer les résultats des analyses de sang qu'il vous aura remis à l'évaluation automatisée des risques pour la santé, ce qui vous permettrait également de mieux voir où vous vous situez en matière de santé.

Le programme Toute la vie en bonne santé, *version supervisée*

Certaines personnes ont besoin de plus de soutien personnalisé que ne peut leur en offrir le programme autogéré. Vous avez donc également le choix de vous inscrire au programme supervisé à l'adresse **www.healthyandleanforlife.com**. Vous recevrez ainsi une évaluation des risques pour la santé effectuée par moi-même ou par un membre de mon équipe de médecins. Cette même équipe sera aussi en mesure de répondre à toute question d'ordre médical ou de vous aider à régler tout problème qui pourrait surgir au cours du programme. On vous confiera également à un conseiller attitré en habitudes de vie à qui vous pourrez soumettre toutes vos questions et tous vos problèmes. Cette personne étudiera et évaluera votre journal des habitudes de vie chaque semaine pendant les 12 premières semaines du programme, puis tous les mois par la suite. Elle vous donnera ainsi une rétroaction directe des aspects de vos habitudes de vie que vous devez améliorer dans la semaine ou le mois à venir. Ainsi, elle vous responsabilisera tout en vous guidant et en vous encourageant. Les bénéfices que vous tirerez de ce programme, soit la responsabilisation, la motivation, la formation et l'évaluation, justifient largement l'investissement que vous aurez fait en vous-même.

Conclusion

En conclusion, il n'est plus nécessaire de périr par manque de connaissances. Comment vous voyez-vous d'ici cinq ans ? Vous pouvez y arriver ! L'heure est venue de défier vos habitudes de vie malsaines et de sauvegarder votre santé. Lorsqu'il est question de votre santé, il faut devenir proactif plutôt que réactif. Voilà pourquoi je vous encourage à consulter mon site Web **www.healthyandleanforlife.com**. Vous pouvez vous abonner à ce site unique et recevoir le type de soutien qui fera toute la différence dans votre vie. Vous pouvez aussi souscrire à mon bulletin d'information mensuel gratuit, rempli d'idées pratiques, et qui vous encouragera à bien intégrer ces habitudes nouvelles et saines dans votre vie.

Il est très encourageant pour moi d'entendre mes patients me dire qu'ils sentent fondre leur graisse. Ils n'éprouvent pas la faim parce qu'ils ne se privent pas de nourriture et leur taux de glycémie demeure stable ; ils se sentent mieux qu'ils ne se sont sentis depuis des années et leur surpoids disparaît aussi mystérieusement qu'il s'était installé. La plupart des gens aiment beaucoup l'idée de ne pas devoir assister à des réunions embarrassantes et ils apprécient le soutien et l'encouragement que procure ce site unique. La responsabilisation et la motivation sont les clés du succès. Je vous encourage donc encore une fois à consulter mon site Web, **www.healthyandleanforlife.com**, aujourd'hui même. Vous n'êtes pas obligé d'affronter seul ce défi. C'est en pensant à vous que j'ai conçu l'approche de responsabilisation et de motivation de ce site. J'espère que nous pourrons vous accompagner tout au long de votre parcours. Chez vous, en toute confidentialité, vous aussi pouvez vivre toute votre vie en bonne santé.

POSTFACE

Il y a tellement de gens qui ont perdu tout espoir d'être à nouveau libres de fonctionner normalement ! Ils sentent qu'ils ne peuvent tout simplement pas perdre de poids, quoiqu'ils fassent.

J'espère de tout mon cœur que vous avez assimilé les vérités et les connaissances qui sauront raviver votre espoir. L'idée d'être libre de jouir à nouveau d'aliments magnifiques et délicieux tout en se libérant de ses graisses semble impossible. Malgré tout, je vous propose un défi : celui d'y croire et de commencer à prendre les mesures nécessaires pour vaincre vos dépendances et vos envies incontrôlables. J'ai vu, et cela maintes fois, des personnes désespérées y arriver. Joignez-vous donc à elles dès maintenant et commencez à adopter des habitudes de vie saines qui vous apporteront véritablement la liberté.

La plupart des gens ont simplement besoin d'un coup de pouce. Permettez donc à mon équipe et à moi-même de vous prendre par la main et de vous accompagner à chacune des étapes qui mènent à cette nouvelle liberté. La vie passe très rapidement : il n'y a aucune raison pour que vous soyez piégé dans des habitudes de vie qui ne feront que vous priver de votre atout le plus précieux, votre santé. Et ce n'est pas une question de volonté mais plutôt une résolution de se détourner de tous ces glucides hautement transformés et à indice glycémique élevé qui créent une dépendance. Ce n'est qu'alors que vous serez réellement libre et en voie de protéger ou de recouvrer votre santé.

Avant longtemps, vous serez devenu un exemple concret de ce qu'il est possible de réaliser lorsqu'on applique les vérités présentées dans ce livre. Tant de personnes se sont ainsi sorties d'une situation qu'elles jugeaient pourtant sans issue ! Pourquoi donc ne pas devenir l'une de ces âmes désespérées et piégées qui ont ainsi été libérées ?

NOTES

Chapitre 1 – Piégés au pays de cocagne

1 Fontaine, K. R., et coll. « Years of Life Lost Due to Obesity », *JAMA*, 8 janvier 2003, vol. 289, no 2.
2 Une femme obèse de race blanche perdrait environ huit ans de vie (soit une diminution de 10 % de l'espérance de vie) en raison de son surpoids. Étant donné la vitesse à laquelle la vie file, ces résultats sont stupéfiants.
3 Ibid.
4 Connolly, Ceci, « Obesity increases U. S. health costs by $93B », *Rapid City Journal*, mercredi 14 mai 2003, page A3. Réimpression d'un article paru dans le *Washington Post,* 2003.
5 Wood, Christine, WOOD, M.D., pédiatre traitante à Encinitas, en Californie. Auteure de *How to Get Kids to Eat Great & Love It!*, Griffin Publishing ; 2e édition, 2001, et www.kidseatgreat.com.

Chapitre 2 – Au pays des glucides

1 Ludwig, D. A., « High Glycemic Index Foods, Overeating, and Obesity », *Pediatrics* 103, (1999): e26.
2 Ludwig, D. S., « Dietary Glycemic Index and Obesity », *American Society for Nutritional Sciences* 130 (2000): 280S-283S.
3 Ibid. no 2.
4 Ibid. no 1.
5 Flegal, K. M., et coll. « Overweight and Obesity in the US: Prevalence and Trends », *International Journal of Obesity* 22 (1998): 39-47.
6 Tableaux de mortalité.
7 Schlosser, E., *Fast-food Nation*, pages 125 et 126.
8 Ibid. no 1.
9 Ibid. no 7.

Chapitre 3 – L'indice glycémique

1 Ludwig, D., « The Glycemic Index, Physiological Mechanisms Relating to Obesity, Diabetes, and Cardiovascular Disease », *JAMA* 287 (2002): 2414.
2 Ibid.
3 Brand-Miller, J., et coll. « The New Glucose Revolution », Marlowe & Company, 2003.
4 Recommandations diététiques de l'*American Diabetic Association.*

5 *JAMA*, 8 mai 2002.
6 Schlosser, E., *Fast-food Nation.*
7 Amelsvoort. Ratio amylase/amylopectine.
8 Ludwig, D., « The Glycemic Index. Physiological Mechanisms Relating to Obesity, Diabetes, and Cardiovascular Disease », *JAMA* 287 (2002): 2414.
9 Wolever, T., et coll. « Prediction of Glucose and Insulin Responses of Normal Subjects After Consuming Mixed Meals Varying in Energy, Protein, Fat, Carbohydrate and Glycemic Index », *American Institute of Nutrition* (1996): 2807-2812.
10 Wolever, T. et Jenkins, D., « The Use of Glycemic Index in Predicting the Blood Response to Mixed Meals », *American Journal of Clinical Nutrition* 43 (1986): 167-172.
11 Selon ces études, même un apport de matières grasses ou de protéines au repas n'apporterait aucune modification significative à la réponse glycémique d'ensemble à laquelle on pourrait s'attendre en fonction des types de glucides contenus dans les repas.
Aussi, un apport à parts égales de deux différents glucides dans un même repas entraînerait une réponse glycémique à peu près inférieure de moitié à celle qu'entraîneraient ces repas constitués d'un seul de ces aliments.

Chapitre 4 – Comment suis-je devenu accro aux glucides ?

1 Gerich, J., et coll. « Hormonal Mechanisms in Acute Glucose Counter Regulation: The Relative roles of Glucagon, Epinephrine, Norepinephrine, Growth Hormone and Cortisol », *Metabolism* 29 (novembre 1980):1164-1175.
2 Ludwig, D. S., « The Glycemic Index: Physiological Mechanisms Relating to Obesity, Diabetes, and Cardiovascular Disease », *JAMA* 287 (2002): 2412-2423.
3 Ludwig, D. A., et coll. « High Glycemic Index Foods, Overeating, and Obesity », Pediatrics 103 (1999): e26.
4 Ibid. no 2.

Chapitre 5 – Fantôme : le syndrome métabolique ou syndrome X

1 Ford, E. S., et coll. « Prevalence of the Metabolic Syndrome Among US Adults », *JAMA* 287 (2002): 356-359.
2 Reaven, Gerald. *Syndrome X*. Simon & Schuster (2000): page 18.
3 Je possède une analyse détaillée des preuves médicales à l'appui des énoncés que j'avance dans mon livre intitulé *Ce que votre médecin ignore de la médecine nutritionnelle pourrait vous être fatal.* Les Éditions du trésor caché (2004).
4 Reaven, G. M. « Role of Insulin Resistance in Human Disease », *Diabetes* 37 (1988):1495-1607.
5 Jansson, P. E., et coll. « Measurement by microdialysis of the insulin concentration in subcutaneous interstitial fluid », *Diabetes* 42: 1469-1473, 1993.
6 Ibid. no 4.

7 Selon certaines études, de faibles niveaux de cholestérol HDL peuvent apparaître seuls et sont considérés comme le signe précurseur de l'insulinorésistance.
8 Dr DeFronzo, J*ournal Diabetes Care.*
9 Reaven, G. M., « Syndrome X: 6 Years Later ». Supplément 736 du *Journal of Internal Medicine* (1994): 13-22.
10 Ibid.
11 Baba, T. et Neugebauer, S., « The Link Between Insulin Resistance and Hypertension: Effects of Antihypertensive and Antihyperilipidaemic Drugs on Insulin Sensitivity », *Drugs* 47 (1994): 383-404.
12 DeFronzo, R. A. et Ferrannini, E., « Insulin Resistance: A Multifaceted Syndrome Responsible for NIDDM, Obesity, Hypertension, Dyslipidemia, and Atherosclerotic Cardiovascular Disease », *Diabetes Care* 14 (1991): 173-194.
13 Tsai, E. C., et coll. « Reduced Plasma Peroxyl Radical Trapping Capacity and Increased Susceptibility of LDL to Oxidation in Poorly Controlled IDDM », *Diabetes* 43 (1994): 1010-1014.
14 Selon des données cliniques indiscutables, le taux de glycémie des patients atteints d'insulinorésistance augmenterait lentement avec le temps. Ces hausses ne sont pas aussi élevées que dans le cas de diabète et peuvent en fait être considérées normales, sauf à la suite d'un repas. Toutefois, on a observé que ce taux de glycémie élevé est toxique pour les cellules bêta du pancréas (toxicité glucosique).
15 Ibid. no 9.

Chapitre 6 – La graisse qui tue

1 Evans, D. J., et coll. « Relationship of Body Fat Topography to Insulin Sensitivity and Metabolic Profiles in Premenopausal Women », *Metabolism 3*3 (1984): 68-75.
2 Ibid.
3 Després, J. P., « Dyslipidaemia and Obesity », *Baillieres Clinical Endocrinology and Metabolism* 8 (1994): 629-660.
4 Ibid.
5 Stern, M. P. et Haffner, S. M., « Body Fat Distribution and Hyperinsulinemia as Risk Factors for Diabetes and Cardiovascular Disease », *Arteriosclerosis* 6 (1986): 123-130.
6 Cusin, I., et coll. « Hyperinsulinemia and Its Impact on Obesity and Insulin Resistance », *International Journal of Obesity* 16 (1992): S1-S11.
7 Olefsky, J. M., « The Insulin Receptor. Its Role in Insulin Resistance of Obesity and Diabetes », *Diabetes* 25 (1976): 1154-1162.
8 Selon le Dr Olefsky, plus les taux d'insuline sont élevés, plus les récepteurs d'insuline sont bas chez les patients souffrant d'obésité.
9 Olefsky, J. M. et Kolterman, O. G., « Mechanisms of Insulin Resistance in Obesity and Noninsulin-Dependent (Type 2) Diabetes », *American Journal of Medicine* 70 (1981): 151-168.

Chapitre 7 – Bien plus qu'une question de perte de poids, de diabète et de maladies du cœur

1 Hajjar, I. et Ketchen, T., «Trends in Prevalence, Awareness, Treatment, and Control of Hypertension in United States 1988-2000», *JAMA* 290 (2003): 199-206.

2 Rocchini, A. P., et coll. «Insulin and Blood Pressure During Weight Loss in Obese Adolescents», *Hypertension* 10 (1987): 267-273.

3 Reaven, G. M., «Syndrome X: 6 Years Later», *Journal of Internal Medicine Suppl* 736 (1994): 13-22.

4 Ibid.

5 Baba, T. et Neugebauer, S., «The Link Between Insulin Resistance and Hypertension: Effects of Antihypertensive and Antihyperilipidaemic Drugs on Insulin Sensitivity», *Drugs* 47 (1994): 383-404.

6 Reaven, G. M., «Relationship Between Insulin Resistance and Hypertension», *Diabetes Care* 14 (1991): 33-38.

7 Septième rapport du *Joint National Committee on Prevention, Detection, Evaluation, and Treatment of High Blood Pressure, U. S. Department of Health and Human Services*, vol. 23 (2000): 381-389.

8 Ibid.

9 Stamler, J., et coll. «Prevention and Control of Hypertension by Nutritional Hygienic Means», *Journal of the American Medical Association* 243 (1980): 1819-1823.

10 National Nutrition Monitoring and Research Act de 1990, *Public law* 101-445 (1990).

11 Frost, G., et coll. «Glycemic Index as a Determinant of Serum HDL-Cholesterol Concentration», *Lancet* 353 (1999): 1045-1048.

12 Ford, E. S. et Liu, S., «Glycemic Index and Serum High Density Lipoprotein Cholesterol Concentration Among US Adults», *Archives of Internal Medicine* 161 (2001): 572-576.

13 Ross, R., «Atherosclerosis – an Inflammatory Disease», *New England Journal of Medicine* 340 (1999): 115-123.

14 Austin, M. A., et coll. «Low-Density Lipoprotein Subclass Patterns and Risk of Myocardial Infarction», *Journal of the American Medical Association* 260 (1988): 1917-1921.

15 Ibid. no 6.

16 Ceriello, A., «The Post-Prandial State and Cardiovascular Disease: Relevance to Diabetes Mellitus», *Diabetes Metabolism Research and Review*: 16 (2000): 125-132.

17 Ibid.

18 Ibid.

19 Wolever, T., et coll. «Beneficial Effect of a Low Glycemic Index Diet in Type 2 Diabetes», *Diabetic Medicine* 9 (1992): 451-458.

20 Collier, G. R., et coll. «Low Glycemic Index Starchy Foods Improve Glucose Control and Lower Serum Cholesterol in Diabetic Children», *Diabetes Nutr Metabolism* 1 (1988): 11-19.

Chapitre 8 – Sauvons les enfants

1 Yanovski, J. A. et Yanovski, S. Z., « Treatment of Pediatric and Adolescent Obesity », *JAMA* 289 (2003): 1851-1853.

2 Ludwig, D. A., et coll. « High Glycemic Index Foods, Overeating, and Obesity », *Pediatrics* 103 (1999): e26.

3 Spieth, L. E., et coll. « A Low-Glycemic Index Diet in the Treatment of Pediatric Obesity », *Archives of Pediatrics and Adolescent Medicine*: 154 (2000): 947-951.

4 Ebbeling C. B. et Ludwig, D. S., « Treating Obesity in Youth: Should Dietary Glycemic Load be a Consideration ? », *Advances in Pediatrics* 48 (2001): 179-212.

5 Schwimmer, J. B., et coll. « Health-Related Quality of life of Severely Obese Children and Adolescents », *JAMA* 289 (2003): 1813-19.

6 Bao, W., et coll. « Persistent Elevation of Plasma Insulin Levels is Associated with Increased Cardiovascular Risk in Children and Young Adults », *Circulation* 93 (1996): 54-59.

7 Communiqué AP (Washington), dimanche 11 mai 2003, *Rapid City Journal*, « Fat Content still a concern in lunches ». Page A8.

8 Ibid.

9 Spieth, ibid. no 3.

10 Bray, G. A., « Low-Carbohydrate Diets and Realities of Weight Loss », *JAMA* 289 (2003): 1853-55.

11 Schlosser, Eric, *Fast-food Nation*, Mifflin Company (2002). Page 54.

12 Ibid. page 53.

13 Ibid. pages 51 et 52.

14 Spieth, ibid. no 3.

15 American Diabetes Association. *Type 2 Diabetes in Children and Adolescents. Diabetes Care* 22 (2000): 381-389.

16 Ibid.

17 Freedman, D. S., et coll. « Relation of Body Fat Distribution to Hyperinsulinemia in Children and Adolescents: The Bogalusa Heart Study », *American Journal of Clinical Nutrition* 46 (1987): 403-410.

18 Ibid.

19 Bao, W., et coll. « Persistent elevation of plasma insulin », *Circulation.*

20 Ibid. no 17.

21 Ibid. no 17.

22 Garcia-Webb, P., et coll. « Obesity and Insulin Secretion in Fasting High School Students », *Diabetologia* 19 (1980): 194-197.

23 Libman, I. et Arslanian, S. A., « Type 2 Diabetes Mellitus: No Longer Just Adults », *Pediatric Annals* 28 (1999): 589-593.

24 Ibid.

25 Ibid. no 17.

Chapitre 9 – Pourquoi les régimes minceur, ça ne marche pas

I Annales du groupe d'experts en évaluation de la technologie des *Internal Med NIH*. «Methods for Voluntary Weight Loss and Control», *Annals of Internal Medicine* 119 (1993): 764-770.

2 Heshka, S., et coll. «Weight Loss with Self-help Compared with a Structured Commercial Program», *JAMA* 289 (2003): 1792-98.

3 Schlosser, Eric. *Fast-food Nation*, Mifflin Company (2002): 120.

4 Bien que dans l'avant-propos de son livre récent intitulé *Eat More, Weigh Less*, le Dr Ornish avance que l'on peut manger jusqu'à 30 % de matières grasses, à la page 43, il affirme qu'il faut bien s'assurer de ne pas dépasser les 10 %.

5 Bray, G., «Low-Carbohydrate Diets and Realities of Weight Loss», *JAMA* 289 (2003): 1853-1855.

Chapitre 10 – Cessez d'être perdant et retrouvez votre liberté

Aucune référence.

Chapitre 11 – Comment bien choisir ses aliments
Première partie : les glucides nutritifs

1 Spieth, L. E., et coll. «A Low-Glycemic Index Diet in the Treatment of Pediatric Obesity». *Archives of Pediatrics and Adolescent Medicine* 154 (2000): 947-951.

2 Jenkins, D., et coll. «Nibbling Versus Gorging: Metabolic Advantages of Increased Meal Frequency», *New England Journal of Medicine* 321 (1989): 929-934.

3 Ibid.

4 Ibid.

Chapitre 12 – Comment bien choisir ses aliments
Deuxième partie : les lipides et les protéines

1 Visioli, F. et Galli, C., «Natural Antioxidants and Prevention of Coronary Heart Disease: The Potential Role of Olive Oil and its Minor Constituents», *Nutritional Metabolic Cardiovascular Disease* 5 (1995): 306-314.

2 Erasmus, Udo, *Fats that Heal Fats that Kill* (Alive Books 1986). Page 40.

3 Weil, Andrew, *The Basics of Human Nutrition.* Page 85.

4 Visioli, F. et Galli, C., «Olive Oil Phenols and Their Potential Effects on Human Health», *Journal of Agnc. Food Chem.* 46 (1998): 42922-4296.

5 Martin-Moreno, J., et coll. «Dietary Fat, Olive Oil Intake and Breast Cancer Risk», *International Journal of Cancer* 58 (1994): 774-780.

6 Weil, ibid. no 3, page 85.

7 Jenkins D. J., Kendall, C. W., Marchie, A., et coll. «Effects of a dietary portfolio of cholesterol-lowering foods vs lovastain on serum lipids and C-reactive protein», *JAMA*, 23 juillet 2003, 290(4), pages 502-510.

8 Sears, Barry, *The Omega Rx Zone - The Miracle of the New High-Dose Fish Oil.* Regan Books (2002).
9 Weil, ibid. no 6.
10 Colgan, Michael, *The New Nutrition.* Apple Publishing (1995).
11 Sears, Barry, *The Zone - A Dietary Road Map.* Regan Books (1995): 72.
12 Weil, ibid. no 3, pages 104 et105.
13 Sears, ibid. no 11, page 68.
14 Sears, ibid. no 11, page 71.
15 Weil, ibid. no 3, page 113.
16 Weil, Andrew, *Eating for Optimal Health.* Alfred A. Knopf (2000): 113.
17 Holt, S., et coll. « Relationship of Satiety to Postprandial Glycaemic, Insulin and Cholecystokinin Responses », *Appetite* 18 (1992):129-141.

Chapitre 13 – L'exercice qui mène à la liberté

1 Mayer-Davis, E. J., et coll. « Intensity and Amount of Physical Activity in Relation to Insulin Sensitivity », *JAMA* 279 (1998): 669-674.
2 Koivisto, V. et DeFronzo, R. A., « Physical Training and Insulin Sensitivity. *Diabetes Metabolism Reviews* 1 (1986): 445-481.
3 Ibid.
4 Ibid.
5 Bjorntorp, et coll. « The Effect of Physical Training on Insulin Production in Obesity », *Metabolism* 19 (1970): 631-638.
6 Ibid. no 2.
7 Ibid. no 2.
8 Ibid. no 6.
9 Ibid. no 2.
10 Leon, A. S., et coll. « Effects of Vigorous Walking Program on Body Composition, and Carbohydrate and Lipid Metabolism of Obese Young Men », *Journal of Clinical Nutrition* 33 (1979):1776-1787.
11 Soma, V. R., et coll. « Increased Insulin Sensitivity and Insulin Binding to Monocytes After Physical Training », *New England Journal of Medicine* 301 (1979): 1200-1204.
12 Ibid.
13 Helmrich, S. P., et coll. « Physical Activity and Reduced Occurrence of Non Insulin Dependent Diabetes Mellitus », *New England Journal of Medicine* 325 (1991) : 147-152.
14 Ibid.
15 Ibid. no 1.
16 Ibid. no 2.
17 Ibid. no 2.
18 Ibid. no 1.
19 Ibid. no 1.
20 Diverses études sur l'amélioration de la sensibilité à l'insuline en relation avec un éventail de types d'exercice aérobique de différents niveaux d'intensité.

21 Hu, F.B., et coll. « Television Watching and Other Sedentary Behaviors in Relation to Risk of Obesity and Type 2 Diabetes Mellitus in Women », *JAMA* 289 (2003): 1785-1791.

22 Ibid.

23 Ibid.

24 Ibid.

Chapitre 14 – Il faut faire confiance à la nutrition cellulaire

1 Ceriello, A., et coll. « Meal Induced Oxidative Stress and Low-Density Lipoprotein Oxidation in Diabetes: The Possible Role of Hyperglycemia », *Metabolism* 48 (1999): 1503-1508.

2 Lawrence, M., et coll. « Oral Glucose Loading Acutely Attenuates Endothelium-Dependent Vasodilation in Healthy Adults Without Diabetes: An Effect Prevented by Vitamins C and E », *Journal of the American College of Cardiology* 36 (2000): 2185-2191.

3 Ross, R., « Atherosclerosis – An Inflammatory Disease », *New England Journal of Medicine* 340 (1999); 15-123.

4 Ibid. no 1.

5 Plotnick, G. D., et coll. « Effect of Antioxidant Vitamins on the Transient Impairment of Endothelium-Dependent Brachial Artery Vasoactivity Following a Single High-Fat Meal », *JAMA* 278 (1997): 1682-1686.

6 Ibid. no 5.

7 Ibid. no 2.

8 « Vascular Medicine Vitamin C Improves Endothelium-dependent vasodilation », *JAMA*.

9 Levine, G. N., et coll. « Ascorbic Acid Reverses Endothelial Vasomotor Dysfunction in Patients With Coronary Artery Disease », *Circulation* 93 (1996): 1107-1113.

10 Ceriello, A., et coll. « Antioxidant Defenses are Reduced During the Oral Glucose Tolerance Test in Normal and Non-Insulin-Dependent Diabetic Subjects », *European Journal of Clinical Investigation* 28 (1998): 329-333.

11 Paolisso, G., et coll., « Pharmacological doses of vitamin E improve insulin action in healthy subjects & non-insulin-dependent diabetic patients », *American Journal of Nutrition* 57 (1993): 650-6.

12 Ibid.

13 Anderson, R. A. et coll. « Elevated Intakes of Supplemental Chromium Improve Glucose and Insulin Variables in Individuals With Type 2 Diabetes », *Diabetes* 46 (1997): 1786-1791.

14 Ibid.

15 Ibid.

16 Ibid.

17 Ibid.

18 Ibid.

19 Paolisso, G., et coll. «Daily Magnesium Supplements Improve Glucose Handling in Elderly Subjects», *American Journal of Clinical Nutrition* 55 (1992): 1161-1167.

20 Ibid.

21 Ibid.

22 Thompson, K. H. et Godin, D. V., «Micronutrients and Antioxidants in the Progression of Diabetes», *Nutrition Research* 15 (1995): 1377-1410.

23 Ibid.

24 Boden, G., et coll. «Effects of Vandyl Sulfate on Carbohydrate and Lipid Metabolism in Patients With Non-Insulin-Dependent Diabetes Mellitus», *Metabolism* 45 (1996): 1130-1135.

25 Marfella, R., et coll. «Glutathione Reverses Systemic Hemodynamic Changes Induced by Acute Hyperglycemia in Healthy Subjects», *The American Journal of Physiology* 268 (1995): E1167-E1173.

26 Das, U., «Obesity, Metabolic Syndrome X, and Inflammation», *Nutrition* 18 (2001): 430-432.

27 Santini, S. A., et coll. «Defective Plasma Antioxidant Defenses and Enhanced Susceptibility to Lipid Peroxidation in Uncomplicated IDDM», Diabetes 46 (1997): 1853-1858.

28 Ibid. no 24.

Chapitre 15 – Bonjour santé, adieu kilos!

I Margolis, J. R., et coll. «Clinical features of unrecognized myocardial infraction: Silent and symptomatic. Eighteen-year follow-up: The Framingham Study», *American Journal of Cardiology* 32 (1973): 1-7.

2 O'Keefe, J. H., Jr., MD, et coll. «Improving the adverse cardiovascular prognosis of type 2 diabetes», *Mayo Clinic Protocol* (1999): 74:171-180.

3 Ludwig, D. S., «The Glycemic Index: Physiological Mechanisms Relating to Obesity, Diabetes, and Cardiovascular Disease», *JAMA* 287 (2002): 2412-2423.

NOTE DES ÉDITEURS SUR LA TRADUCTION

Par son intérêt général, le présent livre s'adresse à l'ensemble du public francophone. Les éditeurs de cet ouvrage traduit ont donc dû tenir compte, dans la traduction de la grille d'évaluation des aliments et dans celle des menus et des recettes qui suivent, des divergences caractérisant certaines habitudes (ingrédients, appellations, mesures, températures de cuisson, etc.) des lecteurs nord-américains, européens et d'ailleurs dans la francophonie. Ainsi, quand il y avait risque d'incompréhension ou de méprise, nous avons donné à la fois les termes européens et canadiens en les séparant par une barre diagonale (ex. : *fromage blanc / cottage*, *flet / plie*, *glace / crème glacée*, *mixeur / mélangeur*, etc.). De même, dans le cas des doublons (orthographiques ou lexicaux) dont l'une des deux variantes est inconnue ou pas employée couramment par les locuteurs de l'un de ces groupes de lecteurs, nous avons choisi celle des deux qui posait le moins de difficulté de compréhension (*yogourt* et non *yaourt*, *soja* et non *soya*, *pop-corn* et non *maïs éclaté*, etc.).

Les Américains se servent encore couramment d'une variante du système de mesures dit *impérial*. De plus, dans beaucoup de cas ils ne font pas la distinction entre la quantité des liquides et des solides à employer dans les recettes, entre autres, les deux types d'ingrédients étant très souvent mesurés en volume. Ainsi, ils emploient indifféremment la même mesure pour un liquide comme l'eau ou pour un solide comme les haricots secs : une petite cuillerée, une cuillerée à soupe (une grande cuillerée), 100 ml, 500 ml, etc. d'eau ou d'huile mais aussi de haricots ou de farine. Nous avons évidemment dû respecter cette pratique culturelle. Cependant, afin que le lecteur autre que canadien ne soit pas trop dérouté, nous avons transposé les mesures américaines dans leurs équivalents français (petite cuillerée, cuillerée à soupe) ou en mesures métriques. En outre, les équivalents français des mesures anglaises étant encore employés couramment, en cuisine, par les locuteurs canadiens, nous les avons donnés entre parenthèses, dans les recettes, après les mesures métriques (par ex. : 250 ml (1 tasse) ; 125 ml ($^1/_2$ tasse) ; etc.). Enfin, pour simplifier la tâche des lecteurs francophones, les équivalents presque exacts des mesures américaines ont été arrondis plutôt que transposés littéralement en métrique. Par exemple, 28 ml est devenu 30 ml, 454 ml a été arrondi à 500 ml, etc.

Pour respecter une coutume encore courante au Canada, les températures de cuisson ont été données en Fahrenheit et en Celsius (ex. : 350 °F / 175 °C).

Bon appétit !

RESSOURCES

Liste d'évaluation des aliments

Vous trouverez dans cette section une liste d'aliments qui ont fait l'objet d'une évaluation dont vous devez tenir compte lorsque vous préparez vos repas, vos collations et vos goûters. Ils sont répartis en trois catégories : recommandés, moyennement recommandés et peu recommandés. Votre objectif n'est pas d'atteindre la perfection mais de toujours choisir entre 75 et 80 % de vos aliments dans la catégorie « recommandés » et entre 20 et 25 % dans la catégorie « moyennement recommandés ». Toutefois, vous ne devez jamais consommer plus de 5 % d'aliments de la catégorie « peu recommandés ».

La première liste porte sur les glucides, accompagnés de leur indice et de leur apport glycémiques. Dans le classement des aliments dans les différentes catégories, on a tenu compte de plusieurs facteurs tels que la qualité de leurs éléments nutritifs, leur indice et leur apport glycémiques, ainsi que leur teneur en bonnes protéines et en bonnes matières grasses.

GLUCIDES RECOMMANDÉS	*INDICE* GLYCÉMIQUE	*APPORT* GLYCÉMIQUE
Fruits		
Abricot	57	5
Ananas	59	7
Cerise	22	3
Kiwi	47	5
Mangue	47	5
Pastèque et melon d'eau	72	4
Orange	42	5
Pamplemousse	25	3
Pêche	28	4
Pêche (mise en conserve dans son jus)	38	4
Poire	38	4
Poire (mise en conserve dans son jus)	43	5
Pomme	38	6
Prune	24	7
Raisin	43	7
Légumes		
Artichaut	[0]	0
Avocat	[0]	0
Betterave	64	5
Brocoli	[0]	0
Carottes	47	3
Céleri	[0]	0
Chou	[0]	0
Chou-fleur	[0]	0
Concombre	[0]	0
Courge	[0]	0
Igname	37	13
Légumes à feuilles (épinards, salades)	[0]	0
Petits pois	48	3

GLUCIDES RECOMMANDÉS	*INDICE* GLYCÉMIQUE	*APPORT* GLYCÉMIQUE
Légumineuses		
Graines de soja	18	1
Haricots de Lima	31	7
Haricots noirs	20	5
Haricots communs	28	7
Lentilles	29	5
Lentilles rouges	26	5
Lentilles vertes, sèches	30	5
Pois chiches	28	8
Pains		
Pain d'orge complet		
À 75 %	27	7
À 80 % (20 % de farine blanche)	34	8
Pain de son d'avoine	47	9
Pain noir (pumpernickel)	41	5
Pain de seigle au levain	53	6
Pain de blé	55	8
Pain de soja et de graines de lin (mélange pour four à pain)	50	5
Pain de céréales germées		Pas évalué

GLUCIDES RECOMMANDÉS	*INDICE* GLYCÉMIQUE	*APPORT* GLYCÉMIQUE
Céréales du matin		
All-Bran (Kellogg's, États-Unis)	38	9
Bran Buds (Kellogg's, Canada)	58	7
Brand Buds avec psyllium (Canada)	47	6
Céréales chaudes, pomme cannelle)	37	8
Céréales chaudes, nature	25	13
Son d'avoine cru	55	3
Céréales		
Orge perlée	25	11
Riz précuit (Uncle Ben's)	38	14
Riz précuit à grain long (Canada)	38	14
Seigle	34	13
Blé complet	41	14
Blé concassé (bulgur)	48	12
Produits laitiers		
Yogourt allégé en matières grasses	31	9
Lait de soja	44	8
Lait écrémé	32	4

GLUCIDES RECOMMANDÉS	*INDICE* GLYCÉMIQUE	*APPORT* GLYCÉMIQUE
Fruits à coque		
Amandes	[0]	0
Cacahuètes	14	1
Noix de cajou	22	3
Noix de Grenoble	[0]	0
Noix de macadamia	[0]	0
Noisettes	[0]	0
Pacanes	[0]	0
Sucres et édulcorants		
Fructose (cristallisé)	19	2
Splenda	0	0
Stevia	0	0

GLUCIDES MOYENNEMENT RECOMMANDÉS	*INDICE* GLYCÉMIQUE	*APPORT* GLYCÉMIQUE
Fruits		
Abricots, en conserve, sirop léger	64	12
Banane	52	12
Fraises	40	10
Jus d'orange	52	12
Jus de pomme, non sucré	40	10
Pêches, en conserve, sirop épais	58	9
Prunes	29	10
Légumes		
Citrouille	75	3
Maïs sucré	54	9
Rutabaga	72	7

GLUCIDES MOYENNEMENT RECOMMANDÉS	*INDICE* GLYCÉMIQUE	*APPORT* GLYCÉMIQUE
Pommes de terre et patate		
Pommes de terre nouvelles	62	13
Patate douce	61	17
Légumineuses		
Haricots au four	48	7
Haricots secs	29	9
Doliques	42	13
Petits haricots blancs	38	12
Haricots de Lima	32	10
Haricots tachetés	39	10
Pains		
Pains à l'orge	67	9
Pain complet de blé, d'orge et de levain (acide lactique)	53	10
Pain de seigle et de blé complet	58	8
Pain de blé complet (à 80 %)	52	12
Céréales du matin		
All-Bran (Canada)	50	9
Bouillie de farine de blé / crème de blé	66	17
Porridge / gruau	58	13
Céréales		
Orge concassée	66	21
Sarrasin (Canada)	54	16
Semoule de maïs, bouillie à l'eau salée (Canada)	68	9
Maïs sucré (États-Unis)	60	20
Coquilles à tacos à base de semoule de maïs	68	8

GLUCIDES MOYENNEMENT RECOMMANDÉS	*INDICE* GLYCÉMIQUE	*APPORT* GLYCÉMIQUE
Couscous bouilli	65	23
Riz sauvage à grain long	54	20
Riz basmati, bouilli	58	22
Riz complet	55	18
Riz précuit (États-Unis)	72	18
Pâtisseries		
Gâteau aux bananes, sans sucre ajouté	55	16
Gâteau au chocolat (Betty Crocker)	38	20
Muffin aux pommes, sans sucre ajouté	48	9
Biscuits		
Digestives (Canada)	59	10
À l'avoine (Canada)	54	9
Pâtes alimentaires et nouilles		
Fettuccine à l'œuf	40	18
Linguine	52	23
Macaroni	47	23
Nouilles instantanées	47	19
Spaghetti, farine blanche	44	21
Spaghetti, farine complète	37	16
Sucres et édulcorants		
Miel	55	10

GLUCIDES PEU RECOMMANDÉS	*INDICE* GLYCÉMIQUE	*APPORT* GLYCÉMIQUE
Pâtisseries		
Gâteau de Savoie / des anges	67	19
Croissant	67	17
Beignet, gâteau	76	17
Muffin à l'avoine et aux raisins	54	14
Muffin aux bananes	65	16
Muffin de son	60	15
Quatre-quarts (Sara Lee)	54	15
Biscuits		
Graham (Christie Brown, Canada)	74	14
Gaufrettes à la vanille (Canada)	77	14
Produits laitiers		
Glace / crème glacée	61	8
Glace / crème glacée allégée	47	5
Glace / crème glacée de luxe	37	4
Lait	27	3
Crème-dessert	47	7
Yogourt	36	3
Fruits		
Raisins	64	28
Jus de canneberges	68	24
Dattes	50	12
Figues	61	16
Jus d'ananas	46	15
Légumes		
Panais	97	12
Pommes de terre		
Au four, blanche	85	26
Purée instantanée	85	17
En purée	92	18

GLUCIDES PEU RECOMMANDÉS	*INDICE* GLYCÉMIQUE	*APPORT* GLYCÉMIQUE
Pains		
Baguel, farine blanche	72	25
Pain d'avoine complet à 80 %	65	12
Petits pains à hamburger	61	9
Petits pains kaiser	73	12
Pain blanc	70	10
Pain complet	71	8
Céréales du matin		
Bran Chex	58	11
Bran Flakes	74	15
Cheerios	74	15
Coco Pops	77	15
Corn Chex	83	21
Corn Flakes (Kellogg's, États-Unis)	92	24
Cream of Wheat, céréales instantanées	74	22
Golden Grahams	71	18
Grapenuts (Kraft, États-Unis)	75	13
Grapenuts Flakes (Post, Canada)	80	17
Porridge (gruau) instantané	66	17
Life (Quaker Oats, Canada)	66	16
Muesli (Canada)	66	16
Puffed Wheat	67	13
Raisin Bran (Kellogg's, États-Unis)	61	12
Rice Chex (Nabisco, Canada)	89	21
Rice Krispies (Kellogg's, Canada)	82	21
Shredded Wheat (Nabisco, Canada)	83	17
Special K (Kellogg's, États-Unis)	69	14
Total (General Mills, Canada)	76	17

GLUCIDES PEU RECOMMANDÉS	*INDICE* GLYCÉMIQUE	*APPORT* GLYCÉMIQUE
Céréales		
Millet bouilli (Canada)	71	25
Nouilles de riz (Australie)	76	37
Riz blanc	72	30
Riz à grain long	56	23
Riz à grain long, à cuisson rapide	68	25
Riz jasmin (Thaïlande)	109	46
Riz blanc instantané	87	36
Amuse-gueule et sucreries		
Barre Mars	68	26
Barre Snickers	68	23
Barre Twix	44	17
Bonbons à la gelée	78	22
Bretzels	83	16
Chips	54	11
Chips de maïs	42	11
Pop-corn	72	24
Roulés aux fruits	99	24
Sucres et édulcorants		
Glucose	100	10
Lactose	46	5
Maltose	105	11
Sucrose (sucre de table)	61	6
Autres édulcorants		
Xylitol	8	1

Protéines et lipides (matières grasses) recommandés

Saumon
Maquereau
Truite
Thon (une fois par semaine au plus)
Sardines
Amandes (crues)
Noix de Grenoble (crues)
Graines de soja
Graines de lin
Huile de graine de lin (pressée à froid)
Hareng
Olives
Huile d'olive vierge
Avocat
Graines de citrouille
Œufs (de poules élevées en liberté et nourries au grain)
Petits pois
Haricots
Lentilles
Boisson (dite *lait*) de soja
Tofu
Hachis de soja
Dinde (sans la peau)
Hachis de dinde
Hoummos
Viande de bison
Viande de gibier (cerf, élan, faisan, caille)

Protéines et lipides moyennement recommandés

Noix de cajou
Pistaches
Noix de macadamia
Mayonnaise (véritable, faite à partir d'huiles d'olive, de soja ou de colza)
Œufs industriels
Cacahuètes
Huile d'arachide
Pâte / beurre de cacahuètes (nature)
Huile de colza (extraite par pression)
Huile de carthame
Huile de tournesol
Huile de sésame
Huile de maïs
Huile de soja
Pâte / beurre de noix de Grenoble
Noisettes
Lait écrémé
Fromage blanc / cottage allégé (en matières grasses)
Yogourt allégé
Flétan
Bœuf haché maigre (moins de 10 % de matières grasses)
Bœuf (coupes maigres)
Poulet (de préférence sans la peau)
Filet de bœuf
Aloyau / surlonge
Flet / plie
Sole
Morue
Hoplostète orange
Canard
Crevettes
Crabe

Protéines et lipides peu recommandés

Margarine	Bacon
Graisse alimentaire végétale («shortening»)	Saucisse
Aliments frits	Hot dogs
Aliments cuits en grande friture	Viande en conserve
Huile de coton	Porc
Beurre	Pepperoni
Huile de noix de coco	Salami
Huile de palmiste	Travers de porc / côtes levées
Huile de palme	Bœuf haché
Toute huile partiellement hydrogénée (lire les étiquettes)	Agneau
Lait	Foie de volailles
Fromage	Cervelle
Glace / crème glacée	Cœur
Crème	Rôti de bœuf (épaule)
	Huîtres
	Homard

PHASE 1 – PLAN DE BASE DE REPAS VISANT À ÉVITER LE STRESS GLYCÉMIQUE

Le plan de base de repas n'est qu'un guide d'application des principes énoncés dans ce livre; certaines personnes trouvent plus facile de suivre un plan détaillé étape par étape. Je vous encourage à constater combien il est simple de préparer et de servir un repas sain qui ne provoque pas de pic glycémique. Pour ce faire, familiarisez-vous avec le tableau d'évaluation des aliments. Vous y trouverez de bons glucides, protéines et lipides parmi lesquels vous n'aurez qu'à choisir. Votre objectif est de consommer, la plupart du temps, des aliments de la catégorie «recommandés».

Pendant la phase 1 de ce programme, je vous encourage à éliminer complètement les aliments de la catégorie «peu recommandés», ainsi que le pain, les céréales, les céréales du matin, le riz, les pâtes alimentaires, les pommes de terre, le sucre, les bonbons, les boissons gazeuses et les jus. Au cours de la phase 2, vous recommencerez à manger certains de ces aliments, mais ce seront des types de pain, de riz, de céréales et de pommes de terre qui n'engendreront pas de pic glycémique. Il est clair que le sucre, les boissons gazeuses, les jus sucrés, les gâteaux, les beignets et les pommes de terre blanches ne devront être consommés qu'à l'occasion. Souvenez-vous, et j'insiste sur ce point, que vous ne devez jamais avoir faim. Toutefois, si vous prenez une collation ou un repas supplémentaire, il est essentiel que celui-ci soit composé d'aliments qui ne provoquent pas de pic glycémique.

Je vous propose donc des menus quotidiens étalés sur une période de 14 jours, mais il ne s'agit là que de suggestions, et je vous encourage fortement à essayer toute nouvelle recette dont les ingrédients font partie des aliments recommandés. Si vous voulez prolonger le programme jusqu'à 28 jours, il vous suffit de répéter ce plan de 14 jours.

PHASE 1

Jour 1

Petit déjeuner

OMELETTE AUX LÉGUMES

BOL DE FRUITS

Collation du matin

Fromage allégé (maigre, c'est-à-dire faible en matières grasses) et une poignée d'amandes crues

Repas de midi

SALADE VERTE

Feuilles de laitue, champignons crus, tomate, avocat, oignon blanc, pois chiches, dinde ou poulet (facultatif)

Mélanger les ingrédients de la salade et ajouter la vinaigrette.

Vinaigrette : 2 parts d'huile d'olive extra vierge, 1 part de vinaigre de vin rouge ou de jus de citron frais ; ail pressé, sel et poivre au goût

Goûter

SALADE DE CRABE

Placer la chair de crabe froide sur un petit lit de laitue, entourer de sauce cocktail et parsemer de noix.

Repas du soir

POULET GRILLÉ À LA SALSA

2 demi-filets (blancs) de poulet

1 petit oignon

2 tomates

1 petit piment jalapeño (facultatif)

125 ml (1/2 tasse) de coriandre fraîche hachée

jus d'un citron vert

Faire griller les blancs de poulet. Pendant ce temps, émincer les oignons et le piment jalapeño, hacher les tomates, et mélanger le tout avec la coriandre et le jus de citron vert. Verser par cuillérées sur les blancs de poulet cuits et servir.

HARICOTS NOIRS DU SUD-OUEST
500 ml (2 tasses) de haricots noirs cuits
1 avocat
1 carotte
une petite cuillerée et demie ($1^1/2$) de cumin
1 citron vert
1 c. à soupe d'huile d'olive
Couper l'avocat en dés, râper la carotte et mélanger le tout avec les autres ingrédients.

FRUITS – tranches d'orange ou de kiwi

Jour 2

Petit déjeuner
BOISSON À LA BANANE ET AUX NOIX DE GRENOBLE
1 banane
250 ml (1 tasse) de lait écrémé ou à 1% de m.g. (matières grasses)
30 g (1 once) de poudre de petit-lait ou de protéines de soja
1 c. à soupe de noix de Grenoble, crues et hachées
Passer tous les ingrédients au mixeur / mélangeur, jusqu'à homogénéité. Ajouter des glaçons ou une banane congelée (sans la peau) si l'on désire une boisson plus onctueuse.

Collation du matin
Une pomme et une poignée d'amandes crues

Repas de midi
SALADE DU CHEF
80 à 120 g (3 ou 4 onces) de jambon, de dinde ou de poulet, un œuf dur en tranches et du fromage maigre sur un lit de mesclun. Ajouter au goût d'autres légumes frais trempés dans une vinaigrette allégée de son choix ou dans une vinaigrette riche en acides gras oméga-3.

Goûter
250 ml (1 tasse) de yogourt allégé en m.g. et en sucre

Repas du soir

FLÉTAN AUX CÂPRES ET À LA TAPENADE D'OLIVES DE CALAMATA

2 darnes de flétan, fraîches ou surgelées
2 c. à soupe de câpres
200 g (3/4 de tasse) d'olives de Calamata, dénoyautées
1 petite cuillerée de jus de citron
poivre au citron

Placer les darnes de flétan dans un plat de cuisson ; parsemer de la moitié des câpres, arroser d'un peu de jus de câpres, saupoudrer de poivre au citron. Cuire à découvert à 400 °F / 200 °C pendant 30 minutes. Servir accompagné d'une cuillérée de tapenade.

Tapenade : *olives de Calamata émincées, mélangées avec le reste des câpres et le jus de citron.*

ASPERGES

Placer les asperges dont on aura coupé la base dans une casserole peu profonde munie d'un couvercle et ajouter 2,5 cm (1 pouce) d'eau. Amener à ébullition, couvrir, baisser le feu et laisser mijoter environ 3 minutes, jusqu'à ce que les asperges soient tendres et croquantes. Arroser d'huile d'olive extra vierge et saupoudrer de poivre noir.

SALADE DE TOMATES EN TRANCHES

1 ou 2 tomates mûres
huile d'olive extra vierge
poivre noir
ail (frais et émincé ou bien en poudre)

Disposer les tranches de tomates dans une assiette, assaisonner d'huile d'olive, d'ail et de poivre noir.

Jour 3

Petit déjeuner
ŒUFS BROUILLÉS
2 TRANCHES DE BACON DE DINDE
FRUIT FRAIS

Collation du matin
250 ml (1 tasse) de yogourt allégé, non sucré, et un fruit frais de son choix

Repas de midi
SOUPE AUX HARICOTS BLANCS ET AUX BETTES À CARDES
1 botte de bettes à cardes
1 petit oignon haché
3 gousses d'ail émincées
1 litre (4 tasses) de bouillon de légumes ou de poulet maigre et peu salé
500 ml (2 tasses) de haricots blancs cuits
parmesan
Faire sauter l'oignon et l'ail dans un peu d'huile d'olive ; ajouter le bouillon et amener à ébullition ; ajouter la botte de bettes hachées, baisser le feu, couvrir et laisser mijoter jusqu'à ce que les bettes soient tendres (10 minutes) ; ajouter les haricots cuits ; servir saupoudré de parmesan râpé.

Goûter
Deux poignées d'amandes crues

Repas du soir
STEAK HACHÉ ou FILET MIGNON
Servi accompagné de légumes verts frais cuits à la vapeur (arrosés d'huile d'olive)
SALADE VERTE
FRUIT FRAIS

Jour 4

Petit déjeuner

LAIT FOUETTÉ AUX FRAISES ET À LA BANANE
250 ml (1 tasse) de fraises
1 banane moyenne
250 ml (1 tasse) de lait écrémé ou à 1% de m.g.
30 g (1 once) de petit-lait ou de protéines de soja
Passer le tout au mixeur / mélangeur jusqu'à ce que le mélange soit homogène. Si l'on désire une boisson plus épaisse, on peut ajouter des fruits congelés ou des glaçons.

Collation du matin

Œuf dur

Repas de midi

SALADE DE THON
thon blanc dans l'eau, égoutté
1 c. à soupe d'oignon émincé
1 branche de céleri coupée en cubes
mayonnaise allégée
laitue déchiquetée
Mélanger le thon avec l'oignon, le céleri et la mayonnaise et servir sur un lit de laitue.

SALADE DE TOMATES ET DE CÉLERI
2 branches de céleri
2 tomates mûres
1 c. à soupe d'huile d'olive extra vierge
1 petite cuillerée de vinaigre de vin rouge
poivre noir
Couper le céleri en tranches d'environ 1 cm et incorporer aux quartiers de tomates, à l'huile d'olive, au vinaigre et au poivre (au goût).

Goûter

EXPLOSION DE PROTÉINES
Passer au mixeur / mélangeur 250 ml (1 tasse) de tofu à texture fine et 250 ml (1 tasse) de yogourt nature ; ajouter 2 cuillerées à soupe de fructose cristallisé ; réfrigérer et servir avec des petits fruits.

Repas du soir

POULET À LA VÉNITIENNE

2 kg (4 livres et demie) environ de poulet sans la peau
huile d'olive
2 carottes coupées en tranches
1 branche de céleri coupée en tranches
1 oignon moyen tranché
1 boîte de tomates (500 ml / 15 onces)
1 c. à soupe de basilic
1 c. à soupe d'origan
1 petite cuillerée de sel
1/4 de petite cuillerée de cannelle
4 clous de girofle entiers
125 ml (1/2 tasse) de vin blanc sec
65 ml (1/2 de tasse) de champignons tranchés

Faire revenir le poulet dans un peu d'huile d'olive ; le retirer de la casserole. Faire sauter les carottes, le céleri et l'oignon jusqu'à ce qu'ils soient tendres ; ajouter les tomates non égouttées, le basilic, l'origan, le sel, la cannelle, les clous de girofle, le vin et le poulet doré. Laisser mijoter 1 heure partiellement couvert ; ajouter les champignons 10 minutes avant la fin de la cuisson.

SALADE DE POIS CHICHES

1 boîte de pois chiches égouttés
1 boîte de haricots rouges égouttés
2 branches de céleri coupées en tranches
huile d'olive
poivre

Mélanger les pois chiches, le céleri, les haricots rouges, l'huile d'olive et le poivre.

BROCOLI CUIT À LA VAPEUR

Nettoyer le brocoli et le couper en bouquets. Mettre dans une casserole contenant 2,5 cm (1 pouce) d'eau, arroser d'huile d'olive et assaisonner de poudre d'ail. Laisser mijoter, à couvert, jusqu'à ce qu'il soit tendre et croustillant.

Jour 5

Petit déjeuner
PILAF DE FRUITS
Mélanger des pommes, des oranges et des poires hachées, du raisin et des noix de Grenoble avec 1 c. à soupe de céréales de son.
FROMAGE BLANC / COTTAGE

Collation du matin
Barre protéinique nutritionnelle de son choix

Repas de midi
BURRITO DE POULET À NU
(Sans tortilla ni riz blanc) sur un lit de laitue avec des haricots noirs ou bicolores, des légumes grillés, de la sauce piquante aux tomates et du guacamole.

Goûter
Au choix

Repas du soir
SOUPE AUX LENTILLES ET AUX ÉPINARDS
1 petit paquet de lentilles sèches
1 petit oignon haché
1 branche de céleri hachée
1 carotte coupée en tranches
250 ml (1 tasse) de tomates hachées
1 litre (4 tasses) d'eau ou de bouillon
1 botte d'épinards frais
Faire sauter l'oignon, l'ail et le céleri dans un peu d'huile d'olive ; ajouter la carotte et les tomates et laisser mijoter 5 minutes ; ajouter les lentilles et le bouillon ou l'eau ; couvrir et laisser mijoter 30 minutes ou jusqu'à ce que les lentilles soient tendres ; ajouter les épinards et faire mijoter 5 minutes de plus ; servir avec du parmesan.

Tranches de tomates intercalées de fines tranches de mozzarella allégée

Jour 6

Petit déjeuner

OMELETTE
3 œufs
65 ml (1/4 de tasse) d'oignons hachés
65 ml (1/4 de tasse) de champignons hachés
parmesan

Faire sauter les oignons et les champignons dans une petite poêle allant au four. Ajouter les œufs battus et cuire à feu moyen jusqu'à ce qu'ils soient pris ; achever la cuisson au four sous le grilloir ; retourner sur une assiette et saupoudrer de parmesan.

Melon en tranches, arrosé de jus de citron vert frais

Collation du matin

COCKTAIL DE CREVETTES
Décortiquer et déveiner des crevettes fraîchement cuites. Réfrigérer et servir dans un ramequin doublé d'une feuille de laitue, avec de la sauce tomate piquante et des fruits à coque.

Repas de midi

INSALATA CAPRESE
Dans une assiette, alterner des tranches de tomates et de mozzarella allégée, arroser d'huile d'olive et parsemer de basilic frais.

Goûter

Deux poignées d'amandes crues

Repas du soir

FILET (BLANC) DE POULET GRILLÉ

HARICOTS VERTS FRAIS
Faire sauter 1 tranche de bacon de dinde haché et 1 c. à soupe d'oignons dans un peu d'huile d'olive ; ajouter les haricots et 2,5 cm (1 pouce) d'eau ; couvrir et laisser mijoter jusqu'à ce que les haricots soient tendres.

CHOU – râpé assaisonné d'huile d'olive et de vinaigre
PÊCHES

Jour 7

Petit déjeuner

ŒUFS ET BACON DE DINDE
2 œufs entiers (de poules nourries au grain et élevées en liberté)
3 ou 4 tranches de bacon de dinde

UN BOL DE FRUITS OU UN FRUIT ENTIER

Collation du matin

Salade de thon à base de mayonnaise allégée (ou à l'huile de soja), et un fruit au choix

Repas de midi

SAUMON POCHÉ
Disposer de fines tranches de citron au fond d'une poêle; y placer le saumon; saupoudrer de sel d'oignon; ajouter 2,5 cm (1 pouce) d'eau, couvrir et laisser mijoter 30 minutes par demi-kilo (livre) de saumon. Rajouter de l'eau au besoin.

CHOUX DE BRUXELLES cuits à la vapeur, arrosés d'huile d'olive et parsemés de pignons grillés

Goûter

Fruit et fromage maigre

Repas du soir

AUBERGINE PARMIGIANA
1 grosse aubergine
huile d'olive
250 g (8 onces) de mozzarella allégée
500 ml (2 tasses) de sauce
125 ml (1/2 tasse) de parmesan râpé
Couper l'aubergine en tranches de 0,5 à 1 cm (de 1/4 à 1/2 pouce) d'épaisseur; les faire frire dans un peu d'huile d'olive jusqu'à ce qu'elles soient tendres; dans un plat de cuisson, alterner les couches d'aubergine, la mozzarella, la sauce et le parmesan. Couvrir et cuire à 350 °F / 175 °C pendant 20 à 30 minutes.

SAUCE
1 petit oignon haché
4 gousses d'ail hachées
2 c. à soupe de concentré de tomate
1 boîte (500 g / 15 onces) de tomates concassées
1 c. à soupe d'origan
huile d'olive
Faire sauter l'oignon et l'ail dans un peu d'huile d'olive ; ajouter le concentré de tomate, les tomates non égouttées et de l'eau au besoin ; assaisonner d'origan ; laisser mijoter pendant 15 à 30 minutes.

SALADE VERTE

Jour 8

Petit déjeuner
YOGOURT FOUETTÉ AUX FRUITS
Passer ses fruits préférés au mixeur / mélangeur avec du yogourt allégé

Collation du matin
Un œuf dur

Repas de midi
SALADE DE POULET
Cubes de filet (blanc) de poulet sans la peau, céleri en dés, grains de raisin coupés en deux, noix de Grenoble hachées, mayonnaise allégée, jus de citron et laitue romaine.

Goûter
Rouleaux de charcuterie : tranches de poulet, de dinde, de jambon ou de bœuf enroulées autour d'un morceau de gruyère (ou d'emmental) allégé.

FRUIT FRAIS

Repas du soir
MINESTRONE
125 g ($^1/_4$ de livre) de bacon de dinde
2 oignons moyens, hachés
1 gousse d'ail émincée
125 ml ($^1/_2$ tasse) de céleri haché
1 carotte coupée en tranches
250 ml (1 tasse) de chou haché
125 ml ($^1/_2$ tasse) de navet haché
250 ml (1 tasse) d'épinards
125 ml ($^1/_2$ tasse) de petits pois
65 ml ($^1/_4$ de tasse) de persil haché
1,5 l (6 tasses) de bouillon de légumes ou de bouillon de poulet maigre et peu salé
$^1/_2$ petite cuillerée de thym
$^1/_2$ petite cuillerée de basilic
250 ml (1 tasse) de haricots blancs cuits
Faire sauter les légumes puis ajouter le bouillon et les fines herbes ; laisser mijoter pendant 45 minutes ; ajouter les haricots blancs ; servir avec du parmesan.

Jour 9

Petit déjeuner
BOISSON AUX FRUITS À COQUE ET À LA BANANE
1 banane
250 ml (1 tasse) de lait écrémé ou à 1% de m.g.
30 g (1 once) de poudre de petit-lait ou de protéines de soja
1 c. à soupe de noix de Grenoble crues hachées
Passer tous les ingrédients au mixeur / mélangeur jusqu'à l'obtention d'un mélange homogène. Si l'on désire une boisson plus épaisse, ajouter des glaçons ou de la banane préalablement pelée et congelée.

Collation du matin
Fruits nappés de yogourt (tranches de pommes et yogourt allégé de son choix)

Repas de midi

SALADE D'ÉPINARDS

1 botte d'épinards frais
250 ml (1 tasse) de champignons en tranches
125 ml (1/2 tasse) d'oignon rouge coupé en tranches
1 œuf dur tranché
125 ml (1/2 tasse) de quartiers d'orange, coupés en deux
huile d'olive extra vierge
vinaigre de vin rouge
cubes de poulet (facultatif)

Mélanger les ingrédients et les napper d'huile d'olive et de vinaigre (dans un rapport de 2 à 1)

FROMAGE BLANC / COTTAGE

Goûter

Fruit au choix

Repas du soir

CHILI

500 g (1 livre) de bœuf haché maigre ou de bison haché
250 ml (1 tasse) d'oignons hachés
1 c. à soupe de chili en poudre
1 petite cuillerée de cumin moulu
1 boîte de tomates concassées
1 boîte de haricots rouges, égouttés
1 boîte de 125 ml (4 onces) de sauce tomate

Faire revenir la viande avec l'oignon dans un peu d'huile d'olive ; ajouter les autres ingrédients et laisser mijoter 45 minutes.

TRANCHES D'ORANGES

Arroser d'huile d'olive et assaisonner généreusement de poivre noir.

Jour 10

Petit déjeuner

ŒUFS BROUILLÉS accompagnés de cheddar allégé et de salsa

Repas de midi

CEVICHE
500 g (1 livre) de morue
250 ml (8 onces) de jus de citron vert en bouteille
2 tomates hachées
1 piment jalapeño, coupé en dés
30 olives espagnoles, dénoyautées et hachées
une pincée de cumin
20 câpres
65 ml (1/4 de tasse) d'huile d'olive extra vierge
1 c. à soupe de persil
1 petite cuillerée d'origan
Couper la morue en cubes de 2,5 cm (1 pouce) et faire mariner dans le jus de citron vert, à température ambiante, pendant 4 à 5 heures ; presser le poisson pour en extraire le jus et mélanger avec les autres ingrédients.

SALADE VERTE

Goûter

Fromage blanc / cottage allégé, servi avec des fruits

Repas du soir

AUBERGINE FARCIE AU FOUR
1 grosse aubergine
1 petit oignon haché
1 courgette hachée
1 gousse d'ail, émincée
1 grosse tomate hachée
125 g (1/4 de livre) de bœuf haché maigre (facultatif)
1 petite cuillerée d'origan
sel, poivre
125 ml (1/2 tasse) de mozzarella ou de parmesan

Couper l'aubergine en deux sur la longueur ; l'évider en laissant 1 cm (1/3 de pouce) de chair sur la peau. Hacher la pulpe et la faire sauter dans un peu d'huile d'olive avec l'oignon, l'ail, la courgette, les tomates et le bœuf haché. Assaisonner de sel, de poivre et d'origan. Mettre ce mélange dans les coquilles d'aubergines, recouvrir de fromage et cuire à 350 °F / 175 °C pendant 20 à 30 minutes.

SALADE DE BETTERAVES
500 ml (2 tasses) de betteraves cuites
125 ml (1/2 tasse) d'oignon haché
2 c. à soupe de vinaigre de cidre (au goût)
1 à 2 c. à soupe d'huile d'olive extra vierge
sel
Mélanger tous les ingrédients ; ajouter d'abord la moitié de la quantité de vinaigre et d'huile, puis le reste au goût.

FRUIT

Jour 11

Petit déjeuner
FRUIT FRAIS ET FROMAGE BLANC / COTTAGE

Collation du matin
Fruit et fromage maigre

Repas de midi
TOMATE FARCIE AU THON
Thon blanc conservé dans de l'eau et égoutté, mélangé avec du céleri en dés, des cornichons marinés hachés (sucrés ou à l'aneth), de l'oignon, des olives noires, des raisins coupés et des tranches de pommes ; ajouter de la mayonnaise allégée et couvrir de graines de tournesol.

Goûter
Barre protéinique nutritionnelle de son choix

Repas du soir
FRITTATA AUX LÉGUMES
3 œufs battus
mélange de légumes frais hachés
mozzarella allégée, râpée
sauce à spaghetti
Faire sauter le mélange de légumes à de l'huile d'olive dans une poêle allant au four. Fouetter les œufs à la fourchette et les verser sur les légumes; ajouter la mozzarella et cuire jusqu'à ce que les œufs soient pris; terminer la cuisson au four, sous le grilloir; retourner sur une assiette; garnir de quelques cuillérées de sauce à spaghetti.

SALADE VERTE accompagnée d'olives de Calamata et de tomates et assaisonnée d'huile d'olive et de vinaigre de vin rouge.

Jour 12

Petit déjeuner
HUEVOS RANCHEROS
2 ou 3 œufs
65 ml (1/4 de tasse) d'oignon haché
65 ml (1/4 de tasse) de poivron vert haché ou 30 g (une once) de piments (forts) hachés
1 boîte (500 ml / 15 onces) de tomates concassées
une petite cuillerée et demie de cumin
Faire sauter l'oignon et le poivron; ajouter les tomates, le poivron, le piment et le cumin; faire pocher les œufs dans cette sauce.

UN BOL DE FRUITS

Collation du matin
Fruit et amandes crues

Repas de midi
ASSIETTE D'ANTIPASTI
2 ou 3 tranches de jambon
$^1/_2$ poivron rouge coupé en tranches
1 tomate coupée en tranches
olives de Calamata
concombre coupé en tranches
125 ml ($^1/_2$ tasse) de pois chiches cuits
2 tranches de mozzarella allégée
laitue
huile d'olive extra vierge
parmesan
Disposer les ingrédients sur une assiette ; napper d'huile d'olive et saupoudrer de parmesan allégé.

Goûter
Tranches de viande froide (dinde, jambon ou bœuf) accompagnées de salade de chou

Repas du soir
SAUMON GRILLÉ
SALADE D'ÉPINARDS
COURGETTES SAUTÉES À L'OIGNON
1 grosse courgette ou 2 petites
4 c. à soupe d'oignon haché
huile d'olive
Trancher les courgettes en rondelles de 1,5 cm ($^1/_2$ pouce) d'épaisseur ; les faire sauter dans l'huile d'olive avec l'oignon ; couvrir et cuire doucement jusqu'à ce qu'elles soient tendres.

BAIES FRAÎCHES accompagnées de yogourt maigre

Jour 13

Petit déjeuner

LAIT FOUETTÉ AUX FRAISES ET À LA BANANE

250 ml (1 tasse) de fraises

1 banane moyenne

250 ml (1 tasse) de lait écrémé ou à 1% de m.g.

30 g (1 once) de petit-lait ou de protéines de soja

Passer tous les ingrédients au mixeur / mélangeur jusqu'à homogénéité. Ajouter des fruits surgelés ou des glaçons si l'on désire une boisson plus épaisse.

Collation du matin

Une barre nutritionnelle protéinique de son choix

Repas de midi

SALADE DE POULET AU CURRY

5 ou 6 moitiés de filets (blancs) de poulet, désossées et sans la peau

1 c. à soupe de sauce de soja

250 ml (1 tasse) de mayonnaise

250 ml (1 tasse) de céleri haché

une petite cuillerée et demie ($1^1/2$) de jus de citron

2 petites cuillerées de poudre de curry

1 boîte de châtaignes d'eau coupées en tranches

Faire mijoter les filets de poulet dans de l'eau, à couvert, pendant 30 minutes ou jusqu'à ce qu'ils soient cuits ; laisser refroidir et couper en cubes ; mélanger le reste des ingrédients et mettre au réfrigérateur.

POMME OU POIRE EN TRANCHES

Goûter

Fromage blanc / cottage maigre mélangé à des noix et servi avec un fruit de son choix

Repas du soir

MORUE AU FOUR

500 g (1 livre) de morue fraîche

250 à 500 ml (1 à 2 tasses) d'oignons hachés

2 gousses d'ail émincées

1 à 2 petites cuillerées de thym

Placer la morue dans un plat de cuisson ; faire sauter les oignons et l'ail jusqu'à ce qu'ils soient tendres et en parsemer la morue ; saupoudrer de thym. Couvrir et cuire à 350 °F / 175 °C pendant 20 à 30 minutes ou jusqu'à ce que le poisson soit ferme et s'effrite à la fourchette.

LENTILLES

1 petit paquet de lentilles sèches

1 branche de céleri, finement tranchée

500 à 750 ml (2 à 3 tasses) d'eau ou de bouillon de poulet maigre et peu salé

Faire mijoter les lentilles dans le bouillon en suivant le mode d'emploi sur l'emballage, jusqu'à ce qu'elles soient cuites ; égoutter. Faire sauter les oignons et le céleri jusqu'à ce qu'ils soient tendres et intégrer aux lentilles.

BROCOLI, HARICOTS VERTS ou CHOUX DE BRUXELLES CUITS À LA VAPEUR

PÊCHES

Jour 14

Petit déjeuner

FRUITS FRAIS mélangés avec du yogourt, 1 cuillerée à soupe de flocons de son et quelques fruits à coque

Collation du matin

Œuf dur et fruit

Repas de midi

SALADE DE POIS CHICHES
2 boîtes de pois chiches égouttés
250 ml (1 tasse) de tomates cerises coupées en tranches
1 branche de céleri hachée
1 bocal (150-175 ml / 5-6 onces) d'olives espagnoles farcies, égouttées
125 ml (1/2 tasse) d'oignon haché
1 c. à soupe de persil haché
3 c. à soupe de jus de citron frais
80 ml (1/3 de tasse) d'huile d'olive extra vierge
Mélanger le tout et servir sur un lit de mesclun.

Goûter

Yogourt allégé ou écrémé servi avec un fruit de son choix

Repas du soir

FILETS (BLANCS) DE POULET AU FOUR dans une sauce tomate à l'ail
2 ou 3 moitiés de filets de poulet désossés
1 petit oignon haché
4 gousses d'ail hachées
1 boîte (500 g / 15 onces) de tomates en cubes
2 c. à soupe de persil haché
2 petites cuillerées d'origan
Faire sauter les oignons et l'ail dans l'huile d'olive; ajouter les tomates, sans les avoir égouttées, et les herbes; verser sur les filets de poulet crus, couvrir de papier d'aluminium et cuire 30 minutes à 350 °F / 175 °C.

RAGOÛT DE POIVRONS À LA TOMATE
2 poivrons rouges coupés en tranches
1 boîte (500 g / 15 onces) de tomates en dés
125 ml (1/2 tasse) d'oignons hachés
2 gousses d'ail hachées
125 ml (1/2 tasse) de basilic frais haché
Faire sauter à feu doux les poivrons, les tomates, l'ail et l'oignon dans un peu d'huile d'olive, jusqu'à ce que les poivrons soient tendres; ajouter le basilic et servir.

FRUIT FRAIS

PHASE 2 – PLAN DE BASE DE REPAS VISANT À SUPPRIMER L'INSULINORÉSISTANCE

Beaucoup de gens décident de continuer la phase d'attaque (la phase 1) du programme *Toute la vie en bonne santé* jusqu'à ce qu'ils aient perdu la plus grande partie de leur surpoids. Cela ne pose pas de problème, car il s'agit d'un régime qu'on peut prolonger indéfiniment. Vous devez donc continuer d'éviter tous les sucres, les céréales, les différents types de pain, la farine blanche, le riz blanc, les pâtes alimentaires à farine blanche et les pommes de terre blanches. Toutefois, si vous voulez passer à la phase 2 du programme, vous pouvez maintenant intégrer à votre régime des céréales et des pains de grains complets, ainsi que du riz, des pâtes alimentaires et des pommes de terre à faible indice glycémique.

Revoyez bien la liste des aliments évalués pour déterminer les céréales qui sont acceptables. Vous trouverez ci-dessous un plan type de repas simples pour une période de 14 jours. Ces recettes ne sont données qu'à titre d'exemple : vous pouvez donc les suivre ou bien créer vos propres recettes à partir de nos recommandations.

Jour 1

Petit déjeuner

DEUX ŒUFS (de poules nourries au grain et élevées en liberté) préparés selon sa préférence, accompagnés d'une tranche de pain (tartinée d'huile végétale non hydrogénée ou, mieux encore, d'huile d'olive) au grain grossièrement concassé de préférence et d'un bol de fruits frais.

Collation du matin

Une barre nutritionnelle de son choix

Repas de midi
Tomate farcie à la salade de poulet
Melon frais de son choix
Yogourt (sans matières grasses ni sucre) 120 ml (4 onces)

Goûter
Une pomme
Une poignée d'amandes crues

Repas du soir
FLÉTAN AU FENOUIL (cuit au four)
2 darnes de flétan
2 petites cuillerées de graines de fenouil
125 ml (1/2 tasse) de vin blanc
Badigeonner les deux côtés du poisson d'huile d'olive. Placer les darnes dans un plat et les parsemer des graines de fenouil ; ajouter le vin. Cuire au four, à découvert, pendant 30 minutes à 400 °F / 200 °C.

BULGUR PILAF
250 ml (1 tasse) de bulgur
300 ml (1 1/4 tasse) d'eau ou de bouillon
125 ml (1/2 tasse) de champignons tranchés
2 c. à soupe d'oignon haché
1 à 2 c. à soupe de pignons
ail
Amener à ébullition l'eau ou le bouillon. Y ajouter le bulgur et remuer. Retirer du feu, couvrir et laisser reposer entre 15 et 20 minutes. En attendant, faire sauter à la poêle les champignons tranchés, les oignons et l'ail. Retirer du feu. Faire griller les pignons à feu vif, sans huile, en secouant délicatement la poêle pour les dorer uniformément ; les retirer du feu. Mélanger le bulgur, les légumes et les pignons ; servir.

BROCOLI ou CHOUX DE BRUXELLES À LA VAPEUR arrosés de jus de citron fraîchement pressé

Jour 2

Petit déjeuner

BOUILLIE DE FARINE DE BLÉ / CRÈME DE BLÉ saupoudrée de fructose cristallisé et arrosée de lait à 1% de m.g.

PILAF DE FRUITS

Collation du matin

125 ml (1/2 tasse) de yogourt allégé et sans sucre

Repas de midi

SANDWICH À LA DINDE ET AU GRUYÈRE fait d'une généreuse portion de blanc de dinde et de gruyère (ou d'emmental) maigre. On peut ajouter de la mayonnaise allégée, de la moutarde, de la laitue et des tomates selon ses préférences. Pain complet d'orge, de son d'avoine ou de seigle, ou encore de grains germés.

UN FRUIT FRAIS ENTIER ou UN BOL DE FRUITS

Goûter

Une barre nutritionnelle protéinique de son choix

Repas du soir

SPAGHETTIS À LA VIANDE

Utiliser du bœuf haché très maigre ou de la dinde hachée

Cuire les spaghettis jusqu'à ce qu'ils soient encore fermes (125 ml / 1/2 tasse équivalent à une portion)

1 œuf (le blanc seulement)

parmesan râpé

sauce à spaghetti de son choix

SALADE DE LÉGUMES VERTS VARIÉS

Arroser n'importe quels légumes de vinaigrette

Mélanger le bœuf haché avec le blanc d'œuf, de la chapelure de blé complet et des épices italiennes. Former des boulettes et les faire revenir lentement dans une poêle antiadhésive. Ajouter la sauce à spaghetti et laisser cuire à feu doux pendant 15 à 20 minutes. Verser sur les pâtes cuites mais encore fermes. Servir le tout accompagné de la salade verte assaisonnée d'une vinaigrette allégée ou à base de bonnes matières grasses.

Jour 3

Petit déjeuner
FLOCONS D'AVOINE (GRUAU) CUITS à la mode d'autrefois, mélangés avec du fromage blanc / cottage allégé (2% de m.g.) et parsemés de noix de Grenoble crues légèrement grillées. Sucrer avec du fructose cristallisé ou un bon succédané de sucre.

Collation du matin
CAFÉ AU LAIT MOKA AMANDE
250 ml (1 tasse) de lait écrémé ou à 1% de m.g.
250 ml (1 tasse) de glaçons concassés
1 petite cuillerée de cacao en poudre, non sucré
2 petites cuillerées de pâte / beurre d'amandes
30 g (1 once) de poudre de petit-lait ou de protéines de soja
1 petite cuillerée de décaféiné surfin instantané en poudre
Passer tous ces ingrédients au mixeur / mélangeur jusqu'à homogénéité.

Repas de midi
POULET À L'ORIENTALE
Chauffer un peu d'huile d'arachide dans une poêle ou un wok et y faire sauter à feu vif des cubes de poulet et des bouquets de brocoli. Assaisonner au goût. Servir sur du riz basmati à la sauce de soja.

Goûter
Une poire ou une pêche entière
Fromage maigre

Repas du soir
BORSCHT
Rôti de paleron / palette
1 gros oignon, haché
1 branche de céleri, hachée
2 feuilles de laurier
1 petite boîte (500 ml / 15 onces) de tomates en dés
3 carottes
2 petites pommes de terre rouges

4 ou 5 betteraves cuites
2 c. à soupe d'orge
1 c. à soupe d'aneth
crème fraîche / crème sûre

Couper le rôti en gros cubes et les mettre dans une grande casserole. Y ajouter les oignons, le céleri, les feuilles de laurier, les tomates, l'aneth, le sel et le poivre. Couvrir et amener à ébullition, puis laisser mijoter à feu réduit jusqu'à ce que la viande soit tendre (environ 90 minutes). Une demi-heure avant la fin de la cuisson, ajouter les carottes en tranches, les pommes de terre et les betteraves coupées en gros cubes, ainsi que l'orge ; remettre à cuire ; ajuster l'assaisonnement. Servir garni d'une cuillerée à soupe de crème fraîche / crème sûre.

PÊCHES ou POIRES EN TRANCHES

Jour 4

Petit déjeuner

OMELETTE AUX LÉGUMES ET AU JAMBON

Faite à partir de 3 œufs, de petits morceaux de jambon maigre et de légumes variés, mais sans fromage. Servir avec un bol de fruits et une tranche grillée de pain de seigle complet.

Collation du matin

Yogourt allégé accompagné de fruits

Repas de midi

RATATOUILLE

1 grosse ou 2 petites aubergines
1 gros oignon
1 petite courgette
1 courgette jaune ou courge torticolis
2 tomates
3 gousses d'ail, émincées
250 ml (1 tasse) de poivron, rouge ou vert, haché
huile d'olive
une demie petite cuillerée de thym ou d'origan

Faire sauter dans un peu d'huile d'olive les légumes préalablement hachés (aubergines, courgette, oignon, courgette jaune ou courge, poivron) avec l'ail, pendant 10 minutes. Ajouter les tomates coupées en dés et assaisonner. Laisser mijoter à découvert et à feu doux pendant environ 30 minutes ; remuer souvent pour éviter que le mélange ne colle à la poêle.

COUSCOUS
250 ml (1 tasse) de couscous
375 ml ($1^{1}/_{2}$ tasse) d'eau ou de bouillon de poulet maigre et peu salé
1 c. à soupe de persil haché
1 c. à soupe de parmesan râpé
Amener l'eau ou le bouillon à ébullition, ajouter le couscous, couvrir et retirer du feu. Laisser reposer 5 minutes. Ajouter les ingrédients restants et servir.

Goûter
2 poignées d'amandes crues

Repas du soir
STEAK ROMANO
175 g (6 onces) de filet mignon
1 gousse d'ail
huile d'olive
1 petite cuillerée de romarin haché
Frotter les deux côtés du filet avec de l'huile additionnée de l'ail pressé et du romarin haché ; faire griller au point de cuisson désiré.

RIZ SAUVAGE
Faire cuire du riz sauvage, l'égoutter et y ajouter de l'oignon, de l'ail, des pignons et des champignons sautés.

HARICOTS VERTS
Dans une poêle, faire frire 1 ou 2 morceaux de bacon de dinde haché avec un peu d'oignon également haché. Ajouter des haricots verts frais et 2,5 cm (1 pouce) d'eau ; couvrir et laisser mijoter jusqu'à ce que les haricots soient tendres.

Jour 5

Petit déjeuner
FLOCONS / GRUAU D'AVOINE ÉPOINTÉE, YOGOURT, FRUITS À COQUE ET PETITS FRUITS

Collation du matin
Œuf dur, poire ou pêche

Repas de midi
SALADE GRECQUE
Feuilles de laitue romaine, déchiquetées
1 concombre pelé et haché
1 tomate en dés
125 ml (1/2 tasse) d'oignon rouge émincé
125 ml (1/2 tasse) de féta allégée
2 c. à soupe d'huile d'olive extra vierge
2 c. à soupe de jus de citron frais
1 petite cuillerée d'origan sec
1 grosse pincée de sel
Mettre la laitue, le concombre, la tomate, l'oignon et le fromage dans un grand saladier. Mélanger l'huile, le jus de citron, l'origan et le sel dans un petit bol à part, puis verser sur la salade.

Goûter
Une barre nutritionnelle protéinique de son choix

Repas du soir
POULET SAUTÉ
3 c. à soupe d'huile d'olive ou de colza
2 c. à soupe d'eau
2 c. à soupe de sauce de soja
250 g (1/2 livre) de filet (blanc) de poulet, sans la peau
1 paquet de légumes frais ou surgelés comportant des haricots verts, des champignons, des poivrons et du brocoli
300 g (10 onces) d'épinards frais
Faire chauffer une grande poêle ou un wok jusqu'à ce que la chaleur suffise à faire grésiller une goutte d'eau, puis enduire les bords d'huile en

prenant garde de ne pas la faire surchauffer. Faire sauter le poulet à feu vif pendant 2 à 3 minutes. Ajouter le reste de l'huile et le mélange de légumes. Faire sauter pendant encore 3 à 4 minutes, puis ajouter l'eau et la sauce de soja. Continuer la cuisson pendant 2 minutes, puis ajouter les épinards. Couvrir et cuire à la vapeur sur feu moyen pendant 2 minutes. Retourner délicatement les épinards, les laisser cuire à la vapeur 2 minutes de plus et servir. Donne 4 portions.

Jour 6

Petit déjeuner
ŒUFS POCHÉS (2) servis sur une tranche de pain complet, avec un demi-pamplemousse ou un demi-melon

Collation du matin
Une barre nutritionnelle protéinique de son choix

Repas de midi
SALADE DE THON ou DE POULET préparée avec de la vraie mayonnaise et servie dans un pita moulu sur pierre. Accompagner d'un fruit frais entier (pomme, poire, orange).

Goûter
120 ml (4 onces) de yogourt allégé

Repas du soir
POULET DE CORNOUAILLES
Badigeonner le poulet d'huile d'olive et le placer dans une rôtissoire ou un plat de cuisson; faire cuire à 350 °F / 175 °C, à découvert, pendant environ une heure, en arrosant tous les quarts d'heure avec un mélange composé à parts égales de sauce de soja et de miel.

LÉGUMES AU FOUR
Découper des légumes variés en morceaux, dont 1 ou 2 petites pommes de terre rouges ; placer le tout dans un plat de cuisson peu profond et arroser d'huile d'olive. Mélanger pour bien enrober les légumes, les distribuer de façon à ne former qu'une seule couche, saler au sel d'oignon et poivrer. Cuire à découvert à 350 °F / 175 °C.

RIZ BASMATI 125 ml (1/2 tasse)

Jour 7

Petit déjeuner
250 ml (1 TASSE) DE FRUITS FRAIS
PORRIDGE / GRUAU D'AVOINE ÉPOINTÉE bouillie dans de l'eau pendant 6 à 8 minutes. Ajouter une grosse cuillérée de petit-lait pur ou de protéines de soja (préalablement mélangées à un petit peu d'eau chaude).

Collation du matin
Une grosse pomme entière et un morceau de fromage maigre

Repas de midi
MINESTRONE contenant 250 ml (1 tasse) de pâtes alimentaires cuites (repas du soir du jour 8 de la phase 1)

TRANCHES DE MELON

Goûter
Tranches de viande froide (poulet, dinde, jambon, ou bœuf) enroulées autour de gruyère ou d'emmental allégé
Fruit frais

Repas du soir

CHILI

250 g (1/2 livre) de filet (blanc) de poulet, coupé en cubes
500 g (1 livre) de bœuf extra maigre ou de bison
3 branches de céleri
1 poivron rouge ou vert, haché
250 ml (1 tasse) d'oignon haché
375 ml (1 tasse et demie) de champignons hachés
125 ml (1/2 tasse) de persil frais haché
1 paquet (30 g / 1 once) de mélange d'assaisonnement pour chili
1 grosse boîte (800 ml / 30 onces) de tomates concassées, dans leur jus
1 boîte (400 ml / 15 onces) de sauce tomate
1 boîte (175 ml / 6 onces) de concentré de tomates
175 ml (6 onces) d'eau

Faire dorer le poulet et le bœuf dans un grand fait-tout ou une marmite. Ajouter les poivrons, les oignons, le céleri, le persil et les champignons. Laisser cuire jusqu'à ce que les légumes commencent à devenir tendres. Ajouter le mélange d'assaisonnement pour chili, les tomates, la sauce tomate, le concentré et l'eau. Bien mélanger et laisser mijoter au moins une heure. Ajouter des épices au goût. Servir sans accompagnement toutefois.

Jour 8

Petit déjeuner
HUEVOS RANCHEROS servis sur des tortillas de maïs, garnis de cheddar et de crème fraîche / crème sûre (Jour 12 de la phase 1)

Collation du matin
Légumes crus assortis accompagnés de (fromage) bleu allégé

Repas de midi
Une portion de bœuf haché extra maigre, une tranche de tomate, de l'oignon et de la laitue, le tout sur un morceau de pain complet ou dans un pita moulu sur pierre.

BOL DE FRUITS

Goûter
Une barre nutritionnelle de son choix

Repas du soir
SOUPE DE HARICOTS BLANCS ET CHAMPIGNONS
2 boîtes de haricots cuits, égouttés
1 petit oignon, haché
1 branche de céleri, hachée
500 g (1 livre) de champignons en tranches
1 c. à soupe de sauge fraîche hachée
1 c. à soupe de romarin
1 litre (4 tasses) de bouillon de poulet, allégé en graisse et en sel
Préparer les haricots blancs tel qu'indiqué ; faire sauter le céleri, l'oignon et le persil ; ajouter les fines herbes et les champignons et faire sauter jusqu'à ce que ceux-ci soient ramollis. Mélanger les champignons avec les haricots et le bouillon, laisser mijoter 10 minutes et servir.

Jour 9

Petit déjeuner

ŒUFS BÉNÉDICTINE

1 artichaut moyen

1 tranche de bacon ou de lard

1 œuf

2 c. à soupe de fausse sauce hollandaise

Préparer l'artichaut en ôtant les feuilles et le foin. Placer le bacon ou le lard sur ou dans l'artichaut. Napper l'œuf poché du succédané de sauce hollandaise.

Fausse sauce hollandaise :

60 ml (1/4 de tasse) de substitut d'œuf liquide

1 c. à soupe de corps gras à base d'huile végétale non hydrogénée

1 petite cuillerée de jus de citron frais

1/4 de petite cuillerée de moutarde de Dijon

Dans un plat utilisable au four à micro-ondes, mélanger le substitut d'œuf et le corps gras. Passer au four à micro-ondes à basse température pendant 1 minute, en remuant une fois en cours de cuisson pour s'assurer que le corps gras s'est bien ramolli. Ajouter le jus de citron et la moutarde et remettre au four à micro-ondes à basse température pendant encore 2 à 3 minutes, en remuant aux 30 secondes.

Collation du matin

Une barre nutritionnelle de son choix

Repas de midi

SALADE CÉSAR garnie de poulet, de thon ou de saumon

Goûter

Une poignée d'amandes crues et une grosse pomme, poire ou banane

Repas du soir

PAIN DE VIANDE

Mélanger de la viande hachée de bison avec du bulgur ou de l'avoine, ajouter de l'oignon haché, 1 c. à soupe de sauce à steak, 1 petite cuillerée de moutarde préparée, du persil, de la poudre d'ail et du lait à 1% de m.g. Cuire à découvert à 350 °F / 175 °C pendant 90 minutes ; servir avec des pommes de terre rouges rôties ou cuites à la vapeur.

PILAF DE LÉGUMES – carottes, céleri, brocoli et chou-fleur, cuits à la vapeur et parsemés de pignons grillés.

Jour 10

Petit déjeuner

ŒUFS (2) préparés au goût et accompagnés de 4 tranches de bacon de dinde, d'un morceau de pain complet et d'un verre de jus de légumes.

Collation du matin

Fruit nappé de yogourt (par exemple : des tranches de pomme et votre yogourt allégé préféré)

Repas de midi

Poulet ou dinde, garni de mayonnaise, de laitue, de tranches de tomate, de pousses de luzerne et de carottes râpées, sur une tranche de pain

FRUIT

Goûter

Tranches de viande froide et fruit

Repas du soir

FILET (BLANC) DE DINDE RÔTIE (sans la peau) – servi avec :
asperges
patates douces
salade jardinière arrosée de vinaigrette
bol de fraises fraîches garnies d'un peu de crème fouettée allégée

Jour 11

Petit déjeuner

PORRIDGE / GRUAU – cuit lentement
Tranche grillée de pain complet au choix
fruit

Collation du matin

Prunes, raisin, poire ou pêche

Repas de midi

TACO « NON GARNI »
Faire sauter du bœuf haché maigre ou du poulet ; assaisonner de piment fort en poudre, de cumin et d'origan ; servir sur un lit de laitue déchiquetée et accompagner de guacamole, de crème fraîche / crème sûre et de salsa.

Goûter

Une barre nutritionnelle de son choix

Repas du soir

RAGOÛT DE BŒUF À L'ANCIENNE

1 c. à soupe d'huile d'olive
700 g (1 1/2 livre) de cubes de bœuf à ragoût maigre, sans gras visible
500 ml (2 tasses) d'eau
1 c. à soupe de sauce Worcestershire
1 gousse d'ail, émincée
1/2 oignon, haché
1 c. à soupe de sel
une demie petite cuillerée de poivre noir
750 ml (3 tasses) de carottes en rondelles
750 ml (3 tasses) de pommes de terre rouges, en cubes
650 ml (2 1/2 tasses) de petits oignons blancs
3 c. à soupe de farine de blé complet

Dans une poêle à fond épais, faire dorer les cubes de bœuf dans l'huile d'olive. Ajouter 500 ml (2 tasses) d'eau, la sauce Worcestershire, l'ail, l'oignon et des épices au goût. Couvrir et laisser mijoter pendant 90 minutes, en remuant de temps à autre pour éviter que la viande n'attache à la poêle. Ajouter les carottes, les pommes de terre et les oignons ; couvrir et laisser cuire le tout pendant encore 30 minutes ou jusqu'à ce que les légumes soient tendres. Dans une petite tasse, intégrer la farine à 75 ml d'eau et ajouter le mélange au ragoût pour l'épaissir.

Servir ce ragoût avec une belle salade jardinière assaisonnée d'une vinaigrette.

PÊCHES ENTIÈRES FRAÎCHES

Jour 12

Petit déjeuner

PORRIDGE / GRUAU à cuisson lente, parsemé de noix de Grenoble légèrement grillées dans du beurre ou de l'huile d'olive, et saupoudré légèrement de sucre roux / cassonade ou encore sucré au Stevia ou au Splenda.

Collation du matin

Fruit de son choix accompagné de fromage allégé

Repas de midi

SALADE DE POULET ET D'ÉPINARDS AUX FRAMBOISES OU AUX CANNEBERGES

Déchiqueter des épinards et des laitues variées ; garnir d'un filet (blanc) de poulet, désossé et sans la peau. Ajouter 250 ml (1 tasse) de framboises fraîches ou de canneberges séchées. On peut également ajouter quelques noix de Grenoble et assaisonner le tout d'une vinaigrette allégée à la framboise.

Goûter

120 ml (4 onces) de yogourt allégé en graisse et en sucre

Repas du soir

POISSON CUIT AU FOUR

500 g (1 livre) de filets de poisson (morue ou flétan)
2 gros oignons, tranchés
1 gousse d'ail, hachée
500 ml (2 tasses) de tomates
1 petite cuillerée d'origan
1 petite cuillerée de persil
$^1/_4$ de petite cuillerée de cannelle
125 ml ($^1/_2$ tasse) de vin blanc
huile d'olive

Déposer les filets de poisson dans un plat de cuisson enduit d'huile d'olive; faire sauter l'ail et les oignons jusqu'à ce qu'ils soient tendres; ajouter les tomates, l'origan, la cannelle, le persil haché et le vin; cuire pendant 5 à 10 minutes; verser sur le poisson et cuire au four à 375 °F / 200 °C à découvert pendant 30 à 45 minutes.

Haricots de Lima assaisonnés de persil, d'huile d'olive et de poivre noir

Tomates et céleri en tranches arrosés d'huile d'olive et garnis de féta

Jour 13

Petit déjeuner
MUESLI DE CÉRÉALES COMPLÈTES – accompagné de yogourt allégé et de fruits frais

Collation du matin
ROULEAUX DE DINDE
Placer une tranche de filet (blanc) de dinde sans la peau sur une feuille de laitue, puis une lanière de poivrons rouge et vert, et enrouler le tout, bien serré, dans la feuille de laitue. Faire une trempette dans une sauce à base de (fromage) bleu maigre ou de mayonnaise allégée.
On peut remplacer la dinde par du jambon ou du filet de poulet.

Repas de midi

ESCALOPES DE VEAU AU MARSALA

250 g (1/2 livre) d'escalopes de veau, d'une épaisseur de 5 ou 6 cm (1/2 pouce)
60 ml (1/4 de tasse) de Marsala
huile d'olive

Enfariner très légèrement les deux côtés des fines tranches de veau ; les faire revenir dans un peu d'huile d'olive très chaude pendant environ une minute de chaque côté. Ajouter le Marsala et laisser mijoter environ une minute. Servir.

CAPELLINI : 125 ml (1/2 tasse) de capellini cuits *al dente* et arrosés d'huile d'olive et de poivre noir

TOMATE AU FOUR

1 grosse tomate à farcir
huile d'olive
1/2 petite cuillerée d'ail en poudre
1/2 petite cuillerée de basilic ou de persil
1 gousse d'ail, pressée
1 petite cuillerée de parmesan râpé

Couper la tomate en deux et en retirer les graines avec vos doigts ; placer les moitiés dans un plat, les arroser d'huile d'olive et les saupoudrer avec le basilic ou le persil, l'ail en poudre et le parmesan. Faire cuire pendant 20 à 30 minutes à 350 °F / 175 °C.

SALADE VERTE assaisonnée d'huile et de vinaigre

Goûter

SALADE DE THON assaisonnée de mayonnaise allégée ou à base d'huile de soja, et fruit au choix

Repas du soir

PAIN DE VIANDE À LA DINDE

175 ml (6 onces) de concentré de tomate
125 ml (1/2 tasse) d'eau
1 gousse d'ail, émincée
une demie petite cuillerée de feuilles de basilic séché

une pincée de feuilles d'origan séché
une pincée de sel
500 g (1 livre) de filet (blanc) de dinde haché
250 ml (1 tasse) de flocons d'avoine (gruau) à l'ancienne
60 ml (1/4 de tasse) de substitut d'œuf liquide
250 ml (1 tasse) de courgette râpée

Préchauffer le four à 350 °F / 175 °C. Mélanger le concentré de tomate, l'ail, le basilic, l'origan et le sel dans une petite casserole. Amener à ébullition et baisser le feu. Laisser mijoter à découvert pendant 15 minutes. Réserver.

Dans un grand bol, bien mélanger la dinde, l'avoine, le substitut d'œuf, la courgette et 1/3 du mélange à la tomate. Bien mélanger puis donner au tout la forme d'une miche et la placer dans un moule à pain non huilé. Faire cuire 45 minutes. Jeter le jus de cuisson. Verser 1/3 de la sauce tomate sur le pain de viande. Cuire de nouveau 15 minutes. Transférer dans un plat de service, laisser refroidir une dizaine de minutes avant de couper en tranches. Servir le reste de la sauce tomate en accompagnement. Donne 8 portions.

Jour 14

Petit déjeuner

ŒUFS À LA FLORENTINE (1 ou 2 œufs pochés servis sur 125 g (1/2 tasse) d'épinards sautés dans un peu d'huile d'olive). On peut toujours servir en accompagnement du guacamole et un morceau de pain complet (frais ou grillé).

Collation du matin

Une grosse pomme et un morceau de fromage maigre

Repas de midi

SOUPE AUX 12 VARIÉTÉS DE HARICOTS – suivre le mode d'emploi sur l'emballage (on trouve ce mélange dans n'importe quelle épicerie). On peut y rajouter de la viande hachée maigre de bœuf, de bison ou de dinde.

Goûter

Une poignée de noix de cajou et une pomme

Repas du soir

POULET POCHÉ

1 filet (blanc) de poulet désossé, sans la peau, coupé en deux
4 gousses d'ail entières
250 g (8 onces) de champignons en tranches
125 ml (1/2 tasse) de vin blanc sec
2 petites cuillerées de romarin
1 c. à soupe de jus de citron frais
1 c. à soupe de jus de citron vert frais

Placer les demi-filets de poulet entre deux morceaux de pellicule plastique et les aplatir jusqu'à ce qu'ils soient réduits au quart de leur épaisseur. Dans une poêle, faire sauter à l'huile d'olive plusieurs gousses d'ail et les champignons; retirer et réserver. Faire dorer le poulet dans l'huile ainsi aromatisée, 2 à 3 minutes par côté. Retirer le poulet de la poêle et vider l'huile. Ajouter le vin, le romarin et les jus des citrons jaune et vert, et y remettre le poulet; laisser mijoter quelques minutes jusqu'à ce qu'il soit cuit, puis le retirer de nouveau et faire réduire le liquide à feu vif. Verser la sauce sur le poulet. Accompagner de polenta au fromage frais et au basilic, ainsi que d'épinards sautés dans un peu d'huile d'olive avec de l'ail, des pignons et, facultativement, des olives de Calamata hachées.

POLENTA au fromage frais et au basilic

250 ml (1 tasse) de polenta ou de farine de maïs jaune (à cuisson lente)
1 l (4 tasses) de bouillon de poulet
65 ml (1/4 de tasse) de basilic frais haché
65 ml (1/4 de tasse) de parmesan râpé

Faire cuire la polenta tel qu'il est indiqué sur son emballage; ajouter le basilic et le fromage; bien mélanger et servir avec des épinards sautés dans un peu d'huile d'olive avec de l'ail, des pignons et, si l'on veut, des olives de Calamata hachées.

BIBLIOGRAPHIE

- Aetroni, A., et coll. « Inhibition of Platelet Aggregation and Eicosanoid Production by Phenolic Components of Olive Oil ». *Thrombosis Research* 78 (1995) : 151-160.
- Ahmed, M., et coll. « Plasma Glucagons and Amino Acid Nitrogen Response to Various Diets in Normal Humans ». *American Journal of Nutrition* 33 (1980) : 1917-1924.
- Allred, J. B., « Too Much of a Good Thing? An Overemphasis on Eating Low-Fat Foods May be Contributing to the Alarming Increase in Overweight Among US Adults ». *Journal of the American Diet Association* 95 (1995) : 417-418.
- Amelsvoort, J. et Westrate, J., « Amylose-amylopectin ratio in meals affects post-prandial variables in male volunteers ». *American Journal of Clinical Nutrition* 55 (1992) : 712-8.
- American Diabetes Association. « Type 2 Diabetes in Children and Adolescents ». *Diabetes Care* 22 (2000) : 381-389.
- American Heart Association. « Dietary Guidelines for Healthy American Adults ». *Circulation* 94 (1996) : 1795-1800.
- Anderson, J. W., et coll. « Effects of Soy Protein on Renal Function and Proteinuria in Patients with Type 2 Diabetes ». *American Journal of Clinical Nutrition* 68 (1998) : 1347S-1353S.
- Anderson, J. W., « Fiber and Health: An Overview ». *American Journal of Gastroenterology* 81 (l986) : 892-897.
- Anderson, R. A., et coll. « Elevated Intakes of Supplemental Chromium Improve Glucose and Insulin Variables in Individuals With Type 2 Diabetes ». *Diabetes* 46 (1997) : 1786-1791.
- Anderson, T. J., et coll. « The Effect of Cholesterol-Lowering and Antioxidant Therapy on Endothelial-Dependent Coronary Vasomotion ». *New England Journal of Medicine* 332 (1995) : 488-492.
- Anggard, E., « Nitric Oxide: Mediator, Murderer, and Medicine ». *Lancet* 343 (1994) : 1199-1206.
- AP release (Washington), dimanche, 11 mai 2003, *Rapid City Journal,* « Fat Content still a concern in lunches ». Page A8.
- Assman, G., et coll. « Olive Oil and the Mediterranean Diet: Implications for Health in Europe ». *British Journal of Nursing* 6 (1997) : 675-677.
- Austin, M. A., et coll. « Low-Density Lipoprotein Subclass Patterns and Risk of Myocardial Infarction ». *Journal of the American Medical Association* 260 (1988) : 1917-1921.

- Austin, M. A., «Plasma Triglyceride and Coronary Heart Disease». *Arteriosclerosis and Thrombosis* 11 (1991): 2-14.

- Baba, T., et Neugebauer, S., «The Link Between Insulin Resistance and Hypertension: Effects of Antihypertensive and Antihyperilipidaemic Drugs on Insulin Sensitivity». *Drugs* 47 (1994): 383-404.
- Bantle, J. P., et coll. «Postprandial Glucose and Insulin Responses to Meals Containing Different Carbohydrates in Normal and Diabetic Subjects». *New England Journal of Medicine* 309 (1983): 7-12.
- Bao, W., et coll. «Persistent Elevation of Plasma Insulin Levels is Associated with Increased Cardiovascular Risk in Children and in Young Adults». *Circulation* 93 (1996): 54-59.
- Becker, D. J., et coll. «Diet and Diabetes-Induced Changes of OB Gene Expression in Rat Adipose Tissue». *FEBS Letter* 371 (1995): 324-328.
- Biston, P., et coll. «Diurnal Variations in Cardiovascular Function and Glucose Regulation in Normotensive Humans». *Hypertension* 28 (1996): 863-871.
- Bjorntorp, P., et coll. «The Glucose Uptake of Human Adipose Tissue in Obesity». *European Journal of Clinical Investigation* 1 (1971): 480-485.
- Bjorntorp, P., et coll. «The Effect of Physical Training on Insulin Production in Obesity». *Metabolism* 19 (1970): 631-638.
- Black, H. R., «The Coronary Artery Disease Paradox: The Role of Hyperinsulinemia and Insulin Resistance and Implications for Therapy». *Journal of Cardiovascular Pharmacology* 15 (1990): S26-S38.
- Blanco, I., et Roberts, S. B., «High Glycemic Index Foods, Over-Eating, and Obesity». *Pediatrics* 103 (1999): E261-E266.
- Blankenhorn, D. H., et coll. «The Influence of Diet on the Appearance of New Lesions in Human Coronary Arteries». *JAMA* 263 (1990): 1646-1652.
- Boden, G., et coll. «Effects of Vandyl Sulfate on Carbohydrate and Lipid Metabolism in Patients With Non-Insulin-Dependent Diabetes Mellitus». *Metabolism* 45 (1996): 1130-1135.
- Bornet, F., et coll. «Insulinemic and Glycemic Indexes of Six Starch-Rich Foods Taken Alone and in a Mixed Meal by Type 2 Diabetics». *American Journal of Clinical Nutrition* 45 (1987): 588-595.
- Bouche, C., et coll. «Regulation of Lipid Metabolism and Fat Mass Distribution by Chronic Low Glycemic Index Diet in Non Diabetic Subjects». *Diabetes* 49 (2000): A40.
- Brand, J. C., et coll. «Low-Glycemic Index Foods Improve Long-Term Glycemic Control in NIDDM». *Diabetes Care* 14 (1991): 95-101.
- Brand, J. C., et coll. «Plasma Glucose Correlates Inversely with Satiety and CCK». *Proc Nutr Soc Aust.* 15 (1990): 209.
- Brand, J. C., et coll. «Insulin Sensitivity Predicts Glycemia After a Protein Load». *Metabolism* 49 (2000): 1-5.
- Brand, J. C., et coll. «The Glycemic Index is Easy and Works in Practice». *Diabetes Care* 20 (1997): 1628-1629.

- Bray, G.A., « Low-Carbohydrate Diets and Realities of Weight Loss ». *JAMA* 289 (2003) : 1853-55.
- Buyken, A. E., et coll. « Glycemic Index in the Diet of European Outpatiens with Type I Diabetes : Relations to Glycated Hemoglobin and Serum Lipids ». *American Journal of Clinical Nutrition* 73 (2001) : 574-581.

- Cahill, G. F., « Starvation in Man ». *Clinics in Endocrinology and Metabolism* 5 (1976) : 397-415.
- Campfield, L. A., et coll. « Human Eating: Evidence for a Physiological Basis Using a Modified Paradigm ». *Neurosci Biobehav Rev.* 20 (1996) : 133-137.
- Casassus, P., et coll. « Upper-Body Fat Distribution: A Hyperinsulinemia-Independent Predictor of Coronary Heart Disease Mortality: The Paris Prospective Study ». *Arteriosclerosis and Thrombosis* 12 (Déc. 1991) : 1387-1392.
- Castelli, W. P., « The Triglyceride Issue: A View From Framingham ». *American Heart Journal* 112 (1986) : 432-437.
- Cerami, A., « Hypothesis: Glucose as Mediator of Aging ». *Journal of the American Geriatrics Society* 33 (1985) : 626-634.
- Ceriello, A., « Dietary Antioxidants and Diabetes: Which Ones and When? Abstracts for the State of the Art Lectures and Symposia ». *16th International Diabetes Federation Congress, Helsinki* (20-25 juillet 1997), p. 65.
- Ceriello, A., et coll. « Antioxidant Defenses are Reduced During the Oral Glucose Tolerance Test in Normal and Non-Insulin-Dependent Diabetic Subjects ». *European Journal of Clinical Investigation* 28 (1998) : 329-333.
- Ceriello, A., et coll. « Meal Induced Oxidative Stress and Low-Density Lipoprotein Oxidation in Diabetes: The Possible Role of Hyperglycemia ». *Metabolism* 48 (1999) : 1503-1508.
- Ceriello, A., et Pirisi, M., « Is Oxidative Stress the Missing Link Between Insulin Resistance and Artherosclerosis? » (lettre). *Diabetologia* 38 (1995) : 1484-1485.
- Ceriello, A., « The Post-Prandial State and Cardiovascular Disease: Relevance to Diabetes Mellitus ». *Diabetes Metabolism Research and Review* 16 (2000) : 125-132.
- Ceriello, A., et coll. « New Insights on Non-Enzymatic Glycosylation May Lead to Therapeutic Approaches for the Prevention of Diabetic Complications ». *Diabet Med.* 9 (1992) : 297-299.
- Chew, I., et coll. « Application of Glycemic Index to Mixed Meals ». *American Journal of Clinical Nutrition* 47 (1988) : 53-56.
- Clapp, J. F., « Diet, Exercise, and Feto-placental Growth ». *Archives of Gynecology and Obstetrics* 261 (1997) : 101-108.
- Colditz, G. A., et coll. « Diet and Clinical Diabetes in Women ». *American Journal of Clinical Nutrition* 55 (1992) : 1018-1023.
- Colgan, Michael. *The New Nutrition.* Apple Publishing (1995).
- Collier, G. R., et coll. « Effect of Co-Ingestion of Fat on the Metabolic Responses to Slowly and Rapidly Absorbed Carbohydrates ». *Diabetologia* 26 (1984) : 50-54.
- Collier, G. R., et coll. « Low Glycemic Index Starchy Foods Improve Glucose

Control and Lower Serum Cholesterol in Diabetic Children ». *Diabetes Nutr Metabolism* 1 (1988) : 11-19.

- Collins, R., et coll. « Blood Pressure, Stroke, and Coronary Heart Disease. Part 2. Short-Term Reduction in Blood Pressure: Overview of Randomized Drug Trials in Their Epidemiological Context ». *Lancet* 335 (1990) : 827-838.
- Colwell, J. A., « Vascular Thrombosis in Type 2 Diabetes Mellitus ». *Diabetes* 42 (1993) : 8-11.
- Connolly, Ceci, « Obesity increases U.S. health costs by $93B ». *Rapid City Journal*, mercredi, 14 mai 2003, page A3. Réimpression d'un article publié dans le *Washington Post* (2003).
- Cooke, J. P., et Dzau, V. J., « Nitric Oxide Synthase: Role in the Genesis of Vascular Disease ». *Annu Rev Med.* 48 (1997) : 489-509.
- Coulston, A. M., et coll. « Deleterious Metabolic Effects of a High Carbohydrate Sucrose Containing Diets in Patients with Non-Insulin-Dependent Diabetes Mellitus ». *American Journal of Clinical Nutrition* 82 (1987) : 213-220.
- Coulston, A. M., et coll. « Effect of Source of Dietary Carbohydrate on Plasma Glucose and Insulin Responses to Mixed Meals in Subjects with NIDDM ». *Diabetes Care* 10 (1987) : 395-400.
- Coulston, A. M., et coll. « Persistence of Hypertriglyceridemic Effect of Low-Fat, High-Carbohydrate Diets in NIDDM Patients ». *Diabetes Care* 12 (1989) : 94-101.
- Coulston, A. M., et coll. « Persistence of Hypertriglyceridemic Effect of Low Fat High-Carbohydrate Diet in Patients with Non-Insulin-Dependent Diabetes Mellitus ». *New England Journal of Medicine* 319 (1988) : 829-834.
- Coulston, A. M., et coll. « Plasma Glucose, Insulin and Lipid Responses to High-Carbohydrate, Low Fat Diets in Normal Humans ». *Metabolism* 32 (1983) : 52-56.
- Coutinho, M., et coll. « The Relationship Between Glucose and Incident Cardiovascular Events: A Metaregression Analysis of Published Data from 20 Studies of 95,783 Individuals Followed for 12.4 Years ». *Diabetes Care* 22 (1999) : 233-240.
- Cusin, I., et coll. « Hyperinsulinemia and its Impact on Obesity and Insulin Resistance ». *International Journal of Obesity* 16 (1992) : S1-S11.

- Dabelea, D., et coll. « Type 2 Diabetes Mellitus in Minority Children and Adolescents: An Emerging Problem ». *Endocrinology and Metabolism Clinics of North America* 28 (1999) : 709-729.
- Dahl-Jorgensen, K., et coll. « Effect of Near Normoglycemia for Two-Years on Progression of Early Diabetic Retinopathy, Nephropathy, and Neuropathy: The Oslo Study ». *British Medical Journal* 293 (1986) : 1194-1199.
- Das, U., « Obesity, Metabolic Syndrome X, and Inflammation ». *Nutrition* 18 (2001) : 430-432.
- De Feo, P., et coll. « Comparison of Glucose Counter-Regulation During Short-term and Prolonged Hypoglycemia in Normal Humans ». *Diabetes* 35 (1986) : 563-569.
- De Vegt, F., et coll. « Hyperglycemia is Associated with All-Cause and Cardiovascular Mortality in the Hoorn Population: The Hoorn Study ». *Diabetolgia* 42 (1999) : 926-931.

- DeFronzo, R. A., et coll. « Pathogenesis of NIDDM ». *Diabetes Care* 14 (1992) : 318-368.
- DeFronzo, R. A., et Ferrannini, E., « Insulin Resistance: A Multifaceted Syndrome Responsible for NIDDM, Obesity, Hypertension, Dyslipidemia, and Atherosclerotic Cardiovascular Disease ». *Diabetes Care* 14 (1991) : 173-194.
- De Fronzo, R. A.: Lilly Lecture 1987. « The Triumvirate: B-Cell, Muscle, Liver: A collusion Responsible for NIDDM ». *Diabetes* 37 (1988) : 667-697.
- Del Prato, S., et coll. « Effects of Sustained Psyciologic Hyperinsulinaemia and Hyperglycaemia on Insulin Secretion and Insulin Sensitivity in Man ». *Diabetologia* 37 (1994) : 1025-1035.
- Després, J. P., et coll. « Hyperinsulinemia as an Independent Risk Factor for Ischemic Heart Disease ». *New England Journal of Medicine* 334 (1996) : 952-957.
- Després, J. P., « Dyslipidaemia and Obesity ». *Baillieres Clinical Endocrinology and Metabolism* 8 (1994) : 629-660.
- Devlin, J. T., et coll. « Enhanced Peripheral and Splanchnic Insulin Sensitivity in NIDDM Men After a Single Bout of Exercise ». *Diabetes* 36 (1987) : 434-439.
- Diabetes and Nutrition Study Group of the EASD: « Recommendations for the Nutritional Management of Patients with Diabetes Mellitus ». *Diabetes Nutritional Metabolism* 8 (1995) : 1-4.
- Dietschy, J. M., et Brown, D. S., « Effect of Alterations of the Specific Activity of the Intracellular Acetyl CoA Pool on Apparent Rates of Hepatic Cholesterogenesis ». *J. Lipid Res.* 19 (1974) : 508-516.
- Duimetiere, P., et coll. « Relationship of Plasma Insulin to the Incidence of Myocardial Infarction and Coronary Heart Disease Mortality in a Middle Aged Population. » *Diabetologia* 19 (1980) : 205-210.

- Eaton, S. B., et Konner, M., « Paleolithic Nutrition. A consideration of its nature and current implications ». *New England Journal of Medicine* 312 (1985) : 283-289.
- Ebbeling, C. B., et Ludwig, D. S., « Treating Obesity in Youth: Should Dietary Glycemic Load be a Consideration? ». *Advances in Pediatric* 48 (2001) : 179-212.
- Eriksson, J., et coll. « Early Metabolic Defects in Persons at Increased Risk of Non-Insulin-Dependent Diabetes Mellitus ». *New England Journal of Medicine* 321 (1989) : 337-343.
- Evans, D. J., et coll. « Relationship Between Skeletal Muscle Insulin Resistance, Insulin-Mediated Glucose Disposal, and Insulin Binding: Effects of Obesity and Body Fat Topography ». *Journal of Clinical Investigation* 74 (1984) : 1515-1525.
- Evans, D. J., et coll. « Relationship of Body Fat Topography to Insulin Sensitivity and Metabolic Profiles in Premenopausal Women ». *Metabolism* 33 (1984) : 68-75.

- Fabry, P., et Tepperman, J., « Meal Frequency – A Possible Factor in Human Pathology ». *American Journal of Clinical Nutrition* 23 (1970) : 1059-1068.
- Facchini, F., et coll. « Relationship Between Resistance to Insulin-Mediated Glucose Uptake, Urinary Uric Acid Clearance, and Plasma Uric Acid Concentration ». *JAMA* 266 (1991) : 3008-3011.

- Fanaian, M., et coll. « The Effects of Modified Fat Diet on Insulin Resistance and Metabolic Parameters in Type 2 Diabetes ». *Diabetologia* 39 (1996) : A7.
- Farquhaar, J. W., et coll. « Glucose, Insulin and Triglycerides Responses to High and Low Carbohydrate Diets in Man ». *Journal of Clinical Investigation* 45 (1966) : 1648-1656.
- Ferrannini, E, et coll. « Effect of Fatty Acids on Glucose Production and Utilization in Man ». *Journal of Clinical Investigation* 72 (1983) : 1737-1747.
- Ferrannini, E., et coll. « Hyperinsulinaemia : The Key Feature of a Cardiovascular and Metabolic Syndrome ». *Diabetologia* 3 (1991) : 416-422.
- Ferri, C., et coll. « Insulin Stimulates Endothelin-1 Secretion from Human Endothelial Cells and Modulates its Circulating Levels in Vivo ». *Journal of Clinical Endocrinology and Metabolism* 80 (1995) : 829-835.
- Flegal, K. M., et coll. « Overweight and Obesity in the US: Prevalence and Trends, 1960-1994 ». *International Journal of Obesity* 22 (1998) : 39-47.
- Flodin, N. W., « Atherosclerosis : An Insulin-Dependent Disease? ». *J Am Coll Nutr.* 5 (1986) : 417-427.
- Fontaine, K. R., et coll. « Years of Life Lost Due to Obesity ». *JAMA* 289 (2003) : 187-193.
- Fontbonne, A., et coll. « Hypertriglyceridemia as a Risk Factor of Coronary Heart Disease and Mortality in Subjects with Impaired Glucose Tolerance or Diabetes: Results from the 11-year Follow-Up of the Paris Prospective Study ». *Diabetologia* 32 (1989) : 300-304.
- Fontevielle, A. M., et coll. « A Moderate Switch from High to Low Glycemic-Index Foods for 3 Weeks Improves Metabolic Control of Type 1 (IDDM) Diabetic Subjects ». *Diabetes Nutrition Metabolism* 1 (1988) : 139-143.
- Ford, E. S., et coll. « Prevalence of the Metabolic Syndrome Among US Adults ». *JAMA* 287 (2002) : 356-359.
- Ford, E. S., et Liu, S., « Glycemic Index and Serum High Density Lipoprotein Cholesterol Concentration Among US Adults ». *Archives of Internal Medicine* 161 (2001) : 572-576.
- Foster, D., « Insulin Resistance – A Secret Killer? ». *New England Journal of Medicine* 320 (1989) : 733-734.
- Foster-Powell, K., et Miller, J. B., « International Tables of Glycemic Index ». *American Journal of Clinical Nutrition* 62 (1995) : 871S-890S.
- Foster-Powell, K., Brand-Miller, J. C., et Holt, S. H. A., « International Table of Glycemic Index and Glycemic Load Values: 2002 ». *American Journal of Clinical Nutrition* 76 (2002) : 5-56.
- Franz, M. J., et coll. « Evidence-Based Nutrition Principles and Recommendations for the Treatment and Prevention of Diabetes and Related Complications ». *Diabetes Care* 25 (2002) : 148-198.
- Freedman, D. S., et coll. « Relation of Body Fat Distribution to Hyperinsulinemia in Children and Adolescents: The Bogalusa Heart Study ». *American Journal of Clinical Nutrition* 46 (1987) : 403-410.
- Friedman, M. I., et Granneman, J., « Food Intake and Peripheral Factors After

Recovery From Insulin-Induced Hypoglycemia». *The American Physiological Society* 244 (1983) : R374-R382.

- Frost, G., et coll. «Glycemic Index as a Determinant of Serum HDL-Cholesterol Concentration». *Lancet* 353 (1999) : 1045-1048.
- Frost, G., et coll. «Insulin Sensitivity in Women at Risk of Coronary Heart Disease and the Effect of a Low Glycemic Index Diet». *Metabolism* 47 (1998) : 1245-1251.
- Frost, G., «Dietary Advise Based on the Glycemic Index Improves Dietary Profile and Metabolic Control in Type 2 Diabetic Patients». *Diabetic Medicine* 11 (1993) : 397-401.

- Gannon, M. C., et coll. «The Insulin and Glucose Responses to Meals of Glucose Plus Various Proteins in Type 2 Diabetic Subjects». *Metabolism* 37 (1988) : 1081-1088.
- Garcia-Webb, P., et coll. «Obesity and Insulin Secretion in Fasting High School Students». *Diabetologia* 19 (1980) : 194-197.
- Garg. A., et coll. «Comparison of a High-Carbohydrate Diet with a High-Monounsaturated-Fat Diet in Patients with Non-Insulin-Dependent Diabetes Mellitus». *New England Journal of Medicine* 319 (1988) : 829-834.
- Garg. A., et coll. «Comparison of Effects of High and Low Carbohydrate Diets on Plasma Lipoproteins and Insulin Sensitivity in Patients with Mild NIDDM». *Diabetes* 41 (1992) : 1278-1285.
- Garg. A., et coll. «Effects of Varying Carbohydrate Content of Diet in Patients with Non-Insulin-Dependent Diabetes Mellitus». *JAMA* 271 (1994) : 1421-1428.
- Gaziano, J. M., et coll. «Fasting Triglycerides, High-Density lipoprotein, and Risk of Myocardinal Infarction». *Circulation* 96 (1997) : 2520-2525.
- Gerich, J., et coll. «Hormonal Mechanisms in Acute Glucose Counter-Regulation : The Relative Roles of Glucagon, Epinephrine, Norepinephrine, Growth Hormone and Cortisol». *Metabolism* 29 (nov. 1980) : 1164-1175.
- Gertler, M. M., et coll. «Serum Uric Acid in Relation to Age and Physique in Health and Coronary Heart Disease». *Annals of Internal Medicine* 34 (1951) : 1421-1431.
- Giacco, R., et coll. «Long-Term Dietary Treatment with Increased Amounts of Fiber-Rich Low-Glycemic Index Natural Foods Improves Blood Glucose Control and Reduces the Number of Hypoglycemic Events in Type I Diabetic Patients». *Diabetes Care* 23 (2000) : 1461-1466.
- Glass, A. R., «Endocrine Aspects of Obesity». *Medical Clinics of North America* 73 (1989) : 139-160.
- Glauber, H., et coll. «Adverse Metabolic Effect of Omega-3 Fatty Acids in Non-Insulin-Dependent Diabetes Mellitus». *Annals of Internal Medicine* 108 (1988) : 663-668.
- Gorman, Christine, «How to Eat Smarter». *Time Magazine* (20 octobre 2003) : 52.
- Granfeldt, Y., et coll. «On the Importance of Processing Conditions, Product Thickness and Egg Addition for the Glycemic and Hormonal Responses to Pasta : A Comparison with Bread Made from Pasta Ingredients». *European Journal of Clinical Nutrition* 45 (1991) : 489-499.

- Griendling, K. K., et coll. « Oxidative Stress and Cardiovascular Disease ». *Circulation* 96 (1997) : 3264-3265.
- Grundy, S. M., et coll. « Rationale of the Diet-Heart Statement of the American Heart Association ». Report of Nutrition Committee. *Circulation* 65 (1982) : 839A-854A.
- Grundy, S. M., « Comparison of Monounsaturated Fatty Acids and Carbohydrates for Lowering Plasma Cholesterol ». *New England Journal of Medicine* 314 (1986) : 745-748.

- Haber, G. B., et coll. « Depletion and Disruption of Dietary Fiber: Effects on Satiety, Plasma-Glucose, and Serum-Insulin ». *Lancet* 2 (1977) : 679-682.
- Haffner S. M., et coll. « Cardiovascular Risk Factors in Confirmed Prediabetic Individuals : Does the Clock for Coronary Heart Disease Start Ticking Before the Onset of Clinical Diabetes? ». *JAMA* 263 (1990) : 2893-2898.
- Hajjar, I., et Ketchen, T., « Trends in Prevalence, Awareness, Treatment, and Control of Hypertension in United States 1988-2000 ». *JAMA* 290 (2003) : 199-206.
- Halliwell, B., et Gutteridge, J., « The Antioxidants of Human Extracellular Fluids ». *Archives of Biochemistry and Biophysiology* 280 (1990 : 1-8.
- Hamsten, A., et coll. « Increased Plasma Level of a Rapid Inhibitor of Tissue Plasminogen Activator in Young Survivors of Myocardial Infarction ». *New England Journal of Medicine* 313 (1985) : 1557-1563.
- Hauner, H., « The Impact of Pharmacotherapy on Weight Management in Type 2 Diabetes ». *International Journal of Obesity* 23 (1999) : S12-S17.
- Hegsted, D. M., et coll. « Dietary Fat and Serum Lipids : An Evaluation of the Experimental Data ». *American Journal of Clinical Nutrition* 57 (1993) : 875-883.
- Hellmich, N., « Belly Full of Danger ». *USA TODAY* (le 26 février 2003).
- Helmrich, S. P., et coll. « Physical Activity and Reduced Occurrence of Non-Insulin Dependent Diabetes Mellitus ». *New England Journal of Medicine* 325 (1991) : 147-152.
- Heshka, S., et coll. « Weight Loss With Self-help Compared With a Structured Commercial Program ». *JAMA* 289 (2003) : 1792-1798.
- Hillgartner, F. B., et coll. « Physiological and Molecular Mechanisms Involved in Nutritional Regulation of Fatty Acid Synthesis ». *Physiol Rev.* 75 (1995) : 47-76.
- Hirsch, J., et Batchelor, B., « Adipose Tissue Cellularity in Human Obesity ». *Clin Endocrinol Metabolism* 5 (1976) : 299-311.
- Hollenbeck, C. B., et coll. « A Comparison of the Relative Effects of Obesity and Non-Insulin-Dependent Diabetes Mellitus on in-vivo Insulin-Stimulated Glucose Utilization ». *Diabetes* 33 (1984) : 622-626.
- Hollenbeck, C. B., et coll. « Comparison of Plasma Glucose and Insulin Response to Mixed Meals of High, Intermediate, and Low-Glycemic Potential ». *Diabetes Care* 11 (1988) : 323-329.
- Holloszy, J. O., et coll. « Effects of Exercise on Glucose Tolerance and Insulin Resistance ». *Acta Medica Scandinavia* 711 (1996) : 55-65.
- Holt, S., et coll. « Relationship of Satiety to Postprandial Glycemic, Insulin and Cholecystokinin Responses ». *Appetite* 18 (1992) : 129-141.

- Howard, B. V., « Lipoprotein Metabolism in Diabetes Mellitus ». *J Lipid Res.* 28 (1987) : 613-628.
- Hu, F., et coll. « Dietary Fat Intake and the Risk of Coronary Heart Disease in Women ». *New England Journal of Medicine* 337 (1997) : 1491-1499.
- Hu, F., et coll. « Trends in the Incidence of Coronary Heart Disease and Changes in Diet and Lifestyle in Women ». *New England Journal of Medicine* 343 (2000) : 530-537.
- Hu F., et coll. « Television Watching and Other Sedentary Behaviors in Relation to Risk of Obesity and Type 2 Diabetes Mellitus in Women ». *JAMA* 289 (2003) : 1785-1791.
- Hughes, V. A., et coll. « Exercise Increases Muscle GLUT-4 Levels and Insulin Action in Subjects with Impaired Glucose Tolerance ». *American Journal of Physiology* 264 (1993) : E855-E862.

- Jarrett, R. J., et Kern, J. J., « Glucose Tolerance, Age and Circulating Insulin ». *Lancet* 1 (1967) : 806-809.
- Jarvi, A. E., et coll. « Improved Clycemic Control and Lipid Profile and Normalized Fibrinolytic Activity on a Low-Glycemic Index Diet in Type 2 Diabetic Patients ». *Diabetes Care* 22 (1999) : 10-18.
- Jarvi, A. E., et coll. « The Influence of Food Structure on Postprandial Metabolism in Patients with Non-Insulin-Dependent Diabetes Mellitus ». *American Journal of Clinical Nutrition* 61 (1995) : 837-842.
- Jenkins, D., et coll. « Glycemic Index of Foods: A Physiological Basis for Carbohydrate Exchange ». *American Journal of Clinical Nutrition* 34 (1981) : 362-366.
- Jenkins, D., et coll. « Glycemic Responses to Foods: Possible Differences Between Insulin-Dependent and Non-Insulin-Dependent Diabetics ». *American Journal of Clinical Nutrition* 40 (1984) : 971-981.
- Jenkins, D., et coll. « Improved Glucose Tolerance Four-Hours After Taking Guar with Glucose ». *Diabetologia* 19 (1980) : 21-24.
- Jenkins, D., et coll. « Low Glycemic Index Carbohydrate Foods in the Management of Hyperlipidemia ». *American Journal of Clinical Nutrition* 42 (1985) : 604-617.
- Jenkins, D., et coll. « Low-Glycemic Index Diet in Hyperlipidemia: Use of Traditional Starchy Foods ». *American Journal of Clinical Nutrition* 46 (1987) : 66-71.
- Jenkins, D., et coll. « Metabolic Effects of a Low-Glycemic-Index Diet ». *American Journal of Clinical Nutrition* 46 (1987) : 968-975.
- Jenkins, D., et coll. « Metabolic Effects of Reducing Rate of Glucose Ingestion by Single Bolus Versus Continuous Sipping ». *Diabetes* 39 (1990) : 775-781.
- Jenkins, D., et coll. « Nibbling Versus, Gorging: Metabolic Advantages of Increased Meal Frequency ». *New England Journal of Medicine* 321 (1989) : 929-934.
- Jenkins, D., et coll. « Wholemeal Versus Wholegrain Breads: Proportion of Whole or Cracked Grain and the Glycemic Response ». *British Medical Journal* 297 (1998) : 958-960.
- Jennings, G., et coll. « The Effects of Changes in Physical Activity on Major Cardiovascular Risk Factors, Hemodynamics, Sympathetic Function, and Glucose

Utilization in Man: A Controlled Study of Four Levels of Activity». *Circulation* 73 (1986) : 30-40.

- Jha, P., et coll. «The Antioxidant Vitamins and Cardiovascular Disease. A Critical Review of Epidemilogic and Clinical Trial Data». *Annals of Internal Medicine* 123 (1995) : 860-872.
- Job, F., et coll. «Hyperinsulinism in Patients with Coronary Artery Disease». *Coronary Artery Disease* 5 (1994) : 487-492.
- Juhan-Vague, I., et coll. «Increased Plasminogen Activator Inhibitor Activity in Non-Insulin Dependent Diabetic Patients. Relationship with Plasma Insulin». *Thromb Haemostas* 61 (1989) : 370-373.

- Kabir, M., et coll. «A high Glycemic Index Starch Diet Affects Lipid Storage-Related Enzymes in Normal and to a Lesser Extent in Diabetic Rats». *American Society for Nutritional Sciences* 128 (1998) : 1878-1883.
- Kabir, M., et coll. «Dietary Amylose-Amylopectin Starch Content Affects Glucose and Lipid Metabolism in Adipocytes of Normal and Diabetic Rats». *The Journal of Nutrition* 128 (1998) : 35-43.
- Karhapaa, P., et coll. «Isolated Low HDL Cholesterol: An Insulin-Resistant State». *Diabetes* 43 (1994) : 411-417.
- Kasim, S. E., et coll. «Effects of Omega-3 Fish Oils on Lipid Metabolism, Glycemic Control, and Blood Pressure in Type 2 Diabetic Patients». *Journal of Clinical Endocrinology & Metabolism* 67 (1998) : 1-5.
- Katan, M. B., et coll. «Beyond Low-Fat Diets». *New England Journal of Medicine* 337 (1997) : 563-566.
- Kerstetter, J. E., et coll. «Changes in Bone Turnover in Young Women Consuming Different Levels of Dietary Protein». *Journal of Clinical Endocrinology & Metabolism* 84 (1999) : 1052-1055.
- Keys, A., et coll. «The Diet and 15 year Death rate in Seven Countries Study». *Am J Epidemiol.* 124 (1986) : 903-915.
- Kiens, B., et Richter, E. A., «Types of Carbohydrate in an Ordinary Diet Affect Insulin Action and Muscle Substrates in Humans». *American Journal of Clinical Nutrition* 63 (1996) : 47-53.
- Kieren, M., et coll. «Insulin Action in the Vasculature: Physiology and Pathophysiology». *Journal of Vascular Research* 38 (2001) : 415-422.
- Kissebath, A. H., et coll. «Relationship of Body Fat Distribution to Metabolic Complications of Obesity». *Journal of Clinical Endocrinology & Metabolism* 54 (1982) : 254-260.
- Kissebath, A. H., et coll. «Endocrine Characteristics in Regional Obesities: Role of Sex Steroids.» Délibérations du Symposium international sur les complications liées au métabolisme dans les cas d'obésité, Marseille, 30 mai-1 juin 1985 (ICS No 682). Amsterdam : Elsevier, 1986.
- Knopp, R. H., et coll. «Long-Term Cholesterol-Lowering Effects of 4 Fat Restricted Diets in Hypercholesterolomic and Combined Hyperlipidemic Men: The Dietary Alternatives Study». *JAMA* 278 (1997) : 1509-1515.

- Kohler, H-P., « Insulin Resistance Syndrome: Interaction with Coagulation and Fibronolysis ». *Swiss Med Weekly* 132 (2002) : 241-252.
- Koivisto, V., et DeFronzo, R. A., « Physical Training and Insulin Sensitivity ». *Diabetes Metabolism Reviews* 1 (1986) : 445-481.
- Kolterman O. G., et coll. « Mechanisms of Insulin Resistance in Human Obesity. Evidence for Receptor and Post-Receptor Defects ». *Journal of Clinical Investigation* 65 (1980) : 1272-1284.
- Krotkiewski, M., « Physical Training in the Prophylaxis and Treatment of Obesity, Hypertension and Diabetes ». *Scand J Rehabil. Med.* 9 (1983) : 55-70.
- Krotkiewski, M., et coll. « Impact of Obesity on Metabolism in Men and Women : Importance of Regional Adipose Tissue Distribution ». *Journal of Clinical Investigation* 71 (1983) : 1150-1162.
- Kubow, S., « Routes of Formation and Toxic Consequences of Lipid Oxidation Products in Foods ». *Free Radic Biol Med.* 21 (1992) : 63-81.
- Kuczmarski, R. J., et coll. « Increasing Prevalence of Overweight Among US Adults: The National Health and Nutrition Examination Surveys, 1960-1991 ». *JAMA* 272 (1994) : 205-211.

- Laakso, M., et coll. « Asymptomatic Atherosclerosis and Insulin Resistance ». *Arterioscler Thromb.* 11 (1991) : 1068-1076.
- Landin, K., et coll. « Elevated Fibrinogen and Plasminogen Activator (PAI-1) in Hypertension are Related to Metabolic Risk Factors for Cardiovascular Disease ». *Journal of Internal Medicine* 227 (1990) : 273-278.
- Lardinois, C. K., et coll. « Polyunsaturated Fatty Acids Augment Insulin Secretion ». *J Am Coll Nutr.* 6 (1987) : 507-523.
- Larson, D. E., et coll. « Dietary Fat in Relation to Body Fat and Intra-Abdominal Adipose Tissue: A Cross-Sectional Analysis ». *American Journal of Clinical Nutrition* 64 (1996) : 677-684.
- Lawrence, M., et coll. « Oral Glucose Loading Acutely Attenuates Endothelium-Dependent Vasodilation in Healthy Adults Without Diabetes: An effect Prevented by Vitamins C and E ». *Journal of the American College of Cardiology* 36 (2000) : 2185-2191.
- Laws, A., et Reaven, G. M., « Evidence for an Independent Relationship Between Insulin Resistance and Fasting HDL-Cholesterol, Triglyceride and Insulin Concentrations ». *Journal of Internal Medicine* 231 (1992) : 25-30.
- Laws, A., et coll. « Relation Fasting Plasma Insulin Concentrations to High Density Lipoprotein Cholesterol and Triglyceride Concentrations in Man ». *Arteriosclerosis and Thrombosis* 11 (1991) : 1636-1642.
- Le Marchand-Brustel, Y., et Jeanrenaud, B., « Pre- and Postweaning Studies on Development of Obesity in *mdb/mdb* Mice ». *American Journal of Physiology* 234 (1978) : E568-E574.
- Leahy, J. L., et coll. « B-Cell Dysfunction Induced by Chronic Hyperglycemia ». *Diabetes Care* 15 (1992) : 442-455.
- Leathwood, P., et Pollet, P., « Effects of Slow Release Carbohydrates in the Form

of Bean Flakes on the Evolution of Hunger and Satiety in Man». *Appetite* 10 (1988): 1-11.

- Lefebvre, P. J., et Scheen, A. J., «The Ponstprandial State and Risk of Cardiovascular Disease». *Diabetic Medicine* 15 (1998): S63-S68.
- Leon, A. S., et coll. «Effects of Vigorous Walking Program on Body Composition, and Carbohydrate and Lipid Metabolism of Obese Young Men». *Journal of Clinical Nutrition* 33 (1979): 1776-1787.
- Lerer-Metzger, M., et coll. «Effects of Long-Term Glycemic Index Starchy Food on Plasma Glucose and Lipid Concentrations and Adipose Tissue Cellularity in Normal and Diabetic Rats». *The British Journal of Nutrition* 755 (1996): 723-732.
- Levine, G. N., et coll. «Ascorbic Acid Reverses Endothelial Vasomotor Dysfunction in Patients With Coronary Artery Disease». *Circulation* 93 (1996): 1107-1113.
- Libman, I., et Arslanian, S. A., «Type 2 Diabetes Mellitus: No Longer Just Adults». *Pediatric Annals* 28 (1999): 589-593.
- Lillioja, S., et Bogardus, C., «Obesity and Insulin Resistance: Lessons Learned from the Pima Indians». *Diabetes Metabolism Review* 4 (1988): 515-540.
- Lillioja, S., et coll. «In Vivo Insulin Action is a Familial Characteristic in Non-Diabetic Pima Indians». *Diabetes* 36 (1987): 1329-1335.
- Lissner, L., et Heitman, B. L., «Dietary Fat and Obesity: Evidence from Epidemiology». *European Journal of Clinical Nutrition* 49 (1995): 79-90.
- Liu, S., et coll. «A Prospective Study of Dietary Glycemic Load, Carbohydrate Intake and Risk of Coronary Artery Disease in US Women». *American Journal of Clinical Nutrition* 71 (2000): 1455-1461.
- Liu, S., et coll. «A Prospective Study of Glycemic Load and Risk of Myocardial Infarction in Women». *FASEB J* 12 (1998): A260.
- Liu, S., et coll. «Dietary Glycemic Load Assessed by Food Frequency Questionnaire in Relation to Plasma High-Density-Lipoprotein Cholesterol and Fasting Plasma Triacyglycerols in Postmenopausal Women». *American Journal of Clinical Nutrition* 73 (2001): 560-566.
- Lorgeril, M., et coll. «Mediterranean Dietary Pattern in a Randomized Trial: Prolong Survival and Possible Reduced Cancer Rate». *Archives of Internal Medicine* 158 (1998): 1181-1187.
- Ludwig, D. S., et coll. «High Glycemic Index Foods, Overeating, and Obesity». *Pediatrics* 103 (1999): e26.
- Ludwig, D. S., «Dietary Glycemic Index and Obesity». *American Society for Nutritional Sciences* 130 (2000): 280S-283S.
- Ludwig, D. S., «The Glycemic Index: Physiological Mechanisms Relating to Obesity, Diabetes, and Cardiovascular Disease». *JAMA* 287 (2002): 2412-2423.

- Mancini, M., et coll. «Antioxidants in the Mediterranean Diet». *Canadian Journal of Cardio* 11 (1995): 105G-109G.
- Mandarino, L., et coll. «Infusion of Insulin Impairs Human Adipocyte Glucose Metabolism In Vitro without Decreasing Adipocyte Insulin Receptor Binding». *Diabetologia* 27 (1984): 358-363.

- Manson, J., et Bassuk, S., « Obesity in the United States: A Fresh Look at Its High Toll ». *JAMA* 289 (2002) : 229-230.
- Marfella, R., et coll. « Glutathione Reverses Systemic Hemodynamic Changes Induced by Acute Hyperglycemia in Healthy Subjects ». *The American Journal of Physiology* 268 (1995) : E1167-E1173.
- Marsoobian, V., et coll. « Very-Low-Energy Diets Alter the Counterregulatory Response to Falling Plasma Glucose Concentrations ». *American Journal of Clinical Nutrition* 61 (1995) : 373-378.
- Martin, B. C., et coll. « Role of Glucose and Insulin Resistance in Development of Type 2 Diabetes Mellitus: Results of a 25-year Follow-up Study ». *Lancet* 340 (1992) : 925-929.
- Martin-Moreno, J., et coll. « Dietary Fat, Olive Oil Intake and Breast Cancer Risk ». *International Journal of Cancer* 58 (1994) : 774-780.
- Mather, K., et coll. « Insulin Action in the Vasculature: Physiology and Pathophysiology ». *Journal of Vascular Research* 38 (2001) : 415-422.
- Mayer-Davis, E. J., et coll. « Intensity and Amount of Physical Activity in Relation to Insulin Sensitivity ». *JAMA* 279 (1998) : 669-674.
- McKeone, B. J., et coll. « Plasma Triglycerides Determine Low Density Lipoprotein Composition, Physical Properties and Cell Specific Binding ». *Journal of Clinical Investigation* 91 (1993) : 1926-1933.
- McNamara, D., « Regular Breakfast Eaters at Lower Risk for Obesity ». *Family Practice News* (15 mai 2003).
- Mensink, R. P., et Katan, M. B., « Effect of Monounsaturated Fatty Acids Versus Complex Carbohydrates on High-Density Lipoprotein in Healthy Men and Women ». *Lancet* 1 (1987) : 122-125.
- Metges, C. C., et Barth, C. A., « Metabolic Consequences of a High Dietary-Protein Intake in Adulthood: Assessment of the Available Evidence ». *Journal of Nutrition* 130 (2000) : 886-889.
- Meyer, K. A., et coll. « Carbohydrates, Dietary Fiber, and Incident Type 2 Diabetes in Older Women ». *American Journal of Clinical Nutrition* 71 (2000) : 921-930.
- Miller, J. B., et coll. « The Glycemic Index is Easy and Works in Practice ». *Diabetes Care* 20 (1997) : 1628-1629.
- Miller, J. C., « Importance of Glycemic Index in Diabetes ». *American Journal of Clinical Nutrition* 59 (1994) : 747S-752S.
- Muller, W. A., et coll. « Abnormal Alpha Cell Function in Diabetes, Response to Carbohydrate and Protein Ingestion ». *New England Journal of Medicine* 283 (1970) : 109-115.
- Muller, W. A., et coll. « The Influence of Antecedent Diet Upon Clucagons and Insulin Secretion ». *New England Journal of Medicine* 285 (1971) : 1450-1454.

- Nakazono, K., et coll. « Does Superoxide Underlie the Pathogenesis of Hypertension? ». *Proc Natl Acad Sci USA* 88 (1991) : 10045-10048.
- National Nutrition Monitoring and Research Act of 1990, *Public Law* (1990) : 101_445.
- Nicklas, T. A., et coll. « Nutrient Adequacy of Low Fat Intakes for Children: The

Bogalusa Heart Study». *Pediatrics* 89 (1992): 221-228.

- NIH Technology Assessment Conference Panel. «Methods for Voluntary Weight Loss and Control». *Annals of Internal Medicine* 119 (1993): 764-770.
- Nuttall, F. Q., et coll. «Effect of Protein Ingestion on the Glucose and Insulin Response to a Standardized Oral Glucose Load». *Diabetes Care* 7 (1984): 465-470.

- Odeleye, O. E., et coll. «Fasting Hyperinsulinemia is a Predictor of Increased Body Weight Gain and Obesity in Pima Indian Children». *Diabetes* 46 (1997): 1341-1345.
- Olefsky, J. M., et coll. «Effects of Weight Reduction on Obesity: Studies of Carbohydrate and Lipid Metabolism». *Journal of Clinical Investigation* 53 (1974): 64-76.
- Olefsky, J. M., et Kolterman, O. G., «Mechanisms of Insulin Resistance in Obesity and Non-insulin-Dependant (Type 2) Diabetes». *American Journal of Medicine* 70 (1981): 151-168.
- Olefsky, J. M., «Decreased Insulin Binding to Adipocytes and Circulating Monocytes from Obese Subjects». *Journal of Clinical Investigation* 57 (1976): 1165-1172.
- Olefsky, J. M., «The Insulin Receptor. Its Role in Insulin Resistance of Obesity and Diabetes». *Diabetes* 25 (1976): 1154-1162.

- Paolisso, G., et coll. «Daily Magnesium Supplements Improve Glucose Handling in Elderly Subjects». *American Journal of Clinical Nutrition* 55 (1992): 1161-1167.
- Paolisso, G., et coll. «Improved Insulin Response and Action by Chronic Magnesium Administration in Aged NIDDM Subjects». *Diabetes Care* 12 (1989): 265-269.
- Paolisso, G., et coll. «Pharmacological doses of vitamin E improve insulin action in healthy subjects & non-insulin-dependent diabetic patients». *American Journal of Nutrition* 57 (1993): 650-656.
- Parillo, M., et coll. «A high Monosaturated-Fat/Low Carbohydrate Diet Improves Peripheral Insulin Sensitivity in Non-Insulin Dependent Diabetic Patients». *Metabolism* 41 (1992): 1373-1378.
- Parillo M, et coll. «Different Glycemic Responses to Pasta, Bread and Potatoes in Diabetic Patients». *Diabetic Med.* 1985; 2:374-377.
- Patsch, J. R., et coll. «The Relationship of Triglyceride Metabolism and Coronary Artery Disease: Studies in the Postprandial State». *Arterioscler Thromb Vasc Biol.* 12 (1992): 1336-1345.
- Pereira, M. A., et coll. «The Association of Whole Grain Intake and Fasting Insulin in a Biracial Cohort of Young Adults: The CARDIA Study». *CVD Prevention* 1. (1988): 231-242.
- Petroni, A., et coll. «A Phenolic Antioxidant Extracted from Olive Oil Inhibits Platelet Aggregation and Archidonic Acid Metabolism in vitro». *World Rev Nutr Diet* 75 (1994): 169-172.
- Pinkey, J. A., et coll. «Endothelial Cell Dysfunction: Cause of the Insulin Resistance Syndrome». *Diabetes* 46 (1997): S9-S13.
- Plotnick, G. D., et coll. «Effect of Antioxidant Vitamins on the Transient Impair-

ment of Endothelium-Dependent Brachial Artery Vasoactivity Following a Single High-Fat Meal». *JAMA* 278 (1997): 1682-1686.

- Potter Van Loon, B. J., et coll. «The Cardiovascular Risk Factor Plasminogen Activator Inhibitor Type I is Related to Insulin Resistance». *Metabolism* 42 (1993): 945-949.
- Purnell, J., et Brunzell, J., «The Central Role of Dietary Fat, Not Carbohydrate, in the Insulin Resistance Syndrome». *Current Opin Lipidol* 8 (1997): 17-22.

- Randle, P. J., et coll. «The Glucose Fatty-Acid Cycle: Its Role in Insulin Sensitivity and the Metabolic Disturbances of Diabetes Mellitus». *Lancet* 1 (1963): 785-789.
- Rasmussen, O. W., et coll. «Effects on Blood Pressure, Glucose, and Lipid Levels of a High-Monosaturated Fat Diet Compared With a High-Carbohydrate Diet in Non-Insulin Dependent Subjects». *Diabetes Care* 16 (1993): 1565-1571.
- Rauramaa, R., «Relationship of Physical Activity, Glucose Tolerance, and Weight Management». *Preventive Medicine* 13 (1984): 37-46.
- Reaven, G. M., «Banting Lecture 1988: Role of Insulin Resistance in Human Disease». *Diabetes* 37 (1989): 1595-1607.
- Reaven, G. M., et Chen, Y., «Role of Insulin in Regulation of Lipoprotein Metabolism in Diabetes». *Diabetes/Metabolism Rev.* 4 (1988): 639-652.
- Reaven, G. M., et coll. «Insulin Resistance and Hyperinsulinemia in Individuals with Small, Dense, Low Density Lipoprotein Particles». *Journal of Clinical Investigation* 92 (1998): 141-146.
- Reaven, G. M., et coll. «Relationship Between Glucose Tolerance, Insulin Secretion, and Insulin Action in Non-Obese Individuals with Varying Degrees of Glucose Tolerance». *Diabetologia* 32 (1989): 52-55.
- Reaven, G. M., et coll. «Role of Insulin in Endogenous Hypertriglycerdemia». *Journal of Clinical Investigation* 46 (1967): 1756-1767.
- Reaven, G. M., «Banting Lecture 1988: Role in Insulin Resistance in Human Disease». *Diabetes* 37 (1988): 1595-1607.
- Reaven, G. M., «Diet and Syndrome X». *Current Artherosclerosis Reports* 2 (2000): 503-507.
- Reaven, G. M., *Syndrome X,* Simon & Schuster (2000): page 18.
- Reaven, G. M., «Relationship Between Insulin Resistance and Hypertension». *Diabetes Care* 14 (1991): 33-38.
- Reaven, G. M., «Role of Insulin Resistance in Human Disease». *Diabetes* 37 (1988): 1495-1607.
- Reaven, G. M., «Syndrome X: 6 Years Later». *Journal of Internal Medicine Suppl* 736 (1994): 13-22.
- Reitman, J. S., et coll. «Improvement of Glucose Homeostasis After Exercise Training in Non-Insulin-Dependent Diabetes». *Diabetes Care* 7 (1984): 434-441.

- Resnick, L. M., «Ionic Basis of Hypertension, Insulin Resistance, Vascular Disease, and Related Disorders: The Mechanism of Syndrome X». *American Journal of Hypertension* 6 (1993): 123S-134S.

- Richter, E. A., et coll. « Glucose-Induced Insulin Resistance of Skeletal Muscle Glucose Transport and Uptake ». *Biochem J.* 252 (1988) : 733-737.
- Rocchini, A. P., et coll. « Insulin and Blood Pressure During Weight Loss in Obese Adolescents ». *Hypertension* 10 (1987) : 267-273.
- Roden, J., et coll. « Effect of Insulin and Glucose on Feeding Behavior ». *Metabolism* 34 (sept. 1985) : 826-831.
- Rodin, J., et coll. « Metabolic Effects of Fructose and Glucose: Implications for Food Intake ». *American Journal of Clinical Nutrition* 47 (1988) : 683-689.
- Rorsman, P., et coll. « Regulation of Glucagons Release from Pancreatic A-Cells ». *Biochemical Pharmacology* 41 (1991) : 1783-1790.
- Rosenbloom, A. L., et coll. « Emerging Epidemic of Type 2 Diabetes in Youth ». *Diabetes Care* 22 (1999) : 345-354.
- Rosenstock, J., et coll. « The Effect of Glycemic Control on the Microvascular Complications in Patients with Type I Diabetes Mellitus ». *American Journal of Medicine* 81 (1986) : 1012-1018.
- Ross, R., « Atherosclerosis – an Inflammatory Disease ». *New England Journal of Medicine* 340 (1999) : 115-123.
- Rossetti, L., et coll. « Glucose Toxicity ». *Diabetes Care* 13 (1990) : 610-630.

- Sako, Y., et Grill, V., « Coupling of B-Cell Desensitization by Hyperglycemia to Excessive Stimulation and Circulating Insulin in Glucose-Infused Rats ». *Diabetes* 39 (1990) : 1580-1583.
- Salans, L. B., et coll. « The Role of Adipose Cell Size and Adipose Tissue Insulin Sensitivity in the Carbohydrate in Tolerance of Human Obesity ». *Journal of Clinical Investigation* 47 (1968) : 153-165.
- Salmeron, J., et coll. « Dietary Fiber, Glycemic Load and Risk of Non-Insulin-Dependent Diabetes Mellitus in Women ». *JAMA* 277 (1997) : 472-477.
- Salmeron, J., et coll. « Dietary Fiber, Glycemic Load, and Risk of NIDDM in Men ». *Diabetes Care* 20 (1997) : 545-550.
- Santini, S. A., et coll. « Defective Plasma Antioxidant Defenses and Enhanced Susceptibility to Lipid Peroxidation in Uncomplicated IDDM ». *Diabetes* 46 (1997) : 1853-1858.
- Scherrer, U., et coll. « Nitric Oxide Release Accounts for Insulin's Vascular Effects in Humans ». *Journal of Clinical Investigation* 94 (1994) : 2511-2515.
- Schiffrin, E. L., « The endothelium and Control of Blood Vessel Function in Health and Disease ». *Clinical and Investigative Medicine* 17 (1994) : 602-620.
- Schlosser, Eric. *Fast-food Nation,* Mifflin Company (2002).
- Schwimmer, J. B., et coll. « Health-Related Quality of Life of Severely Obese Children and Adolescents ». *JAMA* 289 (2003) : 1813-1819.
- Sears, Barry, *The Zone – A Dietary Road Map.* Regan Books (1995) : 68.
- Sears, Barry, *The Omega Rx Zone – The Miracle of the New High-Dose Fish Oil.* Regan Books,(2002).
- Septième rapport du Comité national mixte sur la prévention, la détection, l'évaluation et le traitement de l'hypertension, Ministère de la santé et des services à la personne aux États-Unis, Vol. 23 (2000) : 381-389.

- Sigal, R. J., et coll. « Acute Postchallenge Hyperinsulinemia Predicts Weight Gain: A Prospective Study ». *Diabetes* 46 (1997) : 1025-1029.
- Sims, E., et coll. « Endocrine and Metabolic Effects of Experimental Obesity in Man ». *Recent Program Horm Res.* 29 (1973) : 457-496.
- Sjogren, A., et coll. « Oral Administration of Magnesium Hydroxide to Subjects with Insulin-Dependent Diabetes Mellitus ». *Magnesium* 7 (1988) : 117-122.
- Skov, A. R., et coll. « Randomized Trial on Protein vs Carbohydrate in Ad Libitum Fat Reduced Diet for the Treatment of Obesity ». *International Journal of Obesity* 23 (1999) : 528-536.
- Slabber, M., et coll. « Effects of a Low-Insulin-Response, Energy-Restricted Diet on Weight Loss and Plasma Insulin Concentrations in Hyperinsulinemic Obese Females ». *American Journal of Clinical Nutrition* 60 (1994) : 48-53.
- Soman, V. R., et coll. « Increased Insulin Sensitivity and Insulin Binding to Monocytes After Physical Training ». *New England Journal of Medicine* 301 (1979) : 1200-1204.
- Spieth, L. E., et coll. « A Low-Glycemic Index Diet in the Treatment of Pediatric Obesity ». *Archives of Pediatrics and Adolescents Medicine* 154 (2000) : 947-951.
- Stamler, J., et coll. « Prevention and Control of Hypertension by Nutritional-Hygienic Means ». *Journal of The American Medical Association* 243 (1980) : 1819-1823.
- Stampfer, M. J., et coll. « Primary Prevention of Coronary Heart Disease in Women Through Diet and Lifestyle ». *New England Journal of Medicine* 343 (2000) : 16-22.
- Steinberg, D., « Antioxidants in the Prevention of Human Atherosclerosis. » Sommaire du procès-verbal d'un atelier du *National Heart, Lung, and Blood Institute* : les 5 et 6 septembre 1991.
- Stephen, A. M., et coll. « Intake of Carbohydrate and Its Components – International Comparisons, Trends Overtime, and Effects of Changing to Low-Fat Diets ». *American Journal of Clinical Nutrition* 62 (1995) : 851S-867S.
- Stern, M. P., et Haffner, S. M., « Body Fat Distribution and Hyperinsulinemia as Risk Factors for Diabetes and Cardiovascular Disease ». *Arteriosclerosis* 6 (1986) : 123-130.
- Stout, R. W., « Insulin and Atheroma-An Update ». *Lancet* 1 (1987) : 1077-1079.
- Strand, Ray. *Ce que votre médecin ignore de la médecine nutritionnelle pourrait vous être fatal.* Éditions du trésor caché/Éditions du mieux-être (2004).
- Stubbs, R. J., « Macronutrient Effects on Appetite ». *Int J Obes.* 19 (1995): S11-S19.
- Subar, A. F., et coll. « Dietary Sources of Nutrients Among US Children, 1989-1991 ». *Pediatrics* 102 (1998) : 913-923.

- Tanaka, Y., et coll. « Prevention of Glucose Toxicity in HIT-T15 Cells and Zucker Diabetic Fatty Rats by Antioxidants ». *Proceedings of the National Academy of Sciences of the United States of America* 96 (1999) : 10857-10862.
- Temelkova-Kurktschiev, T. S., et coll. « Postchallenge Plasma Glucose and Glycemic Spikes are More Strongly Associated with Atherosclerosis than Fasting Glucose or HbA1c Level ». *Diabetes Care* 23 (2000) : 1830-1834.

- Thompson, D. A., et Campbell, R. G., «Hunger in Humans Induced by 2-Deoxy-D-Glucose: Glucoprivic Control of Taste Preference and Food Intake». *Science* 198 (1977): 1065-1068.
- Thompson, K. H., et Godlin, D. V., «Micronutrients and Antioxidants in the Progression of Diabetes». *Nutrition Research* 15 (1995): 1377-1410.
- Ting, H. H., et coll. «Vitamin C Improves Endothelium-Dependent Vasodilation in Patients with Non-Insulin-Dependent Diabetes Mellitus». *Journal of Clinical Investigation* 97 (1996): 22-28.
- Title, L. M., et coll. «Oral Glucose Loading Acutely Attenuates Endothelium-Dependent Vasodilation in Healthy Adults Without Diabetes: An Effect Prevented by Vitamins C and E». *Journal of the American College of Cardiology* 2000:36: 2185-2191.
- Torjesen, P. A., et coll. «Lifestyle Changes May Reverse Development of the Insulin Resistance Syndrome». *Diabetes Care* 30 (1997): 26-31.
- Trichopoulou, A., et coll. «Consumption of Olive Oil and Specific Food Groups in Relation to Breast Cancer Risk in Greece». *Journal of National Cancer Institute* 87 (1995): 110-116.
- Trimble, E. R., et coll. «Increased Insulin Responsiveness *In Vivo* and *In Vitro* Consequent to Induced Hyperinsulinemia in the Rat». *Diabetes* 33 (1984): 444-449.
- Troiano, R. P., et coll. «Overweight Prevalence and Trends for Children and Adolescents: The National Health and Nutrition Examination Surveys, 1963-1991». *Arch Pediatric. Adolesc. Med.* 149 (1995): 1085-1091.
- Trout, D. L., et coll. «Prediction of Glycemic Index for Starchy Foods». *American Journal of Clinical Nutrition* 58 (1993): 873-878.
- Tsai, E. C., et coll. «Reduced Plasma Peroxyl Radical Trapping Capacity and Increased Susceptibility of LDL to Oxidation in Poorly Controlled IDDM». *Diabetes* 43 (1994): 1010-1014.
- Unger, R. H. «Lipotoxicity in the Pathogenesis of Obesity-Dependent NIDDM: Genetic and Clinical Implication». *Diabetes* 44 (1995): 863-870.

- Van Amelsvoort, J. M., et Weststarte, J. A., «Amylose-Amylopectin Ration in a Meal Affects Postprandial Variables in Male Volunteers». *American Journal of Clinical Nutrition* 55 (1992): 712-718.
- Visioli, F., et coll. «Low Density Lipoprotein Oxidation is Inhibited in vitro by Olive Oil Constituents». *Arthosclerosis* 117 (1995): 25-32.
- Visioli, F., et Galli, C., «Natural Antioxidants and Prevention of Coronary Heart Disease: The Potential Role of Olive Oil and its Minor Constituents». *Nutritional Metab Cardiovascular Disease* 5 (1995): 306-314.
- Visioli, F., et Galli, C., «Olive Oil Phenols and Their Potential Effects on Human Health». *Journal of Agnc. Food Chem.* 46 (1998): 42922-42926.

- Wagenknecht, L. E., et coll. «Impaired Glucose Tolerance, Type 2 Diabetes, and Carotid Wall Thickness: The Insulin Resistance Atherosclerosis Study». *Diabetes Care* 21 (1998): 1812-1819.

- Wahlqvist, M. L., et coll. « The Effect of Chain Length on Glucose Absorption and the Related Metabolic Response ». *American Journal of Clinical Nutrition* 31 (1978) : 1998-2001.
- Wardzala, L. J., et coll. « Regulation of Glucose Utilization in Adipose Cells and Muscle After Long-Term Experimental Hyperinsulinemia in Rats ». *Journal of Clinical Investigation* 76 (1985) : 460-469.
- Weil, Andrew, *Eating Well for Optimal Health.* Alfred A. Knopf (2000).
- Welch, I. M., et coll. « Duodenal and Ideal Lipid Suppresses Postprandial Blood Glucose and Insulin Responses in Man: Possible Implications for Dietary Management of Diabetes Mellitus ». *Clinical Science* 72 (1987) : 209-216.
- Westpahl, S. A., et coll. « Metabolic Response to Glucose Ingested with Various Amounts of Protein ». *American Journal of Clinical Nutrition* 54 (1991) : 846-854.
- Willett, W., et coll. « Mediterranean Diet Pyramid : A Cultural Model for Healthy Fatting ». *American Journal of Clinical Nutrition* 61 (1995) : 1402S-1406S.
- Wolever, T., « The Glycemic Index. In: Bourne G, ed. Aspects of Some Vitamins, Minerals and Enzymes in Health and Disease ». *Basel, Switzerland : Karger.* 1990:120-85.
- Wolever, T., et Bologenesi, C., « Prediction of Glucose and Insulin Responses of Normal Subjects After Consuming Mixed Meals Varying in Energy, Protein, Fat, Carbohydrate and Glycemic Index ». *Journal of Nutrition* 126 (1996) : 2807-2812.
- Wolever, T., et coll. « Beneficial Effect of a Low Glycemic Index Diet in Type 2 Diabetes ». *Diabetic Medicine* 9 (1992) : 451-458.
- Wolever, T., et coll. « Beneficial Effect of Low Glycemic Index Diet in Overweight NIDDM Subjects ». *Diabetes Care* 15 (1992) : 562-564.
- Wolever, T., et coll. « Physiological Modulation of Plasma Free Fatty Acid Concentrations by Diet: Metabolic Implications in Non-Diabetic Subjects ». *Diabetes Care* 18 (1995) : 962-970.
- Wolever, T., et Bolognesi, C., « Prediction of Glucose and Insulin Responses of Normal Subjects after Consuming Mixed Meals Varying in Energy, Protein, Fat, Carbohydrate and Glycemic Index ». *American Institute of Nutrition.* (1996) : 2807-2812.
- Wolever, T., et coll. « Second-Meal Effect: Low-Glycemic Index Foods Eaten at Dinner Improve Subsequent Breakfast Glycemic Response ». *American Journal of Clinical Nutrition* 48 (1988) : 1041-1047.
- Wolever, T., et coll. « The Glycemic Index: Methodology and Clinical Implications ». *American Journal of Clinical Nutrition* 54 (1991) : 846-854.
- Wolever, T., et Jenkins, D., « Application of the Glycemic Index to Mixed Meals ». *Lancet* 2 (1985) : 944.
- Wolever, T., et Jenkins, D., « The Use of Glycemic Index in Predicting the Blood Response to Mixed Meals ». *American Journal of Clinical Nutrition* 43 (1986) : 167-172.
- Wolever, T., « Relationship Between Dietary Fiber Content and Composition in Food and Glycemic Index ». *American Journal of Clinical Nutrition* 51 (1990) : 72-75.

- Wolk, A., et coll. « A Prospective Study of Association of Monounsaturated Fat and Other Types of Fat With Risk of Breast Cancer ». *JAMA* 158 (1998) : 41-45.
- Wood, Christine, *How to Get Kids to Eat Great & Love It! Griffin Publishing ; 2nd edition, (2001).*

- Yajnik, C. S., et coll. « Fasting Plasma Magnesium Concentrations and Glucose Disposal in Diabetes ». *British Medical Journal* 288 (1984) : 1032-1034.
- Yamanouchi, K. T., et coll. « Daily Walking Combined with Diet Therapy is Useful Means for Obese NIDDM Patients Not Only to Reduce Body Weight But Also to Improve Insulin Sensitivity ». *Diabetic Care* 18 (1995) : 775-778.
- Yanovski, J. A., et Yanovski, S. Z., « Treatment of Pediatric and Adolescent Obesity ». *JAMA* 289 (2003) : 1851-1853.
- Yaqoop, P., et coll. « Effect of Olive Oil on Immune Function in Middle-Aged Men ». *American Journal of Clinical Nutrition* 67 (1998) : 129-135.
- Young, T. K., et coll. « Childhood Obesity in a Population at High Risk for Type 2 Diabetes ». *Journal of Pediatrics* 136 (2000) : 365-369.

- Zavaroni, I., et coll. « Hyperinsulinemia, Obesity, and Syndrome X ». *Journal of Intenal Medicine* 235 (1994) : 51-56.
- Zavaroni, I., et coll. « Prevalence of Hyperinsulinemia in Patients with High Blood Pressure ». *Journal of Internal Medicine* 231 (1992) : 235-240.
- Zavaroni, I., et coll. « Risk Factors for Coronary Artery Disease in Healthy Persons with Hyperinsulinemia and Normal Glucose Tolerance ». *New England Journal of Medicine* 320 (1989) : 702-706.

AU SUJET DE L'AUTEUR

Diplômé de la faculté de médecine de l'université du Colorado, Ray D. Strand a reçu sa formation supérieure au Mercy Hospital, à San Diego, en Californie. Pendant plus de trente ans, il a dirigé un cabinet de médecine très fréquenté. Au cours des onze dernières années, il s'est consacré à la médecine nutritionnelle, tout en donnant des conférences dans divers pays sur ce sujet. Il est aussi l'auteur de *Ce que votre médecin ignore de la médecine nutritionnelle pourrait vous être fatal* et de *Mort sur ordonnance*, publiés par les Éditions le mieux-être / Éditions du trésor caché. Le Dr Strand vit dans son ranch équestre du Dakota du Sud avec sa charmante femme, Elizabeth. Ils ont trois enfants d'âge adulte, Donny, Nick et Sarah.

Si vous désirez joindre l'auteur par Internet,
rendez-vous à l'adresse suivante :
www.drraystrand.com
ou encore à
www.healthyandleanforlife.com

Si vous préférez la poste :
Health Concepts
P.O. Box 9226
Rapid City, SD 57709

TABLE DES MATIÉRES